ISBN:978-986-6431-03-6

所有修學佛法者，都有一種普遍存在的感想：「佛法浩瀚無邊，當從何處入門？三藏十二分教，隱晦難解，如何正確入理？」產生如是感受的原因，皆因不知佛法粗分五乘之理所致。**人乘**者謂五戒十善：受持五戒、不犯眾生。**天乘**者謂五戒之上加以孝順父母，慈濟眾生，行於十善，得生欲界天中；或進而增修四禪八定，得生色界天乃至無色界中。**小乘**者謂解脫道：斷除我見、我執及我所執，以四聖諦為主旨，四念處為觀行之法，八正道為實行之道，可得阿羅漢果而出三界生死。**中乘**者謂緣覺道：依佛之教而修學十因緣觀，然後及於十二因緣觀，成辟支佛；或於無佛之世自修此二種因緣觀，自成辟支佛而出三界生死苦。**大乘**者謂：參禪實證第八識，了知此識是名色之本，亦是涅槃之本際，故知法界實相而生般若智慧，成三賢位實義菩薩僧；若能進修一切種智而成就道種智，即成諸地聖位實義菩薩僧；若道種智修證圓滿時即是佛地一切種智，其第八識改名無垢識——佛地眞如。知乎此，則有最初抉擇分，能善選法門及眞正善知識，不被假名善知識之大名聲所惑，則於佛法之實修，知所進道矣！

——正智出版社——

大乘佛法之入門，號稱八萬四千法門，但門門所入者皆同一第八識如來藏之本有自在性、本有自性性、本來清淨性、本來涅槃性。凡已親證如來藏者即能現觀如是四性，因之而生實相般若，成第七住位不退菩薩，名爲**實義菩薩**，已非單受菩薩戒而未證實相之**名義菩薩**。此時實相般若在胸，已能粗知般若諸經中的法義，不待人教。然而如此階段之智慧，實仍未足以了知諸地智慧，以未了知成佛之道次第及內涵故，以尚未通達實相般若故。若欲通達實相般若而速進初地者，悟後必須深入了知一念無明與無始無明之異同，以了知二者間之關聯，然後知所進道；如實而修，則欲入地者亦得速達。

《勝鬘經》所說者，即是此二種無明也；凡欲釐清佛道與二乘道之異同所在者，皆應深入理解此經義理；於此已有實質上之理解者，不論對於選擇三乘菩提，或對於選擇大乘入道之善知識及道場，皆已胸有成竹，則有能力自己選擇**眞正善知識**及**眞能助己實證佛法之道場**。然後次第入道，終不久修佛法而一生唐捐其功也！由是可知此經之重要。然此《勝鬘經》義理深邃難知，古來少有能作深入淺出而完全正確之解釋者；今此講記中，確有如是功德，能令讀者深入理解而建立正知見；對於久修佛法而深覺茫無所趣之老參，誠屬難得一見之講述實記，允宜熟讀而助入道。

——正智出版社——

目次

第五輯：

第六輯：

自序

所謂原始佛法，必須函蓋前後三轉法輪的成佛之道全部佛法；因爲，只有這樣具足函蓋三乘菩提以後，才能顯示 釋迦佛已經圓滿化緣了——四阿含諸經並不曾說到成佛之道，只說到成就羅漢解脫於分段生死之道的法義；也因爲前後三轉法輪的法義全部都是 釋迦佛親口所說，才能具足了成佛之道，而非如同四阿含諸經一樣地嚴重欠缺成佛之道的原理與實行之法道。但印順法師不瞭解前後三轉法輪諸經的意涵，連聲聞羅漢們所結集出來的四阿含諸經的意涵，都嚴重地誤會了，當然更無法如實理解大乘諸經的意涵。印順又因爲信受部派佛教時期的聲聞凡夫論師們的六識論錯誤觀點，所以全面否定大乘法，認定大乘非佛說；並將大乘諸經的義理曲解爲同於二乘解脫道的法義，再以聲聞凡夫論師的六識論邪見，套用在原本爲八識論的二乘解脫道上面，於是連二乘解脫道本質的四阿含諸經中的義理，都嚴重地誤會了。立足於這種誤會解脫道及佛菩提道的前提下，只承認四阿含所說的解脫道爲原始佛法，認爲大乘諸經皆非佛說，故只將四阿含定義爲原始佛法，將第二、第三轉法輪諸大乘經排除於原始佛法之外，意謂大乘諸經都非 釋迦佛親口所說，這是嚴重扭曲佛教歷史之後所作的不正確定義。一開始學佛時若是信受了印順這樣偏差的觀點以後，將無可避免地落入六識論的邪見中，於是連斷我見都成爲奢談了，遑論實證大乘實相般若！

復次，大乘法之證悟，不許外於教門；若外於經典聖教開示，而言「所悟雖異於教門，然亦是宗門之悟」，當知即是錯悟，謂其所悟必定已經異於宗門之悟，經教所說法義正是說明宗門所悟內涵故；明得此理，始知宗門之悟，一向不得外於教門也。但若已經求證於大乘經典，印證自己確實證悟已，欲了知悟後進修之道，欲憑藉所悟如來藏而生起深妙般若智慧者，及欲快速進入初地者，皆應先行深入《勝鬘經》眞義，由此了知大乘道與二乘道之異同與關聯，然後對於自己應如何求得眞正之大乘般若開悟，以及悟後應如何含攝二乘道，進而快速進修般若別相正義而具備入地之資，即能自知而無所疑也！

二乘人所證智慧爲出離三界分段生死之智慧，只是聲聞法中的解脫道智慧，所斷者僅爲我所執、我見、我執，不曾及於法界實相之了知與親證，是故一切不迴心大乘之阿羅漢，不論爲慧解脫、俱解脫、三明六通大解脫，皆無法生起實相般若；此謂不迴心阿羅漢，雖知一切法界皆唯如來藏之所生，然唯是親聞 世尊如是聖教而未能實證，是故凡遇親證之菩薩時，皆無從開口共論般若。乃至諸菩薩與言無餘涅槃中之實際者，亦皆茫然無措而不能回應，唯有迴避不言一途。諸不迴心阿羅漢，之所以致此者，皆因未證名色本、名色因、名色習之如來藏心所致也！譬如阿含中佛語聖教分明：「解名色本，即得應眞。」謂名色之根本乃是如來藏心——十方三界一切有情之名色，皆從如來藏心中出生，並皆以如來藏爲本；是故，證或不證名色因、名色本之如來藏者，即成是否能入大乘別教而成實義菩薩之分野；惜乎今人能知此者極爲稀有，皆坐密宗應成派中觀六識論邪見所祟，致使當代諸大山頭大法師等，悉被釋印順六識論邪見所祟而盲目追隨，同聲否定大乘及阿含經教中所倡八識論正理，則彼諸大法師及其徒眾即失大乘見道因緣，兼亦成就謗菩薩藏之大惡業，成一闡提。

然而，已經實證如來藏之實義菩薩，雖已位階不退位之第七住已，是否即能了知成佛之道內涵？實猶未必！謂此時之第七住實義菩薩雖有般若實相智慧，亦唯有總相智爾，尚未具足別相智故。般若實相智慧之別相智者，其義廣繁，非如二乘解脫道之見惑、思惑意涵狹隘易知故；是故親證如來藏而發起實相般若智慧已，仍須親隨眞善知識修學，方能快速而深入理解三乘菩提之異同，方能快速現觀三乘菩提之關聯而了知二乘菩提之侷限，而能了知二乘菩提含攝在大乘菩提中之定位，然後深知無始無明含攝二乘菩提所斷一念無明之眞實義，則能了知三乘菩提之關聯與全貌，欲求通達實相般若之別相智，斯有期冀；則能將長劫入於短劫中，數世之中即得圓成三賢位第一大阿僧祇劫之實修，滅盡大乘見道應斷之廣闊異生性，樂意培植入地應有之大福德：爲人所不能爲，**說人所不能說，行人所不願行，乃至喪身捨命亦在所不惜，要護正法、要救眾生及諸表相大師，乃至生起增上意樂而眞發十無盡願，入如來家、成眞佛子。**凡此，皆要以親證如來藏爲先，確實理解無始無明爲次，實際救護廣被誤導之學人而進成大福德爲後，始有入地進修第二大阿僧祇劫道業之可能。一切求欲實證佛法者，於此皆應了知。

凡欲深入了知如是正理者，於《勝鬘經》皆必須深入研讀，並將其中法義實際現觀，實證勝鬘夫人所說法義，即能印證自己所悟是否確實契合法界實相，亦能藉此而建立三賢位所應通達之智慧，然後付諸實行而快速圓成第一大阿僧祇劫之道業。若屬尚未實證如來藏而未發起實相般若者，不論已斷、未斷三縛結，皆可依講記而了別三乘菩提之異同，則能自行抉擇而入道：或依《識蘊眞義、阿含正義》而深入理解、實際觀行，實證二乘菩提；或依《眞假開悟、心經密意、宗門正眼、宗門密意、眞實如來藏、楞伽經詳解、悟前與悟後、宗通與說通……》等書，依大乘正理多聞熏習乃至實修；若得實證如來藏已，即入菩薩數中，成眞菩薩，名菩薩僧，位階不退菩薩位中，庶免受生一世而唐修佛法也。《勝鬘經》雖然文義深邃難解，今余已將此經法義深入詳說，整理成文而爲講記，付梓流通以利大乘學人及諸方大師，若願反覆細讀此書而詳加思惟理解者，無不受益。今以出版之時將屆，合述緣起，即以爲序。

佛子 **平實** 謹序

公元二〇〇八年大暑 於竹桂山居

《勝鬘師子吼一乘大方便方廣經》

（上承第五輯〈自性清淨章〉未完部分：）接著再來看補充資料，印順說：【所以，有人說《起信論》，立真如生無明義，實在不妥當。只可說，依真如而有無明，迷真如而有無明，無明是不離於真如的。但真如非生死緣起法，不可說真如生無明。本經說如來藏為依；《楞伽》、《密嚴經》，說如來藏藏識為依，唯識論以阿賴耶識（識藏）為依。如來藏為依，是真常妙有的大乘經的本義，專依賴耶說所依，是受著西北方論師的影響。】（正聞出版社．印順法師著《勝鬘經講記》p.243～p.244）

分段辨正如下，印順說：【所以，有人說《起信論》，立眞如生無明義，實在不妥當。只可說，依眞如而有無明，迷眞如而有無明，無明是不離於眞如的。但眞如非生死緣起法，不可說眞如生無明。】從一個明心的人的智慧來讀他這一段，會覺得他只是在玩文字遊戲，因爲他自己所講的話，其實他自己也不懂，確實是如此。

先來看楷書部分我的第一點評論：「《起信論》中不曾說心眞如出生無明，而說心眞如即是如來藏心，說如來藏心就是阿賴耶識，說阿賴耶識同時具足二門：心生滅門與心眞如門。論中也說：依不生滅的第八識如來藏心而有生滅的七識心隨同運轉，這不生滅的第八識如來藏與生滅性的七轉識和合似一，非一亦非異，八識心王合稱爲阿賴耶識。然後又說第八識如來藏有本覺體性，依證得第八識的本覺而發起般若智慧，就建立爲始覺位的菩薩，依不能證得第八識的本覺而建立爲不覺位的凡夫，依證得第八識的本覺而進修者就建立爲隨分覺；依不證第八識本覺的二乘聖人及初學而未證悟的菩薩，建立爲相似覺：最後依究竟證知第八識的本覺性而建立爲究竟覺位的佛果。《起信論》中從來都不曾說心眞如出生了無明，全都是印順等人讀不懂論意，自生誤會。」

印順說：「《起信論》，立眞如生無明義，實在不妥當。」也確實不妥當，因爲無明不是眞如所生，《起信論》中也沒有如此說。印順是否故意對此論加以扭曲及誣賴，不得而知，但論中確實並無印順所指的說法。無明是誰所有的？是如來藏所有的嗎？無明，是意識才會有無明，是意根才會有無明，如來藏自身從來都沒有無明，乃至成佛了也沒有斷除無明；所以《心經》很清楚地告訴大家：「無無明，亦無無明盡……無智亦無得。」所以眞心眞的沒有智慧也沒有所得，沒有無明所以也不需把無明斷盡。你證悟了，是你證悟而不是祂證悟，你得到智慧，眞心祂並沒有得到智慧，所以祂無智亦無得。這樣的眞心怎麼會生無明，而《起信論》也沒有這樣講。可是印順他們常常在講：如果眞心是沒有智慧，沒有見聞覺知，那不跟木頭一樣嗎？可是他爲什麼不拿《心經》來講一講？他應該要跟著說：那麼《心經》說的心是「無智亦無得，無無明亦無無明盡」，那麼《心經》講的心就是木頭。他應該接著這麼講，可是他不敢講，因爲怕人家反彈，人家會講：「你這麼大膽，竟然敢毀謗《心經》！」所以他不講，迴避了。所以他一生都不會用這樣的觀點來講《心經》的。這樣看來，他也是沒什麼膽子的。

他如果有膽子，要像我這麼提出來：當有人根據安慧的《大乘廣五蘊論》說：「阿賴耶識是生滅法。」我就拿來看看：安慧在論中是不是眞的這麼講？結果他還眞的這麼講！那我就破他了，不論安慧的名聲有多大，要有這個膽識。但是他錯在哪裡，你得要把安慧的錯誤一一列舉出來，加以辨正。如果《心經》講錯了，我也會破它；問題是它完全沒有錯，所以我根本沒辦法破斥；即使諸佛也沒有那個力量與智慧能破它，因爲它講的完全符合法界實相，要怎麼破它？何況是我？所以，他們明明知道說《心經》講的跟他們不一樣，卻還是不敢破斥，那表示他們還沒有那個膽子。既然發覺《心經》的內容與他們所講的法義不同，他們又自認爲自己的法義才是正確的，極力破斥眞常唯心論，那麼就該出面加以辨正而破斥《心經》；但他們都沒有膽子，都是縮頭藏尾，怎麼叫作菩薩？

所以，眞如生無明的道理，雖然是不妥當的，可是印順怎麼說？他說「依眞如而有無明」，這是把佛教界都當作三歲小兒。因爲眞如法性中是沒有無明的，眞如只是阿賴耶識顯示出來的眞實性、如如性，這樣的眞如怎麼會有無明？又怎會出生無明？所以不能夠說「依眞如而有無明」，應該說：依阿賴耶識所生的七轉識、所生的名色而有無明的相應，而名色相應的無明種子都含藏在如來藏中，所以依如來藏而有無明。應該這樣才是正說。

接下來他這一句倒是說得眞好：「迷眞如而有無明。」可是仍然有語病，因爲迷眞如而有的無明究竟是什麼無明？無明是只有迷眞如而有的嗎？也有迷於蘊處界的虛妄而有的無明，也就是迷於二乘涅槃而有的無明，那是二乘菩提所應斷的無明。所以，迷眞如而有無明，只能夠說迷眞如而有大乘見道所斷的無明——無始無明，應該這樣講，才不會有語病。所以「無明不離於眞如」，這可以講得通，但是無明不是依眞如而有。無明爲什麼不離於眞如？因爲眞如是阿賴耶識的所顯性，是阿賴耶識的所顯法而不是所生法，所顯法並無作用，不會使人流轉生死；所生法之七轉識、名色等法才會有作用，才會使人執著而流轉生死。

阿賴耶識具有眞實與如如的法性——眞如，可是阿賴耶識的所在也就是凡夫眾生的所在，所以依阿賴耶識有了無明。依阿賴耶識有了凡夫眾生，而無明屬於凡夫眾生所有，所以依阿賴耶識而有的眞如，這個眞如的所在就有無明，因此他說的「無明不離於眞如」的說法可以講得通。可是爲什麼可以講得通，這個道理卻不是他所知道的，他只能引述別人的話來用。而今天諸位已經知道爲什麼可以講得通，所以縱使你還沒有找到如來藏，你的智慧也是超過印順的，所以你可以當那些印順派學人的導師的導師。

印順接著說：【本經說如來藏爲依；《楞伽》、《密嚴經》，說如來藏藏識爲依，唯識論以阿賴耶識（識藏）爲依。】印順又在切割佛法了，把佛法切割成支離破碎。我如此評論他：「印順這個說法，是把如來藏、阿賴耶識、藏識、識藏，分割爲四個法。但其實四個法都是同一心，只是依不同狀況、不同位階的第八識來建立不同的名稱；猶如不同時期的同一個人，可以名爲學生、老師、教授、父親，其實四名都是同一個人，並不是四個人。印順特地將多名一心的第八識，分割成多心，這是嚴重曲解、割裂佛法的行爲。」

譬如有人在學校任教，都被學生們稱爲老師；他又兼職在大學中教課，人家又稱呼他某某教授；可是當他回家了，孩子見到了就說他是父親；但是他又在職進修，又成爲學生了，所以他具有四個身分。這四個身分可以切割爲四個人嗎？譬如把頭部當教授，上半身當父親，下半身當老師，兩條腿去當學生。印順正好是這樣的作法，把整體的佛法切割爲互不關聯的許多法，破壞佛法的整體性，來博取他想要的名聞。他把池水分開說：岸邊的比較濁，這些濁水不是池水；池中央的水比較清淨，叫做清水；一直切割下去，後來不論濁水、清水都不是池水了；其實一池水就是一池水，不管清濁、有波無波，都是同一池水，也同樣都是水。同一池水可以分開命名爲清水、濁水、有波水、無波水，但都是同一池水，不可說這些水互相無關。可是印順把池水分別切割開來，說這些都不是池水，而是無關的四種水。

這樣切割以後，印順所說的佛法就支離破碎了；因此修學他的《妙雲集》等書籍而皓首窮書以後，修學到老死，對佛法的概念依舊很模糊。但你們來到同修會共修兩年半，佛法次第脈絡就很清晰了：學有所依，證有所本，道有所歸，**整個佛法體系非常清楚**。不會像以前有許多人，三十郎當開始學佛，學到七十好幾、八十好幾了，還不知佛法是怎麼回事，只能怨嘆說：佛法猶如浩瀚大海，無量無邊不可摸索。所以你們應該這麼自豪：**我眞的有福報，能夠走進正覺講堂**。有福報才能走進來，沒有福報便走不進正覺講堂來；即使走了進來，還會被惡緣拉出去。所以，佛法的法身慧命生緣處處，可是：生緣處處時也是惡緣處處，生緣與惡緣都在你身邊。

印順接著說：【**如來藏爲依，是眞常妙有的大乘經的本義，專依賴耶說所依，是受著西北方論師的影響。**】印順這是在告訴大眾：如來藏的法是後來的菩薩弟子們創造出來的，是後來印度西北方的論師們發明的，不是佛說的，所以大乘經典是佛弟子由於對 佛的永恆懷念而長期創造出來的。

請大家看楷書的第三點，我如此評論印順的說法：「證得無生法忍的一切菩薩們，都不會認同印順的說法；因爲眞常唯心才是眞正的成佛之道。從阿含諸經的隱說第八識爲心、如、眞如、如來藏、識，再觀般若諸經的顯說第八識爲非心心、無住心、無心相心、不念心，三如方廣諸經的明說蘊處界都從第八識如來藏心中出生，阿含中也如是說；亦如阿含中說無餘涅槃的本際、實際都是識，而第七識意根與前六識都是在入涅槃時必須滅盡的，只剩下第八識自心如來獨存而成爲無餘涅槃，由此就知道眞常唯心才是二乘菩提的根本，也可了知成佛三大無量數劫所修的無漏法種也都靠如來藏心執藏，而佛地前七識種子也都由自心如來——如來藏——執藏及流注，才能具足佛地的四智圓明，所以眞常不滅、萬法唯心的阿賴耶識經由修行而漸次改名異熟識、無垢識，才是眞正的成佛之道；不是印順所說的意識細心可以成就佛道，也不是印順說的意識等法緣起性空故無常，無常故無我，無我故性空，性空故滅盡蘊處界我以後，成爲斷滅相的永恆存在而不再滅除滅相，而說爲眞如。這其實是斷滅空，這種如是斷滅無法，這種如只是印順意識心中的想法而已；當他死後，這種如的想法就隨著他的意識滅失而不存在了。所以如來藏—阿賴耶識心—才是萬法的根源，一切有情的生死都從祂而有，二乘佛法的解脱生死、大乘佛法的無生法忍及成就佛果，也都依如來藏心而有。」

所以說「眞常妙有的大乘經的本義」，雖然是「專依賴耶說所依」，也「是受著西北方論師的影響」，其實卻是早在四阿含中就已經是這樣說的了，不是印順所說的「後來的佛弟子對佛陀有著永恆的懷念而創造如來常住的思想」，印順是故意曲解大、小乘經義而誤導眾生、破壞正法的僧人。這就是「如來藏是依、是持、是建立，不離、不斷、不脱、不異不思議佛法」的眞實道理。這個眞實道理，我們在上週已經講過了，這裡就不再重複。

以上已經舉證印順如何曲解聖教、破壞正法，因此還是要藉這個機會，勸請所有佛教界學佛者：歸依法時，一定要歸依於如來藏妙法。假使以前曾經否定過如來藏，應該找來四位已受菩薩戒的佛弟子，在 佛前至誠懺悔。不必來跟我懺悔，只要有四位菩薩作證，就滿足公開對大眾懺悔的條件。但是懺悔之後心中一定要建立正見：**確實有如來藏**。因爲正覺同修會已經有三百位同修親證了（編案：這是二〇〇六年十月十七日講的），在中國禪宗史上是破天荒的，從來沒有過這麼多人證悟的；但我們還會繼續增加菩薩僧團人數，我們會創造奇蹟。只要建立了正見：確實有如來藏可證。就是《唯識三十頌》講的：「現前立少物，謂是唯識性；以有所得故，非實住唯識。」（《成唯識論》卷九）這意思是說：已經覺得似乎有一個如來藏在自己身中，這個心就是萬法唯識的眞實性；但因爲尚未親證無所得的如來藏心，仍然落在有所得的意識心境界中，所以仍然不是眞正住在唯識位中。

這樣建立了自己身中有如來藏心的正見以後，雖然還沒有親證如來藏，也可以於內無恐怖，就可以眞實的斷我見，取證初果。然後努力參究，將來可以有因緣親證如來藏，就進住唯識位中成爲實義菩薩了，何樂不爲？從此以後也不必再挨蕭平實寫文章辨正，而是自己已經親證了，也可以如同蕭平實一樣的寫文章來護持正法了；這時不但證得聲聞初果，也可以成爲眞見道的第七住位菩薩，生起根本無分別智；天下再也沒有比這個更好的事，再也沒有比這個更便宜的事。今天說明白了，是把便宜送給印順派的所有門人；他們應該要求證，所以鼓勵大家把正知見宣說出去。

【「世尊！若無如來藏者，不得厭苦、樂求涅槃，何以故？於此六識及心法智，此七法刹那不住；不種眾苦，不得厭苦、樂求涅槃。世尊！如來藏者，無前際，不起不滅法；種諸苦，得厭苦、樂求涅槃。世尊！如來藏者，非我、非眾生、非命、非人；如來藏者，墮身見眾生、顚倒眾生、空亂意眾生，非其境界。」】

講記：如來藏自性清淨而有染污種子，是很難被人信受的，因爲自性清淨卻又有染污，這眞的很難解說。可是自性清淨而有染污的如來藏心，卻是三乘菩提的根源；若沒有這個既清淨又染污的心，就沒有一切世間法，也不會有三乘菩提，因爲阿羅漢、緣覺、菩薩所證的解脫果都將成爲斷滅空，所以勝鬘夫人說：「如果沒有如來藏這個心，所有三乘賢聖都不應該會厭離一切苦而樂求涅槃。」這說法也是當代落入聲聞法中的各大山頭凡夫大法師們很難接受的。勝鬘夫人說：「爲什麼要這麼講呢？因爲對於我們眼前所能了知的**六識心**以及**心法智**，這七個法是刹那刹那都不曾停住的。但是雖然看見了六識心以及六識心相應的心法智虛妄無常，可是知道了虛妄無常以後，還是要有一個常住法，眾生才可能不會再造作種種苦集的業，才可能不會種下未來不斷受苦的種子。假使不是有如來藏支持而使眾生在過去世種下種種招集苦果的種子，今生就不會想要厭離苦果而樂求涅槃。」勝鬘夫人又說：「如來藏這個心沒有前際」，也就是說祂沒有一個開始，祂本來就在，沒有出生過，所以說祂沒有前際，「無法追溯到祂最早是什麼時候出生的，因為祂不曾出生過；祂是本來就在的不生滅法——祂是不起不滅法——所以祂也不會生起或滅除各類法種引生的眾苦；」祂不是從無而有，可是這個如來藏心不會有與祂自己相應的各類苦種出現；祂也不會去滅掉各類苦法種子，祂也不會厭離一切苦，也不會樂求涅槃；「只有會種下各類苦種的五陰眾生，才能因為受苦而厭苦，想要滅掉種種諸苦，樂求無苦的涅槃。世尊！如來藏心並不是蘊我、處我、界我，也不是眾生——祂不是有情；祂也不是眾生的命根，更不是一般人所說的人——所謂的人就是作主宰的自己。這個如來藏很難理解以及信受，凡是墮於我見、身見中的眾生都不能信受，凡是有顛倒想的眾生也不能信受；凡是誤會了空的意思，這種凡夫也不會信受如來藏心；因為親證如來藏的境界，不是這三種人所證得的境界。」

「三乘菩提的根源就是如來藏」，我們常常這樣講，可是會外還是有許多人對這句話無法信受。看來要他們信受，大概得要等這《勝鬘經》流通出來，把這個詳解用文字整理成爲講記，讓大家反覆細讀，才有可能信受。所以佛門四眾普遍的信受如來藏，要等到這一部經整理出來印出去才有可能。因爲在這之前，《阿含正義》早都出版完畢了；在《阿含正義》中已經很詳細告訴佛教界：阿含講的是本住法、常住法，是眞實法，依本住法才有阿羅漢們的涅槃可證。等《阿含正義》七輯都出版完了，他們將會發覺：原來自認爲是阿含專家，結果卻是誤會了阿含，沒有眞實理解阿含。所以他們讀過以後，心中雖然可以接受阿含的法義也是八識論而不是六識論，可是性障所遮的緣故，終究只能心服、口不服，嘴巴還是會很強硬的說：阿含沒有講八識法。還是會繼續堅持原來的六識論，否則要如何繼續在佛教界混下去？可是他心中其實已經動搖了，心中其實已經相信阿含講的也是八識法。但是，阿含並沒有把第八識的法義內容很詳細解說，還是要靠這部《勝鬘經》詳細解說；要到《勝鬘經講記》印出去時，才會有很多人接受。

勝鬘夫人說：「如果沒有如來藏心常住不壞，眾生不可能會厭惡一切苦，而樂於追求涅槃的實證。」這其實也是我們十年來一直在強調的，可是一般人仍然不信；因爲否定如來藏的邪說一直都還存在著，而我們不曾期待那一些邪說會快速消失掉；因爲人之所以被稱爲人而不是眞的菩薩，就是一定有私心存在著。就像俗諺講的「人不爲己，天誅地滅」，可見世俗人是認爲「爲自己打算，是人之常情」。如今那些大法師們既然連我見都還沒有斷，當然是貪瞋癡具足的；因爲若沒有除掉一部分癡——我見，貪瞋就無法斷離；所以他們將會因爲顧慮名聞、利養、眷屬，繼續堅持原來的錯誤說法而否定如來藏，這也是正常的，我們應該接受娑婆世界會有這個現象。

如果不能接受這一點，表示你還不具備菩薩弘法利生的常識；因爲這裡是娑婆，如果想要這裡沒有人毀謗了義正法，是不可能的事。在娑婆世界如果希望沒有人謗法，只有努力把正知正見弘揚出去，讓佛門四眾都能明白正理，除此以外別無他法。所以如果是發願要在這裡以了義正法度眾，而非以表相正法度眾，就要先有心理準備：一定會被誹謗。但是如果想清楚了：「被誹謗才是正常的。」心中就不需要怨嘆說：「弘法利生這麼困難。」從此以後就這麼困難地度眾生，就這麼困難地弘法，因爲這是娑婆世界的平常事。可是這裡畢竟還是有弘揚如來藏妙義的機緣，因爲人生雖然短短百年—少出多滅—還是有人可以迅速轉變原來的錯誤知見。因此只要願意施設方便，永不氣餒把如來藏的道理詳細說明，還是會有一些人能夠信入。在這裡度人，比在別的世界困難；因爲這裡的時間短，一生能度到一百個人證悟，那功德就很大了，所以在這裡還是有弘揚了義正法的空間。

話說回頭，心法智只是六識心的心所法對世間法的了知，也由於有六識心的心法智，才能修學佛法或羅漢法——解脫道。解脫道、緣覺道、佛道都依如來藏而有，如來藏其實是三乘菩提的根本，但一般學佛人被誤導以後並不瞭解；在不瞭解當中，我們要設法讓他們瞭解，所以要把這個道理講出來。如果沒有如來藏，眞的如同勝鬘夫人說的：「**六識以及六識相應的心法智，其實都是不可能存在的。**」因爲這一世修完了，六識都斷滅而不能去到下一世，那麼六識的心法智便全部滅失了，此世所修所證的般若智慧也將都不存在，那又何必辛苦地修行呢？所以正因爲有如來藏，而修行人發覺到六識心是不可能離開痛苦的——一定會與痛苦相應；如果沒有如來藏，死後就斷滅了，又何須厭離生死流轉的痛苦？反正不管再怎麼苦，都是一世就解決掉了，死後一定都變成斷滅空了。既然死後一定是斷滅空，倒不如醉生夢死追求一世的快樂就夠了，辛辛苦苦修行又是爲了什麼？因爲辛苦修行也是只有一世，享樂也是同樣過一世，都沒有未來世，不如去享樂，乾脆每天醉生夢死。可是，正因爲有如來藏常住，所以一定會有未來世的六識繼續生起；而未來世到底是要過好生活？或是要過痛苦的生活？就得要考慮了。如果未來世生活想要過好一點，不要像這一世這麼貧苦，那就要去行善；如果沒遇到佛法，那就去行善，行善就是向天堂掛號，至少未來世的日子會是快樂的。正因爲有如來藏常住，所以我們還有未來世，不是這一世死了就斷滅了，所以「**沒有如來藏就不得厭苦**」。

從聲聞法阿含道來說：**於外有恐怖，於內有恐怖**。有的人因爲這兩種恐怖，所以不得解脫。可是還有人**於外無恐怖，於內也無恐怖**，這是菩薩。可是也有聲聞人能夠這樣，就是現觀蘊處界的虛妄以後，相信死後仍有如來藏獨存而成爲無餘涅槃中的本際，並不是斷滅空，所以願意將自己斷滅，因爲至少不會再有未來世的苦了。可是單單**於外無恐怖**，也就是於外法五蘊的斷滅已經沒有恐怖了；單單**於外無恐怖**，其實沒有辦法眞的無恐怖，還得要相信佛說「**有一個內法本識常住不滅**」；所以外法蘊處界滅盡了以後並不是斷滅，正因爲不是斷滅，而這個內法本識，雖然還沒有親證，可是心中相信「佛陀的開示絕對不會錯」，因此在滅盡外法蘊處界以後，不怕落於斷滅空；所以由於信佛語故，知道內法本識是常住不滅的，即使還沒有證得內法本識，心中也沒有恐怖，因此就能眞的斷我見及我執，才能生起樂求涅槃的心。假使滅掉外法蘊處界以後，沒有如來藏內法常住不滅，阿羅漢們還是不會願意滅掉外法蘊處界，又怎麼可能樂於求證無餘涅槃呢？因爲現前可以瞭解的六識心及六識相應的心法智，這七個法都是刹那刹那生滅而不曾停住的。

我們先來談六法——六個識。六個識，眾生就已經很難理解了；且不說一般未學佛的社會人士，乃至學佛而成爲大法師了，對六識都還是體用不分的。六識其實函蓋了這六個識的心所法，但勝鬘菩薩把心所法另立爲心法智。六個識，諸位都知道是眼耳鼻舌身意六識，可是這六識還是各有內我所的。一般所說的我所，都是指身外之物，在世俗人來講即是財色名食睡，對學佛人來講即是色聲香味觸，總而言之，是在講五陰所擁有的身外之法，這是最常看見的解釋。比如說，從最親近的父母、子女、兄弟姐妹，都屬於我所——是由我所擁有的，所以說是我的父母、我的兄弟姐妹；再擴大則是我的師父、我的徒弟、我的名聲。譬如企業的名稱也可以賣，是從所建立的品牌名聲而產生的，叫作商譽；因爲經營得很好，所以這家企業的名號如果可以賣很多錢，那屬於企業的我所。所以一個人的名聲也是我所，換句話說，人的信用也是我所的一種；所以有的人單憑一句話，兩百萬就借到手；可是有人拿了地契、房屋權狀去借，都還借不到錢，因爲他的惡名昭彰；所以名聲也是我所。依此類推，凡是屬於五陰所有的都叫作我所；可是這個我所，我們都叫它爲外我所，因爲這都是五陰整體所擁有的外法。

可是還有內我所，是講八識心王的所有法，通稱爲心所有法，心所有法又可簡稱爲心所或是心所法，心所法是最正確的說法。譬如眼識有五個遍行法：觸、作意、受、想、思。可是眼識配合著意識，就會連同意識同時運作而產生了五個別境心所法：欲、勝解、念、定、慧。這五個心所法導致識陰六識會貪愛三界法，所以眼識生起時有個俱有依——意識；當意識與眼識配合而看見了漂亮的事物時，就會端詳：這花是誰插的？眞漂亮！就會愛著，愛著以後就會特別端詳它；因爲意識與眼識有個欲心所——想要欣賞它。可是欲心所其實也跟慧心所有關（那個慧不是講學佛的智慧，是講境界分別慧：分別那個色彩好不好看，意識就分別它的形狀、韻味），由於慧心所能了別及領受，所以欲心所就想要繼續觀賞。欲心所之後，一定是因爲勝解，所以使得眼識、意識一旦生起，就不想遠離色塵；也就是說，想要對色塵生起勝解：這是什麼樣的色塵。有了勝解，記持在心以後就常常會想：那個風景好漂亮，我以後還要再去觀賞一遍；由於有勝解而記持在心了，就叫作念心所。這個念心所生起了，心就決定了；心得決定了就是定心所，所以未來還會安排時間再去玩一遍。

所以，有的人每年國外旅遊時，有些地方其實已經去過了，卻還想要再去，因爲以前去玩時，心中決定要再去—心得決定—成就定心所了。有這五個心所法，就能夠了別六塵中的種種境界。由於五遍行與五別境心所法，眾生的六識心就產生了作用，所以這十個心所法其實就是識陰六識的自性，所以識的自性就是識的作用。識的自性產生了識別作用，使得六個識可以在三界中運作，這六識自性產生出來的作用，就是識陰六識的內我所。這也是我所，因爲六識的自性從心體出現就產生了能見、能聞、能嗅乃至能覺、能知等自性出現，就有六個作用，所以都屬於識陰六識的內我所。

可是這識陰六識，都各有祂們自己相應的識別境界心所，就叫作**心法**

智，這都屬於內我所。但是這個心法智，也有人解釋作第七末那識。這第七末那識爲什麼也能夠叫作心法智？意思是說，意根末那識能瞭解六識在想什麼，主要是在瞭解意識。因此意識作了判斷以後，意根會自己作決定，但祂不一定會完全依照意識的思惟判斷而作決定。有時意識判斷某件事情不該作，原因很清楚，後果也很清楚。可是意根偏偏下決定要作，這表示祂也有自己的決斷能力；這種情況，通常都是憑著以往的習性去下決定；但是下決定之前，祂會參酌意識所給的判斷，所以有的人就把意根解釋爲心法智。

可是，不管是識陰六識及心所法合說爲七個法，或者識陰六識及意根合說爲七個法，這七個法都是剎那剎那不斷生滅而不曾停住的，因爲這七個法一直都有功能差別不斷在流注。但在勝鬘菩薩所說的法義中，應該確定爲六識心及六識的心法智。眾生由於不瞭解這七個法都是剎那剎那不斷生滅，所以產生了無明而執著自己爲常住。假使沒有如來藏，只有這七個法——一切有情最多只能有六個心及心法智，那麼死後就會成爲斷滅空，就會因爲執著自己或我所而造作種種惡業。正因爲有如來藏能夠來往三世，才能有有情被無明籠罩而造作種種惡業，種下種種未來世苦果的種子。假使知道有如來藏收存業種，就知道不該造惡；不去造惡，未來世就不會有苦的果報。但因爲不知道有如來藏，誤以爲這一世入了正死位以後就成爲斷滅空；由於這樣認知，所以就會造作種種惡業而種下苦果的種子，就會有未來世的生死。有了未來世的生死，就會有種種痛苦，因此就會厭離這一些痛苦；由於厭離痛苦，想要遠離生死，所以樂於追求不生不滅的涅槃。

所謂的斷見，一般斷見外道都以爲自己心中確實認定是沒有未來世的；但其實世間沒有眞正的斷見，假使他是眞正的斷見外道論者，死時又何必恐懼呢？可是斷見外道死時卻總是很恐懼的，那表示他們心中其實還是個常見者，心中還是在懷疑著：**我滅了以後，應該還有個眞實我存在；而我一生追求享受，造了許多惡業，假使有下一世，我可就痛苦了**。所以一世堅持斷見論而一毛不拔—拔一毛以利天下都不願意作—死時卻又覺得自己沒有任何善業可以作往生的依靠，因此他們心中仍然有恐懼。由於有恐懼，所以就死得很痛苦；因爲深心中其實也是疑著：**我可能還是有未來世**。雖然口中還是說沒有未來世。所以世間其實沒有眞正的斷見外道，斷見外道只是一個思想，但他心中的本質還是常見論者。

眾生也是一樣，有的人以為有未來世，把意識心當作可以流轉三世的法；為了這個執著，就從意識心出發，貪著意識心相應的境界，貪著以後心中就會存著僥倖心理，暗地裡詐欺、拐騙、殺人越貨，無所不為而希望不會被人發覺；這是因為造作惡業所得的享受，都會與意識心相應，所以是常見論者，但這種人畢竟不會公然造惡。可是斷見論者往往會公然造惡、無慚無愧，不像常見論者造惡以後還是會有羞愧。眾生都因為常見與斷見，不離這兩種邊見而造惡；只是所造的惡有多有少，但是會造惡的本質並沒有差別。

所以，因為深心中還是認為有一個常住法；而這個常住法不論叫作如來藏、眞心或大梵天，或者叫作如來、阿羅漢、上帝、阿拉，不論叫什麼，其實都是如來藏。正因為有如來藏，所以他們深心中知道還會有未來世的自己要受樂或受苦。因為貪求世間法中的樂，所以造惡業，就種下未來世的苦果種子。所以如果沒有如來藏，就不會因為貪著世間法而造作種種未來世苦果的種子，沒有苦就不會厭惡苦的覺受；正因為有苦的覺受，所以會厭棄種種受苦的境界，所以會厭離未來世可能還會發生的苦受；所以修行人想要證涅槃的最根本原因，仍然是因為如來藏能出生後世的苦果。

也許有人不相信，心想：「活在人間很好，有什麼苦？因爲我在人間五子登科，所以在人間眞的好快樂。」譬如有人說：「你看，我有車子、金子、房子、兒子，還有夫子，我這先生對我好得不得了。」但我告訴你：「你要提防，因爲他對妳越好，萬一他出了問題，或者金屋藏嬌，或者突然間離世了，妳就會很難受了。」正因爲他對妳非常好，那就是妳未來苦的根源。苦與樂是伴隨在一起的，是一體的兩面。所以有的丈夫很體貼，知道自己再活不到一年，從此他就開始故意變壞，故意對他太太不好，讓他太太恨他；後來他死的時候，太太就很快活：「啊！死得好！」（大眾笑…）可是她先生不小心在日記裡面寫了一句話，說：「我從今天開始要對她不好一點，我死的時候她才不會痛苦。」被太太讀到了，她又開始痛苦了。（大眾笑…）

這就是說，苦是一直存在的，只是它有沒有因緣顯現出來而已；苦從來都在，這叫作諸行無常。所以眾生都是因爲無明而貪愛自己、貪愛我所，造作種種惡業，這些惡業一定會導致未來世的種種痛苦；正因爲有如來藏才會這樣，若沒有如來藏就不會有未來世的苦果；可是因爲這樣反而刺激他厭惡痛苦，想要遠離痛苦。既想要遠離痛苦，就只有一個辦法：追求涅槃。涅者不生、槃者不死，涅者不來、槃者不去，涅槃就是中道，你可以自己發明：涅者不黑、槃者不白，涅者不善、槃者不惡，隨便你怎麼講，反正涅槃永遠處於中道，而事實正是如此。你只要抓住了這個要領，把相對法湊成一百對，就可以一直講下去：涅者不增、槃者不減，涅者不垢、槃者不淨，涅者不一、槃者不異；當你講了一百對來解釋涅槃，大眾眼睛睜得大大地看你：「唉呀！你怎能這麼有智慧！可是你真的這麼有智慧嗎？我考考你吧！」他真想要考你，於是問問看：「爲什麼涅者不黑、槃者不白？」你就告訴他：「不白是造惡業，但涅槃是如來藏，祂從來都不會造惡業，所以祂不黑。爲什麼說涅槃不白呢？因爲如來藏從來不造善業，所以祂不白。涅槃不黑又不白，就是因爲如來藏心體從來不造善惡業，自然不黑又不白；可是祂所生的七轉識會去造惡業，就含藏了七識心相應的惡種，所以不白；有了惡種，未來世七轉識要受苦果，而如來藏不受苦果，不必逃避苦果，所以祂自己不黑。不黑不白之中就顯示了如來藏的中道性，這就是涅槃，因爲涅槃裡面就是如來藏。」對方一聽，只好說：「士別三日，真的要刮目相看！」

想要這樣說法並不困難，重要的是有沒有善知識爲你傳授。你們已經明心的人，今天回去以後可以想出一對又一對的相對法來：黑白、紅黃、善惡、美醜、來去、香臭……等。然後你也可以說「涅者不香、槃者不臭」，因爲涅槃中確實如此，與香臭相應的是七轉識，如來藏不與香臭相應，所以如來藏不香也不臭：中道。隨你怎麼講都行，反正你就把世間法相對的都湊起來，湊足了一百對，就把它們記起來；以後不論去到哪裡，你都可以講一百對的涅槃。正覺的招牌就因爲你講了一百對涅槃，使大眾越有信心而越來越響亮。學法本來就該如此，這才是眞的佛法；如果都要靠腦袋瓜一字又一字記憶，那不是眞正的佛法啦！我們從來都不是靠勤讀記憶來說法的。

正因爲有如來藏涅槃心，眾生才有辦法造作惡業。如果不造作惡業，種下眾受苦種子而受苦果，就不會厭惡痛苦，不會厭惡生死流轉。不厭惡生死痛苦，就不會樂於追求涅槃。正因爲人間有種種痛苦，所以 佛降生人間，先爲眾生解決最急迫的**了生死**問題，因此就先教導聲聞法。有人聞法當下就能斷盡我見與我執，不必用一生的時間，不過一個時辰就解決了！憍陳如比丘等五位阿羅漢只不過是聆聽 佛陀一席話而已，就證得阿羅漢果了，這是人間受苦眾生最急迫的需求。只要能把解脫與涅槃講清楚了，再爲他們說第二轉法輪、第三轉法輪的法義，就有信心來實證，實證了以後一定不會退轉回凡夫位。所以都是因爲有如來藏，才會有生死，才會有眾苦；若是沒有如來藏，就不會種下未來世諸苦的種子，就不會厭離苦果而樂求涅槃。眾生之所以會有生死痛苦，之所以會有修行人出現，想要追求不生不死的涅槃，都是因爲有如來藏的常住。而如來藏沒有前際，誰都無法追溯到祂是什麼時候才開始出現的，因爲祂從來沒有出生過，是本然如此、法爾如是。

我們前天在高雄演講時，有一位聽眾寫了紙條問：**「這個如來藏，祂是什麼時候出生的？」**所以才爲他說明：祂沒有出現的時候，因爲祂是本來就在的。可是我們弘法的過程中始終都有愚癡人（已經明心了還在愚癡），竟然說：**「如來藏才是眞心，因爲祂出生了阿賴耶識。」**（大眾笑…）但是假使他們有一天眞的證得另一個如來藏—確實證明那是出生阿賴耶識的眞心—將會有很大的問題，因爲將來他的徒弟還會問他：**「老師！你幫我證得如來藏，祂是出生阿賴耶識的心，可是應該還有一個心會出生如來藏。」**每一代都發明另一個更勝妙的心，那麼佛法就無窮無盡而永遠無法有人能究竟，就無人能成佛了。所以我前天從理證上爲他們說明，並且還要舉出教證；因爲理證說了以後有人會說：「那只是你講的，不足為憑。」我就再舉出阿含中的教證，佛說：「尋求名色之所從來時，探討爲什麼有了無明就會出生名色？無明總不會出生名色吧！那一定是有一個常住心，才能因爲無明而出生名色。如果不是心就不可能出生心，而名都是屬於心與心所法，是由誰所生呢？由另一個識所生。」可是佛說：「把這個識找出來以後，再往前觀察：『這個識之前還有沒有法？』結果是沒有。」所以從這個識再往前推尋時，找不到任何一法存在了，這個識當然就是最終心；這時就只能退回來，所以佛說：「齊識而還，不能過彼」，不能超過那個識。我這樣從理證及教證講解，理證也有、教證也有，大家便無可質疑了。

其實我本來是想要把問答的時間取消，加快速度把那個題目講完。可是很多人建議說：「不行！給人家當場提出問題，這個很重要；因爲他們對你有沒有信受，要靠這個。他們是否要來學，是由你接受他們考試來決定的。」（大眾笑…）我說：「好！那就保留發問時間。」所以留一個鐘頭給他們發問，看來他們好像問得還滿意；因爲他們也問了一些比較深的問題，包括《維摩詰經》講的：「攝受眾生即是攝受淨土。」（案：經文爲「菩薩隨所化眾生而取佛土。」）這些法義的當場解答，都是他們聞所未聞的法。

所以，其實一切都要依如來藏，可是假使有人愚癡到想要推尋如來藏的前際，說如來藏出現之前是什麼，那就叫作愚癡人；因爲假使眞的能夠這樣，就會變成佛法的探究將永遠沒有究竟窮盡的一天。每一代都增加一個根本法，將會變成老鼠會一般，佛法越生越多，要到何時才能成佛呢？根本不可能。所以有智慧的人在親證如來藏以後，絕對不會相信別人的妄說，能夠自己觀行：**在如來藏之前還有沒有一法可以存在或生起？**觀察的結果一定會發覺：「**之前無法，如來藏就是萬法的根源。**」因爲萬法都從祂出生，只有直接、間接、展轉的差別而已，無不從祂而來。菩薩要有這個智慧：假使這個**法是能生萬法的法，祂就一定是萬法的根源，就不可能再被另一法所生。**如果他心中還這樣想：「**這個萬法的根源還會被另一法所生。**」那麼他一定是愚癡人，因爲會變成同時有兩個萬法的根源，這個問題就很嚴重了！因爲這樣一來將會展轉出生無量無邊的過失，而每一個過失都可以再衍生出兩三個過失。試想：那不是等比級數的過失嗎？眞的會像老鼠會一樣不斷延伸下來，衍生出來的虛妄法過失將是一大堆又一大堆而永遠處理不完。

不該妄想要探究如來藏的前際，祂沒有前際；因爲萬法既然都從祂出生，顯然祂是不可能被出生的。如果是被出生的，就不可能出生萬法。譬如意識是被生的，意識能生名色嗎？不可能！因爲意識本身就是名色所函蓋的妄心，而名色是從如來藏出生的。再往前推：意根能出生名色嗎？爲什麼不能呢？因爲祂不能執持種子；如果不能執持種子，祂又能夠出生誰？既然不能出生別人，當然不是萬法的根源。接著：名色與意根從哪裡來？都從阿賴耶識來，開悟後可以現前觀察而證實，不單是信受聖教而已。觀察到這個事實以後，從如來藏往前觀察，看還有沒有別的法在祂之前存在？結果是沒有，找不到任何一法了。因爲萬法都是八識心王和合了五色根而出生的，而五色根及八識心王中的七個識都從如來藏中出生。這樣現觀了，就知道如來藏一定是函蓋萬法的心，顯然是萬法的根源；如來藏阿賴耶識既是萬法的根源，就不可能是被生的——凡是被生的法都不可能是萬法的根源。所以你若想要往前推尋祂的前際，永遠也推尋不到，因此說「如來藏者無前際」。

假使只是單依聖教而說：「勝鬘夫人說『如來藏沒有前際』，所以不要推尋如來藏之前有什麼法了。」誰會信你？很少人會相信你，縱使他是虔誠的佛教徒所以深信經文，可是心中仍然會有許多個問號存在，還是會懷疑。因此你要為他解釋：勝鬘夫人說的如來藏無前際，到底是什麼道理。你講清楚了，他就知道了——生起勝解了——才會真的信。未來他就會依如來藏妙義永行菩薩道，不會再退回二乘法中，這樣才是真的度到人了。

接著，還要為他講第二種道理：「不起不滅法；種諸苦，得厭苦、樂求涅槃。」如來藏是不起不滅法，所以是獨立於一切法之外而不受苦樂；凡是從如來藏中生起了各類法種而有種種苦，都不是由如來藏領受，苦因也都不是如來藏造作的。當你找到了如來藏，發覺到痛苦的覺受，不論是能受與所受都是從如來藏中生起的，能受的自我是從如來藏中生出來的，而所覺受的痛苦六塵也是從如來藏中出生的，所以能受苦及所受苦，都是從如來藏中出生的；但如來藏自己都不會領受那些痛苦，所以如來藏本身離能取與所取——如來藏對六塵沒有能取與所取——所以祂是獨立於六塵外的不起不滅法。因此你可以在涅槃中道義再加上這一對：「涅者不取，槃者不受，是名涅槃。」其實你可以加上很多對，從《勝鬘經》中找尋靈感。

如來藏生起了能取的覺知心，然後又生起被覺知心所取的六塵苦受，可是祂自己從來不受六塵，所以祂自己不生起各類法種引生的諸苦覺受；因爲如來藏是不起不滅法，不起不滅法必然不會與六塵中的苦樂受相應，只有起滅法才會與六塵中的苦樂相應而有苦受。心中會與各類法種所現的諸苦相應的，永遠都是覺知心，然後意識等六識覺知心受苦而加以厭惡，都是因爲意識等六識心與心法智都是有起有滅法。所以如來藏產生了能取的你來領受苦樂，又產生了被你執取的六塵苦樂受，祂自己卻不起各類法種諸苦的覺受。然後覺知心巧設方便把苦滅掉了，可是如來藏依舊沒有覺知自己滅苦得樂，祂也不會起心動念想要滅掉各類法種引生的諸苦；起心動念滅掉法種諸苦，是覺知心的事。不起不滅法是不種諸苦的，也是不會厭苦的，更不會樂求涅槃，因爲祂自己就是涅槃：早已住在涅槃中，不必再求涅槃。所以「**種諸苦，得厭苦、樂求涅槃**」的心，是六識心以及六識的心所法——心法智。

譬如很多悟錯的大法師都說離念靈知就是眞心——常住的眞如心，可是離念靈知不離苦樂境界，所以遇到了痛苦時，只有兩個辦法遠離痛苦：第一、趕快修證禪定，進入二禪以上的等至位中，最好是進入無想定，就不受六塵中的所有苦；第二、是不究竟的方法——抹脖子自殺。所以報紙上常常看到有人自殺的報導，因爲他受不了痛苦，不能忍受所以要自殺；可是因逃避而尚未受完的業報，未來世還是得要補受，依舊逃不掉，只是暫時先離開。有禪定者則是進入無想定中，意識不在就沒有苦了；此時覺知心不存在了，所以不領受從如來藏中出生的各類法種的苦受，所以覺知心相應的苦受就暫時不在了、消失了。可是一旦覺知心又生起了，這個離念靈知心還是會與苦受相應，證明離念靈知不是從來都離苦受的不起不滅法如來藏。

不論覺知心是住在苦受中，或者離開了苦受，如來藏都沒有苦受可說，因爲祂離六塵，不在六塵中加以分別、領納，所以祂根本不需要滅除各類法種所生的苦受。只有覺知心才需要滅掉如來藏中法種流注出來的苦受；所以是覺知心需要滅苦，如來藏不需要滅苦；所以覺知心才要努力修禪定而進入無想定中離苦受，或者下決定自殺了結，把痛苦留給家人而自己先溜了，這就是世俗人。所以，覺知心會生起想要滅除業種引生的諸苦，而如來藏是不起也不滅的法性，本來就不受諸苦，不必厭苦。正因爲如來藏沒有前際，是不起不滅法；正因爲如來藏不種諸苦，也不滅諸苦，所以眾生才可以有祂作爲依憑，來厭離種種苦而樂於求證不生不死、不苦不樂的涅槃。

「如來藏者，非我、非眾生」：如來藏「**非我**」，因為如來藏從來沒有任何我性，祂沒有**世間我**的自性；不但在大乘法中如此說，在四阿含中就已經如此說的了！但是印順派的法師居士們，二、三十年來不斷強調**如來藏就是外道神我**，有時則說**如來藏就是常見我**。我想：諸位如果讀過印順的著作，或者讀過印順派的法師、居士們寫的書，對這些話應該都不陌生。這幾年他們比較少主張如來藏是外道神我，是因為我們書中已經作了很清楚的界定：**所有外道所說常住的神我、常住梵我，全都是意識心，而我們所說的如來藏是能出生常見外道神我的第八識**。所以他們無法再將二者加以混同了。

我們又從另一方面說：**外道神我是有覺知的，是有喜怒哀樂、有瞋恚與慈悲的；可是如來藏離見聞覺知，不在六塵中運作，所以如來藏沒有喜怒哀樂，也沒有慈悲與瞋恚**。證明如來藏與外道神我的體性完全相反，怎麼可能是外道神我？所以他們現在不講話了。只剩下少數嘴硬的小法師，繼續死纏爛打說如來藏是外道神我；可見我們書中所說的法，他們一定讀不懂，智慧太粗淺。因為讀不懂，所以繼續死纏爛打誣衊。如果讀懂了就不敢再死纏爛打，因為會讓人看笑話。這顯示他們說我無法跟佛教界對話，還眞講對了；

因爲我講的如來藏，他們全都不知道；而他們講的離念靈知，我比他們講的更多；在證境懸殊的情況下，猶如秀才遇見兵，我要怎麼跟他們對話？眞的很困難！我想要在會外找到一個人可以對話，還眞的很難。由以上的說明，證明如來藏不是神我、梵我，如來藏完全不同於三界中的一切眾生我。

如來藏絕對不會與外道神我、梵我相同，因爲外道的神我、梵我正是眾生——落在五陰裡的識陰中；而如來藏從來沒有神我、梵我的自性，也是出生外道神我與梵我的本住心，怎能說祂是外道的神我、梵我？又因爲如來藏是可證的，而證悟後現觀如來藏的結果還是這樣子。這就成爲印順法師的不幸，所以印順只要遇到一位能詳細說明如來藏的菩薩時，就會很不幸：得要抱恨而終，或是抱怨而終。我想，這是他自己的問題，我只是點出他的問題罷了，所以印順應該不會恨我、怨我，他應該是抱憾而終吧！因此，勝鬘菩薩說如來藏「非我」。

如來藏也「非眾生」，有的人問：「阿賴耶識是不是眾生？法身是不是眾生？」我說：「不是眾生，但也不能說祂不是眾生。」如果你單說祂不是眾生，還是會有語病；因爲明明眾生從祂而出，祂也能了眾生心行，顯然祂跟眾生有關，所以不能單說祂不是眾生。但如果因此就說祂是眾生，那又有問題了，因為祂的體性跟三界眾生完全不同。所謂眾生，譬如人身眾生或如旁生道眾生，都是眾生；又譬如地獄、餓鬼、欲界天、色界天、無色界天，也都叫作眾生。所以眾生的定義，是從五陰來定義的：有的眾生具足五陰，有的眾生只有四陰；只要落在五陰或四陰中的有情，就是眾生。可是如來藏從來沒有落在五陰之內，怎能說祂是眾生呢？所以祂亦「非眾生」。

因此，你若想要知道眾生的定義，就得如此認定：眾生就是如來藏所生的五陰或四陰，才叫作眾生。如來藏所生的蘊處界等法叫作眾生，但是你去觀察如來藏：如來藏在這個娑婆世界，祂保持原來這個樣子；有一天你捨壽了，依願生到極樂世界去，你會發覺你的如來藏還是那個樣子；也許你還有懷疑，於是從西方十萬億佛土之外回到娑婆世界，再往東去，跑到東方琉璃光世界去了，結果發現如來藏還是同一個樣子，祂都不改變。也許有的人想：「不然，我就來個上窮碧落下黃泉，來觀察看看。」於是升上無色界天，來觀察無色界天的眾生，他的如來藏是不是一樣？當你入了四空定時將會發覺完全一樣。然後又下探黃泉，到地獄去；將寒冰地獄、火熱地獄等十八個地獄都走遍了，阿鼻地獄也去瞧一瞧，原來如來藏還是這樣子不變。

上窮碧落下黃泉，回來人間的路上順便把餓鬼道瞧一瞧，畜生道也瞧一瞧，結果發覺如來藏都跟在人間時一樣，都沒有改變過，這時才知道：原來所謂的眾生，就是依五陰來定義爲眾生，可是如來藏永遠都沒有五陰性而沒有眾生性，而且這種自性是永遠不變的。眾生會變來變去，這一世成爲人，謗法下地獄成爲地獄眾生，業報受完了來到餓鬼道，餓鬼道受完了回到畜生道，畜生道報盡了才回到人間來；看來看去，這些眾生的五陰各不相同，如來藏卻從來都沒有不同，一樣是沒有眾生的我性。有人行善而生欲界天，乃至修學佛法證禪定而生色界、無色界去，五陰各不相同，都不會一樣，五道的五陰各不相同，才叫作眾生。如果處於三界六道、十方三世中都不變，才是永遠不變的心；永遠不變的心就不可能是眾生，如來藏正好是這樣子。

如來藏亦「**非命，非人**」。所謂的命，是從哪裡來的？百法明門中也說到命根，到底命根是什麼？在大乘法中、在阿含道中，命根定義不完全一樣，那是對不同的根器而說。在阿含道中，說三個法和合就叫作命根：壽、暖與識三個法和合時就叫作人類的命根。換句話說，一定要本識沒有離開，加上身上的暖觸沒有喪失。如果你的暖觸喪失了，把你的體溫降十度就好；正常人是三十六點五度，若是中止供應身中的火大來源，使體溫無法維持正常，連續保持一天，可能就活不了而失溫死亡，人是這樣的，所以命根存在的條件之一就是溫暖。

壽、暖、識，這三法中的本識如果離開了，這個身體也就開始腐壞了；所以若沒有識在，就沒有命根。有的人聽到這一句話，心中一陣狂喜：「我知道了，原來如來藏就是這個，在我身上這個就是了。」好，去參加禪三時自信滿滿：「我沒有問題，我一定過關，我要連過二關。」可是進到小參室一問：「在哪裡？」「在身上。」「身上哪裡？」「還要這樣問？」（大眾笑…）那就沒辦法了！那時就知道事情嚴重了！我們一向都要問在哪裡（大眾笑…）。有的人說：「不在老家，在這裡。」「不對！」「在身上。」「不對！」不管他說什麼都不對。可是若遇到禪師，禪師卻說：「在你老家。」有時又問：「你住哪裡？」「江西。」禪師卻又說：「如來藏在江西！」他說在江西是對的，但是你不許依文解義，否則你就錯了，因為他說的在江西，不是講在江西。你若明心了，就懂我在講什麼。所以千萬別自以為是，否則是不免要挑起大妄語業的。

命，一定要有本識在，可是這個根本識，我這樣說明：這個根本識離開了，就沒有命根了。你聽了，仍不算是悟，因爲這只是一個知見而已。除了這個本識以外，還要有壽算——命根。換句話說，上一世行善或者造惡，決定了這一世的壽命長短。當這個壽命時限到了，本識就得捨身了，就沒有命根了，暖就跟著消失掉了。所以在道家，壽命常常叫作壽算；因爲可以幫你算：上一世造了什麼業，該什麼時候去入胎。就以出生時的天干地支排一排，大概就算出來了。所以壽算是可以考據的，如果是沒有意外，活到壽算具足；後來把命盤排出來，應該要活多久，他已經具足活了，這個人的死亡就叫作壽考——確認過了。想來，你們對這些國文大概都不懂（大眾笑…）。所以，在阿含裡面說，壽、暖、識這三個法和合就叫作命根；因爲這三個法，只要缺了一個就沒有命根了。可是命根是誰所有的？是五陰所有的，如來藏從來都不在命根範圍之中，祂是實行命根壽算的主體；所以如來藏沒有壽命可以讓你算，壽算的事情怎麼也輪不到祂身上來算，所以說如來藏「非命」。

可是在大乘法中，命根怎麼說呢？諸位想想看，命根是在五位百法的哪一位？是在二十四個心不相應行法裡面。正覺總持咒還記得嗎？一切最勝故、與此相應故、二所現影故，接下來才是三位差別故；三位差別正是二十四個心不相應行法，命根就在這裡面。請問：命根是不是由前面三個法的不同分位而顯示出來的？所以還是三個法，只是在大乘法百法明門中講得很微細：這個命根要有一切最勝的八識心王，要有與此八識相應的五十一個心所法，還要有八識與心所法等二類和合所現影的色法等等。這樣可不是只有三法——並不是像阿含所講的只有三法而已，你看多複雜！在聲聞道中很簡單，只需三個法；來到大乘法中，那可是幾十法才能夠顯示出命根的。

若是要這樣依大乘法來解釋命根，可就長篇累牘了！得要先說明八識心王，光是八識心王就講不完了，然後還要說明：因為八識心王有五十一個心所法，才能有命根。那五十一個心所法，又要講上好幾天了。可是這樣就有命根了嗎？還不行，還要有十一個色法，這十一個色法也夠你講很久了。這些都講完了，才能解釋命根是經由以上三位中的種種法而存在。命根，都是因為八識心王、五十一個心所法、十一個色法才會有；可是這幾十個法中，算算看：八識心王加上五十一個心所法，加上十一個色法，總共是幾個？共有七十法，有這七十法中或多或少的配合，才能有命根。可是這七十個法，都是由一切最勝的八識心王中的阿賴耶識出生的。既然都是祂出生的，當然命根也是從阿賴耶識而來；可是阿賴耶識本身卻沒有命根可說，因爲祂是命根的本源，但祂從來不落入壽算之中，所以說如來藏「非命」。

其實說穿了，命根就是如來藏。假使不是有如來藏就不會有命根，所以如果有人問你：如何是命根？你要告訴他：「就是如來藏。」但是你不必這樣明著講，你就告訴他：「所謂命根，即非命根，是名命根。」你可以現學現賣。可是他會問你說：「可是你這樣講命根，我還是不懂，到底什麼才是命根？」你就五爪金龍給他：「這就是命根。」他挨了這一巴掌，臉上五爪分明，還是弄不懂，那該怎麼辦？你就往他鼻子戳過去，大喝：「參！」可是我告訴你，他參到驢年來了，也是參不出來的。那該怎麼辦？他三年後、十年後，總是要再來找你。「好！你來正覺學法！等你破參了，自然就會知道爲什麼告訴你說：所謂命根，即非命根，是名命根。」所以如來藏「非命」，因爲命是從如來藏心中間接而顯示出來的，它只是藉三位諸法的差別相而顯示出來的二十四法相中的一相，與其他二十三個法相有所差別。所以，如來藏不是命，但命是依如來藏而有的，不能外於如來藏而有命。

如來藏是不是人？如來藏當然不是人；因此，以前有個附密宗外道罵我不是人，我很歡喜接受，因爲我眞的不是人。「那你是神嗎？」「我也不是神。」「那你是鬼？」「我也不是鬼。」「那你到底是什麼？」又是五爪金龍給他！可是挨了打以後，還是弄不清楚：到底蕭平實是什麼？然後就大罵：「你這個人眞不是人！我是尊重你，好心來問法，你還打我。」我說：「對呀！因爲我不是人，才要打你；如果我是人，就打不了你。」聽出弦外之音了嗎？如果我是人，我就打不了你；因爲我不是人，我才能打你。會的直接就會，不會的人還是只能苦笑。所以，如來藏眞的叫作「非人」：不是人。

古時有外道看見佛陀走過時留下的腳跡微妙，就循著腳跡追尋，看見佛在樹下打坐，他看到佛陀金光晃耀，心中非常歡喜，就前去禮拜；佛從定中出來，外道就問：「請問，您是天嗎？」佛說：「我不是天。」「您是神嗎？」佛說：「我不是神。」「是大威德鬼嗎？」「也不是鬼。」「那您是不是我的祖父？」（婆羅門說他們的根本所依是大梵天，把大梵天叫作祖父）佛說：「我也不是祖父。」「請問您是誰？」「我是佛。」所以，禪門中常常有行腳人、參學者、行腳僧遇到了禪師就請問：「如何是佛？」雲門說：「綠瓦！」「如何是佛？」「胡餅！」「如何是佛？」「乾屎橛（乾掉的大便）！」

「如何是佛？」雲門有時答：「花藥欄！」種花藥的欄杆。花藥就是芍藥，很漂亮的芍藥，在寺中種來觀賞時都會特地用欄杆把它保護起來。不管雲門禪師怎麼答，永遠都對；若是悟錯了，不管講什麼都錯。這不是自由心證，事實上確實如此。所以佛告訴他說：「我是佛。」如果有因緣，就這麼一句「我是佛」也就悟了；若是沒有因緣的人，善知識扮盡了神頭鬼臉，他還是悟不了。眾生愚癡，都以爲菩薩是人，其實菩薩不是人。菩薩被人家罵不是人，還眞的很高興：「眼前這個眾生有得度的因緣，才會知道我不是人。」因爲菩薩是三界六道到處可以去，怎能說他是人？菩薩有時生在鬼道而度鬼道眾生，有時生在畜生道來度畜生，有時生天度天人，又變成天，所以菩薩眞的不是人；因爲菩薩轉依了如來藏，不會永遠當人。是發了願要度人，所以此世生而爲人；但菩薩其實是三界六道不論哪一道，都有資格可以去。

菩薩轉依了如來藏，而如來藏不是人、不是天、不是神、不是鬼、不是畜生、不是地獄，所以菩薩不是眾生也不是人。可是菩薩卻往往由人來當，因為沒有人身就不能在人間當菩薩；若是想要在人間度眾生，一定要受生取得人身才能當人間的菩薩，所以菩薩還是由人來當。所以有時人家來問：「如何是佛？」趙州禪師說：「佛是人作。」佛確實是由人來作，可是趙州的意思，眞的在講「佛是人作」嗎？不是！當他在告訴你「佛是人作」的時候，已經把內裡的眞佛告訴你了。所以說，如來藏眞的不是人；不是人，才是眞人，眞人當然不是人。

「**如來藏者，墮身見眾生、顚倒眾生、空亂意眾生，非其境界**」：這個如來藏，祂確實是很難證，不只是難理解而已；因為沒有實證的人，根本就無從理解如來藏空與不空兩邊具足的眞義，因此說有三種眾生無法瞭解如來藏的境界：**墮在身見中的眾生、顚倒見的眾生、空亂意的眾生**。如來藏的修學，想想看，我們同修會的會員們來到會中禪淨班進修兩年半了，親教師們孜孜不倦的教誨，教導大家在兩年半的課程中建立了基本的參禪功夫，並且把應該有的知見也都加以建立了；可是去到禪三精進共修時，大家還是渺渺茫茫，不知怎麼辦。第一次去禪三就能破參的，這種人都是異類，不是平常人。在我們會中，第二次、第三次破參的，才算是正常的菩薩。所以，第二次、第三次乃至第四、五次的禪三才破參，都屬於正常的。想一想：在本會中經過兩年半正確的知見建立，尚且不容易證；如果是在會外被教導錯誤了，又如何能夠證得呢？出家苦參六十年也悟不了！所以說，證悟如來藏心確實是很困難的；未證的人是連理解都無法理解的，即使是三明六通的不迴心大阿羅漢，他們也只能相信 佛的聖教開示：信有如來藏，而不能證。

那麼諸位想一想，連我見都沒有斷的當代大法師、大居士們，繼續執著離念靈知意識作爲常住心，都是凡夫，如何能夠思惟想像如來藏是什麼呢？所以我們舉辦禪三的目的，就是讓大家懂得一件事：懂得吃飯。是怎麼樣才叫作懂得吃飯？這個大有文章！吃飯後，還要教大家懂得吃水果。想要懂得吃水果，文章可大了！因爲必須要確實瞭解：所謂的吃飯其實不是吃飯，所謂的吃水果其實不是吃水果，這樣才是眞正懂得吃飯、懂得吃水果的人。懂得吃飯、懂得吃水果的人，才是大乘法中的賢人，至少是三賢位中的第七住位，同時也是聲聞法中的初果聖人；其智慧，阿羅漢所不能猜測。

換句話說，只要找到了如來藏，就通般若經，從此以後可以開口說：所謂吃飯，即非吃飯，是名吃飯；這就是佛法。不懂的人聽了說：「開玩笑！

佛法怎麼扯到吃飯去了？」佛法眞的在吃飯中，難道吃飯有離開法身嗎？沒有。可是如果誤會了，就會像台北教禪聞名的大法師說：「你吃飯時要專心吃飯，如果打妄想，就是不懂吃飯的人，就不是禪了。」其實打妄想或不打妄想，也都是佛法，因爲法身始終分明顯現，要這樣才叫作懂得吃飯底人。所以，般若之理不容易理解，問題都是出在沒有證如來藏或者否定如來藏，就無法理解了。只要不否定，未來一定會有實證的時候；當你實證了，隨你怎麼說都對。所以飯後吃水果，我叫大家吃水果，然後問他：「是什麼？」一個說：「水果。」我說：「放你三頓棒！」另一個說：「番茄。」我也放三頓棒。另一個說：「非水果。」那就改放六頓棒。另一個說：「所謂水果即非水果。」那就增放九頓棒。可是後來有一個人，我問他：「是什麼？」他可就大膽了：「水果！」我就說：「對啦！」這其間到底有什麼蹊蹺？

　　這可是有關節的，當你證得如來藏以後，這一切法都通。有人問趙州：「如何是佛？」趙州說：「六六三十六。」有人問芭蕉禪師：「北斗裡藏身，意旨如何？」他說：「九九八十一。」那參禪僧又問：「學人不懂，請禪師指示！」他說：「屋裡有一雙破草鞋。」「那我如果拿去穿，好不好？」「你如果穿了，前凶後不吉。」最後問：「意旨如何？」禪師說：「一二三四五。」若是再來問到咱家呢，我說：「果皮三兩片。」你看！就這麼一個證悟明心，隨你顛三倒四，這些都通。所以這個法，墮身見眾生—落在五陰中—執取離念靈知的身見大法師與所有眾生都無法瞭解。

這樣問來問去，一個說水果，一個說番茄，結果一個個全部都不對，最後一個人拉起氣勢來，高聲說是水果，我倒說他對了。禪師眞的好像犯賤：人家客客氣氣告訴我是水果，我說這樣不行；有人大聲跟我吆喝「水果」，我倒認爲他行了。但其實這不是犯賤，這就是已經懂得其中的蹊蹺了。所以我才會告訴諸位：「東山門下的水果不易吃。」咱們東山門下這個水果禪，也是天下一絕，要上山去吃東山水果也不容易。上得山去呢，卻不許你吃出味道來，這可難！水果哪有沒味道的？但就是要你吃到沒味道，可是也許你想說：「那我就不去分別它，就對了。」我告訴你：你不去分別它，還是不對；就在有味道當中沒有味道，這樣才對。所以最後就作個結論說：所謂吃水果，即非吃水果，是名吃水果。你得要懂得吃水果的不吃水果，不吃水果的在吃水果，才是眞正懂得吃水果；這一來，般若經你就七通八達了。

般若經不能通達的原因，都是因爲落在身見中而不能證如來藏。身見：或者以色身爲常住我，或者以意識爲常住我，或者以受想行爲常住我，都是身見。身見眾生是處處可見的，包括當代自以爲開悟證果的大法師、大居士，都是墮身見眾生；因爲墮於身見中，所以大乘法更不通。也許有人不太服氣，我們還是可以談一談身見。小孩子是最常見的身見眾生，當他去到幼稚園，被別人打了，就跟老師告狀：「某甲打我！」他就以身體爲我。等到長大了，看見東家老爺爺、西家老奶奶死了，向父母親問，才知道原來身體不是眞的，是借用的，那身體死了還要去投胎。「喔！原來有一個可以去投胎的心，身體是假的。」到了有一些年紀，開始學佛了，有的人就講：「我們這個覺知心雖然是假的」，因爲他聽過五蘊虛妄，所以他換個方式說：「但我們覺知心只要離開了語言文字妄想，就會變成眞心。」落在離念靈知意識心中，這就是墮身見眾生，以爲覺知心意識離開語言文字時就變成眞實不壞心了。

如果眞實不壞心是經由修行而變來的，將來一定還會再變回去：又生起語言文字了，那又變成假的了；這樣子，有時眞、有時假，是變異法，怎能說祂是眞心呢？可是好多大法師都是這樣，甚至於台灣後山那位比丘尼，竟敢公然寫在書內說「意識卻是不滅的」，特地跟 佛陀唱反調。還有大法師說：「我們不談意識，我們說能見、能聞、能嗅、能嚐、能覺、能知之性，這總不是假的吧？」所以就開示說：「師父在上面說法的一念心，諸位在下面聽法的一念心，就是眞如佛性，這樣會了沒？」台下沒有人敢答腔，因爲知道那是識陰的自性，他卻誤以爲大家都很笨，聽不懂。可是在下面聽的人，有人早讀過經典了，知道這其實是六識的自性，還不如離念靈知有定力；離念靈知至少還在意識的心體上，大法師卻落到識陰的內我所去了！因爲能見之性乃至能覺、能知之性，都只是六識心的心所法，只是六識的心所法產生的性用，這當然也是墮身見眾生。這些大法師們都無法想像如來藏究竟是什麼？連我見都斷不了，怎能要求他們證得第八識！

所以，墮於身見中的眾生都是無法瞭解如來藏的，因爲如來藏的自性從來沒有意識心的自性，從來沒有五陰的自性；如來藏出生了五陰以後，祂在背後支持著，而祂自己不具有五陰的自性。所以想要證如來藏，首先得要斷我見——身見。身見若是沒有斷，再怎麼精進參禪，永遠都會落在五陰之中。不能超越五陰範圍，一遍又一遍地參，終於參到一個答案了，過幾天就自我推翻。一定會一直推翻，不斷地推翻；推翻到八十歲了還是會繼續推翻，因爲他所認定的眞心一定都在五陰中，無法超越五陰。所以想要在禪宗裡眞實證悟，必須先斷我見；斷了我見以後，至少在悟錯時能自己瞭解是悟錯了，不會犯下大妄語業，才有機會進前再親證如來藏，不會錯認五陰中的某一法爲眞實法，才有機會證悟。因此說，墮於身見中的眾生，根本無法想像如來藏的境界，都無法親證。正因爲不能親證，就無法想像。

墮於顚倒想的眾生，也不能想像如來藏。墮於顚倒，是指外道。有一種外道認爲他們的五陰都是由上帝創造的，或是由阿拉創造的，或是由冥性創造，或是由四大極微創造，或說是自然生。婆羅門則說是由祖父—大梵天—出生的。中國人有發明一個神話，說盤古開天；然後再由女媧娘娘補了天的破洞，再把渾沌的眼鼻等鑿開了，才有眾生等有情。其實說穿了，不管是哪一種說法，都是如來藏，都是自心如來。大梵天創造山河大地及有情，不管那個大梵天叫什麼，本質上都是如來藏。上帝或者阿拉其實也是如來藏。所以將來如果遇到一神教徒，你就跟他說：「**上帝與你同在。**」他會很高興，可是你再附帶一句話給他，他就茫然了，你說：「**我看見你的上帝在你身中，**

你知道嗎？」他說：「你這麼厲害，這麼靈感！」你說：「對呀！你的上帝就在你身中與你同在，你睡著了，祂沒有睡，祂還在護持你。」他想：「喔！那你眞的不得了！你在佛門裡面是菩薩，竟然可以常常看見我們的上帝！」可是上帝就是如來藏，因爲創造他五陰的就是如來藏，這話就別說了。

有人講冥性，有人講自然，有人講四大，你說：「那都是如來藏！」可是他們都顚倒，也可以說他們連一點點的志氣都沒有，每天長他人志氣、滅自己威風，明明上帝不如他身中的如來藏，他竟然每天崇拜上帝，不是很愚癡嗎？上帝連他自己的五陰是怎麼來的都不懂，可是我們都知道是怎麼來的。那麼是我們應該要皈依上帝？還是上帝要皈依我們？因爲上帝如果來找你，你就問他：「請問：你如何創造眾生？」他將會顧左右而言他；你鍥而不捨問了他三遍，他乾脆把你拉到旁邊去：「你別再問我這個問題，大家都說我創造了眾生，我其實不是，我沒有這個能力，所以你不要問我這個問題。」那你就告訴他：「可是我知道誰創造了你哦！」上帝可就嚇一跳了。

事實上你知道，他不知道；這是事實，也是有經典根據的。佛陀在世時，有個比丘有神足通而沒有智慧，他去天上問大梵天。大梵天跟一群天人在一起，他問這個問題時，大梵天就顧左右而言他，答非所問。那比丘問到第三遍時，大梵天上帝就把他拉到旁邊去：「你不要問我這個問題，我不知道呀！」「你不知道，爲什麼你又不否認？」他說：「我不能否認，大家都要這麼說，我也沒辦法。」（大眾笑…）然後大梵天就說：「你眞愚癡，你跟在佛的身邊，不懂得問佛；佛都知道，你卻來這邊問我，我又不知道，你趕快回去問佛吧！」上帝好心指點比丘的背後用意，其實是怕他公開再問。所以那一些外教都是顚倒見，他們常常祝福教內的信徒：「願上帝與你同在！」我們遇見了當然也要祝福他：「上帝眞的與你同在，你安心吧！你死後不會斷滅，你死了，你專有的上帝還會幫你再造一個色身。」所以他們都把自己如來藏的功能差別，向外推給上帝，或者推給冥性、自然、四大極微，都是在滅自己的威風、長別人的志氣。佛初來人間時明明就告訴大家說：「天上天下唯我獨尊！」爲什麼要推崇沒有實質的，由人類編造出來的一神教上帝或者冥性呢？

所以，進了佛門就要懂得建立正知見：知道一切有情的五陰或四陰全部都是由各人的如來藏建立起來的，沒有如來藏就不可能有五陰或四陰出生。這樣建立正知見以後，不論學解脫道或佛菩提道，都能有所進益；否則在道業上都不會有實質利益，都會走偏了。一旦走偏了，三大阿僧祇劫可就是眞眞實實的三大阿僧祇劫，不可能將長劫入短劫。如果你走正了，沒有偏差——正知正見建立了，你就知道要向自己裡邊去找，不要向外面去找佛法。現在最可憐的其實還是密宗，密宗的信仰者最信的是達賴喇嘛，達賴喇嘛在眾生出版社爲他印行的書中說：**眞實心在虛空、在身外**。那就只能向外去尋找呀！結果是：找來找去都是鬼神冒充的佛菩薩。這些人都是顚倒見！

這些顚倒見的眾生既然找不到如來藏，又如何能對如來藏有眞正的理解呢？所以當大乘經中說到這個自性清淨心如來藏而有染污，他們無法瞭解這個不可思議的極勝妙法，於是心中起瞋就罵：「**笑死人了！既然叫作自性清淨心，怎麼可能有染污？這顯然是愚癡顚倒的人編造出來的僞經。**」印順他們大部分人都是這個看法。印順派的法義就是達賴喇嘛的六識論，往上推去是宗喀巴、土觀、阿底峽、寂天、安慧、月稱、佛護，乃至自續派的祖師清辨論師，全都一樣是六識論者。他們都是起顚倒見而把六識中的意識建立爲常住法。古時經典的流通很困難，經典很貴重，一般人讀不到；所以他們建立意識的粗心或細心常住，會有許多人相信，因爲古時絕大多數佛弟子都沒讀過阿含，連大乘地區都不容易讀到大乘經，所以騙人很容易。

但最容易騙的地區就是西藏，因爲古時的西藏是鳥不生蛋的地區，鳥兒都知道在西藏下了蛋，小鳥很難孵化，也養不活，所以不在那裡下蛋；二十年前的西藏都還是窮鄉僻壤，一般的藏胞哪有機會讀到眞正的經典？就只有那些喇嘛們寫出大量的密續來欺騙藏胞，一直騙到現在還想要繼續騙。可是今天就不同了，特別是在台灣，好多居士家裡都有一套《大藏經》，把第一冊阿含及第二冊阿含請出來細讀，全都是說：意法因緣生意識——意識是生滅法。他們沒辦法了，只好再發明意識細心，說「**意識細心是常住的，所以不會滅**」。可是意識細心早已被我依教據理破斥了，所以六、七年前達賴又發明一個意識極細心，說祂是常住的；而他的意識極細心不在身中，是在虛空。他以爲這樣就可以矇得過別人，沒想到佛早就判斷將來會有這種人，早在阿含中說過了：「**諸所有意識，彼一切皆意法因緣生。**」不管他們說的是什麼樣的意識，所有意識都是意法因緣生的生滅法。意識最細的心是哪一個心？是非非想定中不了知自己的意識心，仍然是意識，不脫生滅法。

所以他們都是顛倒想，遇到我們出來弘法，算他們倒楣；所以我們把意識的生滅眞相寫了出來，不但能在事實上證明意識一定是間斷法、生滅法，並且還有聖教作依據。所以當有人向他們問到蕭平實，他們都說：「那個邪魔外道，不要理他！」用「不理他」三字，就逃避了身爲法師的辨正法義責任了。如果他們敢寫文章出來辨正法義，將會曝露更多他們無知的眞相；台灣、大陸哪一個大山頭不是這樣？只有不懂佛法的小喇嘛們或小法師們，才敢不自量力寫文章出來辨正，卻只會鬧出更多笑話而已。

正因爲他們都是顚倒見的眾生，所以敢把外道的顚倒見拿到佛門中來取代佛法，可想而知：他們一輩子都不可能斷我見的。連我見都斷不了，哪有可能證得出生蘊處界的如來藏呢？當然更證不到，既然證不到，當然只能憑意識思惟想像，可是再怎麼想像也想不通：自性清淨心竟然會有染污。這怎麼能相信？所以，墮身見眾生、墮顚倒見眾生，都無法想像如來藏。阿羅漢倒是可以想像一下，佛陀說：「有一個心無形無色，你前一世入胎了以後，那個心就幫你出生了五陰；你這一世斷了我執，滅盡了五陰以後，入了無餘涅槃，剩下祂成爲涅槃中的本際。」阿羅漢們至少可以想像一下：蘊處界我全部滅除了以後，剩下本識無形無色、無見聞覺知，叫作涅槃本際。

阿羅漢們至少還可以稍微想像一下，但是要眞正談論如來藏，他們也不敢與菩薩對談，因爲都是想像的。不像我們，現在已經六十幾本書（編案：此書出版時已有八十餘本）講如來藏了，沒有人敢推翻，也沒有能力推翻，因爲我們不是依靠想像而寫的，所以才能夠把涅槃持續而且正確地寫出來；當我們從不同的角度描述四種涅槃而解釋寫出來，道理全都不會有矛盾與衝突。但他們如果要寫一個涅槃，就得要絞盡腦汁，結果寫出來時還會錯誤。我們可以隨意講，都不會錯，因爲是依據涅槃的現觀而說出來的。所以顚倒眾生對如來藏與涅槃只能想像，想像的結果一定會錯誤。三明六通的阿羅漢、俱解脫阿羅漢、慧解脫阿羅漢，可以想像，但是不會錯誤，可是所知極少而不太敢講，因爲怕菩薩會指責他：**你不知道的部分就別講了**。

還有一種**空亂意眾生**。空亂意：不瞭解自己對空的作意都是顚倒想，所以講出來的空，全都錯誤而不正確，他們對於空的誤會很嚴重。到底空是什麼？空有很多種，也可以講到十八空。那麼到底空是在講什麼？其實，可以把空歸類成兩大類：空性與空相。如來藏本身是空性，因爲祂雖然無形無色故空，而有其自性能生萬法，所以叫作**空性**；而祂所出生的一切法，包括聲聞解脫道，以及佛法—世出世間無上法的大乘佛法—都叫作空相，由如來藏空性才能有一切法的空相。

也許有人不服氣，心想：「你講話客氣一點好不好？世出世間的大乘佛法是第一義諦，你怎能說是空相？既是空相就會有生滅，難道大乘法有在生滅嗎？」我告訴你，還眞的有生滅，但是有生滅之中卻不生滅。這是因爲：一旦意識滅了，就沒有任何一法可說了，那時世出世間的大乘佛法又在何處？所以佛法還是由意識得的，是生滅性的意識相應的。證得緣生性空而不墮斷滅，這個二乘菩提的解脫智慧，也是由生滅性的意識獲得的。可是你的意識證得三乘菩提的智慧，你的如來藏卻沒有所謂的智慧或無明，那你說說看：佛法是不是屬於空相所攝？

必須轉依常住的如來藏心，而如來藏自己的立場卻沒有佛法或世間法可說，這樣實證而能現觀，才是眞的實證佛法。所以還是照樣套用般若經的公式：所謂佛法，即非佛法，是名佛法。若能眞的懂這個道理，也能如此現觀，才是眞的懂佛法。阿羅漢只能懂得解脫法，不懂成佛之法，除非後來迴小向大而證悟般若了。因此，空主要是兩種：空性與空相。空性專講如來藏的本來自性清淨涅槃，以及能生萬法而同時顯現眞如性；空相是祂所生萬法的歸類，可以細分爲很多種空，通常是講十八空；但不論再細分爲二十幾空、一百多空，全都一樣，萬法的空相最後都得歸結於空性如來藏心。

可是問題來了，對諸位來講，說證得如來藏也就是證得空性；由這個空性，你可以瞭解一切都是諸法空相、都無實質。阿羅漢證得解脫道而成就聲聞菩提，他所證的聲聞法在他滅掉意識入了無餘涅槃時，也就隨著意識的滅失而不存在了。所以聲聞菩提，包括辟支佛的緣覺佛法，也是空相。所以說對於空的瞭解，很不容易眞實確認它的分際，這只有諸佛才能作到，菩薩們隨著諸佛修學而可以分證；不迴心的二乘聖人是絕對不可能的，何況是凡夫的眾生？哪一種凡夫眾生呢？空亂意的凡夫眾生。

空亂意眾生是講所有凡夫，亦如清辨與佛護等六識論者，下傳安慧、月稱、寂天、阿底峽、蓮花生、宗喀巴、土觀、克主杰、歷代達賴喇嘛，直到前幾年死亡的印順，乃至現在還堅持六識論的昭慧（盧瓊昭教授），以及台灣四大法師都屬於**空亂意眾生**，這些人有誰敢說自己不是空亂意眾生？他們都不懂空而被空迷亂了。被空迷亂了，就繼承著佛護、清辨等人的六識論，就以六識論作為根本宗旨而極力排除、抵制正確的如來藏法義。

如果他們不是以六識論的宗旨排斥正確的如來藏法義，而是願意如實、如理、客觀地研究經典，就不會落到今天進退維谷的窘境中。可是他們的主觀太強了，不斷用六識論來抵制如來藏正法，把三乘菩提中與他們的六識論有衝突矛盾的地方，擅自加以否定，所以今天才會進退維谷。這些大師就是空亂意眾生，他們連解脫道都無法瞭解，何況是如來藏的深妙智慧？佛在四阿含及南傳阿含（尼柯耶）中，都是依據空性心來說蘊處界的緣起性空。可是他們因為證不到入胎識—如來藏—涅槃的本際，又恐怕別人說他們沒有證悟，只是凡夫，所以乾脆否定八識論，專門在蘊處界上講緣起性空。他們都否定阿含中說的涅槃本際入胎識，這是把阿含涅槃的基礎砍掉。

就好像一棵樹，他們把樹根砍掉，要求大眾承認那是一棵完整的樹，辯稱樹不是依根而生長及存在，明眼人當然知道他們的邪見落處。當他們的解脫道認知基礎已經嚴重錯誤時，當然無法斷三縛結。我指出他們的錯誤所在時，他們自己也證實自己錯了，卻不知道該怎麼補救；又不願意回到阿含的本意中，就只能發明意識細心、意識極細心，說那是不生滅而常住的持種者，想要避免落於斷滅境界的譏評。可是沒想到 佛陀機先一著，早就講在那邊等著他們：「**諸所有意識，彼一切皆意法因緣生。**」不管什麼狀況下的意識—諸所有意識—一切意識都是意法因緣生的，根本就是有生有滅的生滅法，怎能持種來往三世？所以他們都逃不過 如來佛的手掌心，空言已經修得孫悟空的火眼金睛及筋斗雲，一翻就到十萬八千里外；縱使他們連續翻了一百翻、一萬翻以後，還是只在如來的手掌心裡。《西遊記》中描述的孫悟空，跑到了最遠的山下撒了一泡尿回來，佛陀伸出手來說：「**請看一看你所寫的『齊天大聖到此一遊』，仍然只在我手掌心中。**」這其實是在形容那些自以為悟的古今大法師們，他們各個都自稱說開悟了，就好比寫著：「**我到了悟境一遊。**」然後回到人間，入廛垂手接引眾生。可是等到蕭平實出來一伸手，原來他們只是在蕭平實的中指寫了一句「到悟境一遊」。如果再大膽的，不斷的公開說他是開悟了，那我當著他的面聞一聞說：「**怎麼有尿臊味呢？**」

這些大法師們全都是**空亂意眾生**，都把空給誤會了！他們否定了第八識的實存，就等於把佛法大樹的根砍掉，然後不斷地在那棵即將枯盡的大樹上面作文章；卻不知道樹葉都在枯萎了，還得要我們把他們所謂的緣起性空的根，再一根一根的接上去—用《阿含正義》來接—把他們弘揚的解脫道的根再接起來。所以這些大法師眞是「不到黃河心不死、不見棺材不掉淚」，必須要等到《阿含正義》印出來以後才願意在心中偷偷相信：正覺的法是正法。所以《阿含正義》往往是第一刷還沒上架，第二刷就開始印了，如今第一輯已經印到第三刷了。他們以前都認爲：「**你蕭平實只懂大乘法，不懂二乘法啦！你不懂解脫道，跟人家講什麼阿含？**」現在終於把《阿含正義》印出來了，讓他們嗅一嗅味道：原來還眞有阿含的味道，原來這才是阿含的眞正味道。這下子，終於有一些人肯出來學法。

但是背後還是有更多法師繼續躲著，還想要再觀察；必須觀察到早期來正覺學法的師兄弟們已經斷我見、斷三結，然後又明心了。然後再過十年，那些人才會來學。所以十年後學應成派中觀的人才有可能會開始學如來藏妙法，那已經是後知後覺了。不過再怎麼後知後覺，都勝過釋昭慧的不知不覺。我這不是罵人，而是說：**眞正的佛法知見不容易建立，往世的熏習也會影響到這一世對正法的判斷**。所以，有的人一聽到聲聞人講緣起性空，他扭頭就走，連聽都不想聽，因爲他多世以來一直熏習的都是菩薩法；可是有的人一聽如來藏妙法，扭頭就走（大眾笑…），因爲他往世都熏習六識論；一世又一世熏習六識論邪見，就只是不謗如來藏罷了。謗了就不能生在人間。如此。

所以空亂意眾生是非常非常多的，並不是現在才如此，而是古時就已經如此。你們如果讀過玄奘菩薩的傳記，看到般若趜多的狀況就會懂了：般若趜多連同他的師父安慧，對於自宗專弘的《俱舍論》都已經誤會了，更何況是未知未證的大乘如來藏妙法？所以他們師徒兩代極力抵制大乘法，自以爲懂得空，其實他們對空都嚴重誤會了。眞正的空，是要依空不空的如來藏心，依眞實常住的如來藏心來說緣起性空，才能有緣起，才是正確的佛法。所以我們有時候會懷疑：他們老是說「印順法師把《大藏經》翻到都快爛了，所以他很有證量」，但他寫出《妙雲集》等四十一冊書，證量在哪裡？相反的是，我的《大藏經》幾乎都沒有損傷（大眾笑…），我常用的四阿含二大冊藏經並沒有什麼損傷，我只有用鉛筆圈一圈、圈一圈，把重要的地方圈起來，連邊邊都沒有起毛，我就可以寫出《阿含正義》來，卻讓他們無法推翻。

這就是說，如果佛法知見是建立在正確的基礎上，想要悟入般若就容易了！悟得般若以後，只要稍微讀一讀就夠了，不必一遍又一遍苦讀。四阿含，我不過只讀兩遍而已：破參前及破參後各讀過一遍，都是前後讀到完。讀到最後，爲了寫《阿含正義》再重讀重要部分，然後《阿含正義》就寫出來了，都不必翻到爛，因爲可以如實瞭解它的意思。這原因就在於我們沒有空亂意，而他們有空亂意。假使有空亂意—被空所亂—就會立足於錯誤的基礎上來講緣起性空，但是我們一讀就很清楚呀！當你知法見法，自然就知道**先知法住、後知涅槃**，法就是如來藏。當你看到《阿含經》中說「**快樂自追、如影隨形**」，眞是太棒了！是不是快樂自追、如影隨形呢？眞的呀！這回禪三回來的人不就親證了嗎？阿含雖然說這是隱覆密意而說，但是對於破參回來的你們，卻覺得阿含講得太白了。心想：**這會不會洩漏了密意？**

阿含中又說：阿羅漢證涅槃，是**眞實、清涼、寂靜**。而且 佛陀有時還特地強調「**常住不變**」。阿含中明明講常住不變——證涅槃是常住不變，不是斷滅空。可是現在所謂的阿含專家，譬如楊郁文等人，還否定說阿含不講本住法（編案：詳見《正覺學報》第一輯舉證）。這位阿含專家竟然把阿含的眞義給推翻了，楊先生到底懂、不懂阿含呢？我看，他這個專家的頭銜應該暫時收藏起來，等他弄通了阿含中講的本住法**常住不變**，再掛上阿含專家的招牌，應該會比較安全一點。因爲也許有一天我們會中哪一位同修找上門去，專門要跟他講阿含中的本住法、常住法，看他怎麼招架？

所以凡是落到空亂意中的人，都無法瞭解如來藏的空與不空。不空如來藏，是因爲祂有自性能生萬法。空如來藏是說，祂所生的萬法都是緣起性空，都會滅掉、都可以滅掉；滅掉以後成爲無餘涅槃，所以叫作空如來藏。在諸法滅掉以後如來藏還存在，所以是不空如來藏；當六塵諸法都存在而使有情知有一切法時，如來藏卻從來不了知六塵，所以又稱爲空如來藏。也可以說：**如來藏空無形色，所以是空如來藏**。只要悟了，你怎麼解釋都對。可是你如果不懂得空與不空如來藏，縱使很謹慎的講出來時，仍然是錯了！正因爲是誤會的緣故，就叫作空亂意眾生。所以他們很痛恨《勝鬘經》，痛恨的緣故當然要把它扭曲解釋，讓大家隨順他的解釋去信《勝鬘經》，他們就可以安隱無憂，這就是印順註解大乘經典的目的。但我們不該容許他們這樣繼續誤導眾生，所以我們必須要把印順的說法拿出來講清楚。

因此說，墮於身見的凡夫不能瞭解如來藏，外道顛倒見也不能瞭解如來藏，佛門中對於空法產生了顛倒想，擾亂了他的作意以後也是無法瞭解如來藏的；所以當你證得如來藏以後自然就通般若，不再是墮身見眾生、顛倒眾生，離開了空亂意眾生的範圍了，因爲你已經實證而眞懂如來藏妙法了，所以才能稱爲大乘法中的實義菩薩，離開名義菩薩位而同時成爲大乘法中的通教聖位菩薩了。所以，在末法時代單單是斷我見就已經很困難了，想要再進一步去證如來藏，那是更加困難。我們出版了《識蘊眞義》以及《阿含正義》，就是希望他們都可以如實斷我見；若是把我見眞的斷了，將來就會有因緣來證如來藏。雖然那個因緣可能是二十年後，可能是三世、四世以後，也可能是一萬大劫以後；但是他們至少可以斷我見，我的心願也就完成了。

接下來，再來瞭解印順對這一段經文是怎麼解釋的，請看補充資料，印順說：【眾生的**有漏識有七**：即眼識耳鼻舌身意識——六識及**心法智**。心法智，地論師解說為第七識；嘉祥說是六識的相應心所；唐譯作『所知』境。然依《楞伽經》義，即第七末那識，如說：『其餘諸識，有生有滅，意意識等念念有七』。『七識不流轉，不受苦樂，非涅槃因』。末那，譯為意；真諦三藏每譯為心；本經的心法智，實即第七末那的異名。心法智的智，約凡夫的顛倒智說（智論有『心想智力』句），妄想執著，不是真智慧。】（正聞出版

社・印順法師著《勝鬘經講記》p.244 ~ p.245）

我對他這段註解，作了如下的評論：「印順在這裡說有七識，只是不明白後來爲何還要繼續否定第七識的存在？但是心法智，講的是前六識具有心所法能緣諸法的智力，不是講第七識意根，印順援引智論文句是引喻失當。嘉祥大師如果眞的像印順那樣說，那也說錯了；但因爲印順常常曲解別人的說法，所以對嘉祥大師是否如此說，應該存疑。心法智是六識在三界中，特別是在人間的親所緣緣。要補充的是，若離意根的心法智，六識都不可能生起及存在。」

印順這段文字說的意根，其實說得很好：「然依《楞伽經》義，即第七末那識。」既然在這裡承認有意根第七識，但是我卻不明白：他爲何還要繼續否定第七識的存在？令人不解。而心法智，他把心法智解釋爲第七有漏識，當然是指末那識意根，卻又講成末那識意根對六識及第八識的理解與掌控，以及遍緣諸法的智力，這不是自相矛盾嗎？而且印順援引《大智度論》的文句，可以說是引喻失當的，至於印順所稱嘉祥大師的說法是否眞實，也是有待查證的。而且意根或祂的心法智，都絕對不是六識的相應心所法，反而是六識的俱有依；如果離開了意根的心法智，六識就都不可能生起及存在了。所以心法智解釋爲六識的心所法，當然可以講得通，因爲勝鬘夫人在這裡並沒有明說是不是六識的心所法，只說心法智；我也傾向這樣的說法，卻與印順把心法智說成第七個有漏識相異。如果是從意識返觀自己識陰來瞭解六識的自性，這個心法智是可以說得通，但是比較正確的說法其實還是應該說是意識等六識和合運作出來的了別能力，比較符合八識論的說法。

不過印順在《印度之佛教》中把意根解釋爲意識的種子，是嚴重錯誤的說法，因爲有大過失：意識，在四阿含中說由意根與法塵爲因緣而出生，並且出生以後是十八界具足，同時在運作的；並不是意識出生以後剩下十七界——不是種子意根流注出來以後意根就消滅了。因爲意根還是與意識並存著，仍然是繼續有十八界法並存；所以意根與法塵爲緣而出生了意識以後，意根是仍與意識同時存在運作不斷的。假使說意根與法塵爲緣出生了意識以後，意根已不在了，那就不再有意根來繼續接觸法塵了，那麼妄心的思量性就會滅失了，必然會天下大亂，而意根也不許再稱爲「**恆、審、思量**」了，因爲意根已變成意識而不存在了。

既然意根已滅而不能繼續觸法塵，意識當然得要跟著滅了，因爲意根是意識的俱有依根；所以印順把意根解釋爲意識落謝後的種子，這個說法是不通的，只是吃了安慧、佛護、清辨等凡夫論師的邪見唾沫罷了。如果他這個說法可以通，那麼人睡著以後將會永遠睡著，可能成爲睡美人或者睡王子，永遠醒不過來；因爲意根那時只是種子——剩下意根（種子）而六識都不在了。這個種子總不能自己發動而流注出來吧？當然得要有另一個心來觸法塵而發動六識種子（意根）流注出來。如果印順強行主張種子可以自己發動，問題可就嚴重了！因爲：譬如往世曾經造下某一個惡業，那個惡業種子不必遇到心識及諸緣就可以自己發動。諸位想想看，那會是什麼境況？那是惡業種、善業種都可以自己發動，不必遇緣成熟，那就有可能一個大富長者同時又是貧窮的乞丐。又如過去的惡業種、慳法種、貪法種、布施的福德法種，都可以不必外緣就自己發動了，這將會很好笑：你印順講的阿羅漢入涅槃，以後還會由於異熟種子自動流注而又離開無餘涅槃，重新再有生死。因爲他的變易生死種子還在，那些種子可以自己發動，不必要靠意根來發動。

若是眞的沒有意根常在時也可以發動種子，那麼阿羅漢是不是今天入涅槃，明天又會出涅槃再去投胎了？所以說，正確的佛法是：意根有意根的種子，意識有意識的種子；意識滅了以後，意根還在；有意根來發動六識種子，明天才能再度醒過來嘛！如果說意識滅了以後成爲種子，說意根就是意識的種子；那麼，睡著以後剩下意根的種子，沒有另一個心仍然現行運作來作爲助緣而觸發意識等種子，那就應該意識滅了以後成爲種子而永遠都是種子囉！好啦！諸位，大家回去這一睡，各人都將成爲睡王子、睡美人了，而且將是永遠如此醒不過來的。

他們講了法以後，都還不知道自己的法有什麼過失，都不知道我們隨時可以挑他們的過失；猶如台灣俗諺說的：**笨到身上癢了都不懂得要抓**。確實是如此。可是因爲剛學法的人比他們還笨，所以就被他們牽著走。但是還有一種人更笨：**當我們把這個道理講出來以後，他們還不相信，那簡直是被人拿刀砍在身上了，都還不知道痛**。如今這種人偏偏很多，這些人都要靠《阿含正義》來救，而且得經過二、三十年的閱讀以後才能得救。但是印順引用《楞伽經》的法，說心法智是第七末那識，倒是引用得好，雖然不太正確；因爲意根知道六識有哪些功能，祂需要的時候就會抓六識心出來用，祂會促使如來藏把六識的種子流注出來，所以六識就出現了，祂有這個心法智；只是說得太狹隘了，因爲六識心也有自己的心法智。假使沒有意根的心法智，所有人睡著就永遠都醒不過來了！不知道印順爲何想不通這一點，竟然信受安慧、佛護、清辨的說法，把意根改說爲六識種子而否定掉，卻仍然認爲他的理還能成立；這眞的是愚癡加三級，還不是一般的愚癡！

諸位今天聽了這些法，應該知道意根是一切法的動力，包括證了如來藏以後，可以現前觀察：假使不是有意根作動力，如來藏就不會有種種的運作。這在很多世間法上都可以觀察得出來，問題只是有沒有智慧來作觀察。所以印順把意根否定，曲解爲意識的種子，實在是很不智的作法；因爲他否定如來藏，假使還保留著意根，至少還可以狡辯一下說：我們六識晚上睡著滅了以後還有意根—意識種子—所以不會斷滅，才能再度使六識種子流注而醒過來。那麼我們若爲了要辨正他這個邪見，還眞的需要多費一番口舌呢！可是印順把意根否定了以後，要破他就更容易了，所以說印順眞的不智。

關於經中的下一句：「**不種眾苦，不得厭苦、樂求涅槃。**」他怎麼解釋呢？印順說：【沒有如來藏，即「不種眾苦」，種下的苦種，即是招感三界生死的業；由善業感人天善果，由惡業感三惡趣果。**今七識都是生滅不住的，這些善不善的業種，種在什麼處所呢？誰能保持它不失？**生滅易脫的七識，不能受熏。本經說如來藏是常住的，是依是持是建立；善惡等熏習依於如來藏，善惡業不失而能感三界生死果。生死流轉，由此而能建立。】（正聞出版社．印順法師著《勝鬘經講記》p.245）

這一段他講得很好（大眾笑…），我不知道他爲什麼沒有發覺：他這一段**註解已經把自己的《妙雲集》整個推翻了**。他眞的沒有發覺到這個事實嗎？眞的是令人百思不得其解。印順在這裡又說佛法是七識論，既然是七識論，當然就有意根這個心常存的了，又怎麼可以堅持說意根是意識的種子？又怎能說意識細心是常住的呢？乾脆就堅持說第七識意根是常住的，倒還沾到一點正理。所以，我想他大概是糊塗了，上一本書寫過就忘掉了，所以寫這一本書時就跟前一本自相衝突了。他糊塗得很嚴重，有時前一頁所寫的說法，到第二頁時就自己推翻了，可是他似乎沒有感覺已經自我推翻的事實。

沒有如來藏，爲什麼就不種眾苦？他當然知道這個道理：假使沒有**一個常住的如來藏，那麼造下種種的惡業以後，苦種就不會繼續存在；沒有種種**

眾苦的種子流注出來顯現苦果的話，就不會厭惡痛苦而樂於追求涅槃的實證。他很清楚的知道這一點，可是我想：他可能是因爲愛面子，所以前面年輕時說的法錯了，他不願意更正，想要使人認爲他的所有說法都是正確的。問題是，人的記憶是有限的，而如來藏的「記憶」卻是無限的——無量劫以來的事件都會記存在如來藏裡面，有因緣時你就會遇見。可是意識是有限的，因此三十歲時寫的書，到四十歲時他已經忘了。五十歲寫的書，到五十九歲時他也忘光了，都不知道自己曾經講過什麼話，所以前言不對後語。這就是依靠思惟而非親證來寫書的人，常常會有的過失，因爲不能一面寫書、一面現觀來檢查自己所說的法義。

有智慧的人都可以拿印順的前一本書，跟他隨後寫的另一本書來評論比對，然後寫出三大本書來辨正他那二本書中的錯誤。沒智慧的人因爲讀不懂印順在講什麼，怎麼讀都不懂，就以爲印順眞的很高深。其實是：印順自己寫的，連他自己也不太懂。印順連自己寫的內容都不太懂了，別人怎麼可能讀得懂他的思想？所以，只有我們懂得印順在想什麼、在講什麼，我們才是印順學的專家；連印順自己對自己的瞭解，都不如我們對他的瞭解。

印順既然承認第七識了，爲什麼又要建立六識論？而且印順在前面說「如來藏就是緣起性空」，這是他對《勝鬘經》的註解。既然說如來藏就是緣起性空，請問：「緣起性空是實體法嗎？」不是實體法欸！既只是一種現象，怎能執持一切業種？請問印順：「所有的善惡業種是由緣起性空來執持的嗎？」緣起性空只是一個現象，不是一個眞實法；緣起性空只是顯示蘊處界都是緣起而顯現其性本空，所以不是實體法；只是被蘊處界表現出來的現象，說明蘊處界是緣起而性空。既然只是表顯蘊處界的緣起而性空，即是依蘊處界而有的；依蘊處界才有的緣起性空，又怎能持種呢？連蘊處界自己都持不了種，何況是依蘊處界才有的緣起性空，又怎能持種？

顯然印順自己也曾想到這一點，所以他說七識都是生滅不住的。然而善不善的業種，是記存在什麼處所呢？誰能保持它們不失？現在要用這一句話來反問他：「請問印順法師您：意識是生滅的，是意法因緣生的，睡著了就斷了，那你今天造作的善惡業種，由誰來執持不失呢？」已經斷滅的意識，他總不能夠說：斷滅了的無法能夠持種。如果這樣也可以說的話，那麼應該虛空也能持種，因爲虛空也是無法；那麼你印順弘法的功德都存到虛空去，明天醒來看誰比較早起；早起的鳥兒有蟲吃，就先把你印順弘法的功德種子取走，你印順就失去功德了！是不是這樣？如果不承認是這樣，那印順就回歸如來藏持種，不就行了？所以保持種子不失，是很重要的事；如果離開了持種的正理，二乘菩提也就不能成立了！譬如初果人要極盡七有往返，要天上人間再經過七世以後才能成為阿羅漢，那七生中修行的淨業種又由誰來執持呢？顯然印順的道理無法成立了，因為意識不能到下一世去；而這一世修成初果，下一世往生到天界去就沒有初果功德了，因為印順的初果淨業種子在第一世捨報時已經滅失了！所以印順的六識論若能建立，將會導致三乘菩提法義被全面推翻，而法界也將全面紊亂不堪了，再也無因果律可說了。

因此，印順「**生滅易脫的七識，不能受熏**」，這一句話講得很好，但是卻要拿來回送給他。因為七識是生滅性的，但七識心是能熏的法，總不能夠自己來熏習自己吧！能熏習的心是要熏別人而不是熏自己，否則所有的種子都將是由能熏的心來自己收存了，因果律就不可能繼續存在了，所以能熏的法一定相對的有另一個所熏的法——能熏的七識心來熏習所熏的如來藏心，而使各類種子都被熏入如來藏中。那麼現在要請問他了：**你的所熏是七**

識心自己嗎？或者要請別人的七識心來熏自己的七識心？那就跟世間的愚人一樣，怕這個薰衣草不夠香，又拿別的薰衣草來熏原來的薰衣草，是不是要這樣？那麼熏習諸法時可都要請別人來熏自己了，要不然該怎麼辦？或者是由自己熏自己嗎？把薰衣草搬進來以後，希望薰衣草趕快把自己熏得更香，可能嗎？不行的！因爲自己不能熏自己，薰衣草是要熏別人（衣服）的。

所以，當印順把所熏的如來藏否定了，他所有的法義都會處處出現問題，因此這一句話要回送給他：「**生滅易脫的意識不能受熏，你印順的無漏法種若想要受熏，得要用生滅易脫的意識來回熏如來藏，你的無漏法種才能增長、才能存在。**」因此勝鬘夫人才會說：**如來藏是常住的，是一切法的所依，是持一切法者，是建立一切法者。**一切法都要依如來藏才能建立，一切法種及現行後的一切法也都由如來藏執持，一切法也都依如來藏才能存在；不但聖教上如此說，在理證上也確實是如此被證明的。所以說，善惡等法的熏習都要依於如來藏，才能夠使善惡業的種子不會失去，而能夠感生三界的生死果，三界中才可能不斷地有六道五趣眾生流轉生死。

假使沒有如來藏持種，就不會有餓鬼道眾生，更不會有畜生道與地獄道眾生。若沒有如來藏，三惡道的惡業種子都不存在了，顯然善業種子也不可能收存；就不可能有三惡道有情，也不可能有人類、欲界天、色界天、無色界天；這樣一來，所有人都將是無因無緣，像孫悟空一樣突然從石頭蹦出來了，然後無因無緣就消失而斷滅了！看來印順似乎還不如那隻石猴子呢！那又何必辛苦地修行呢！因爲無因無緣就會突然消失了，也許今天活得很快樂，明天都不在了，無因無緣嘛！可是事實上不是如此，過去世熏習的種子都會存在著，而現前可見的是意根無法持種，那麼請問：**往世熏習的種子，誰在執持？**當然是如來藏，一定是不能持種的七識之上還有另一個心嘛！

這道理其實也很容易證明，你看莫札特才出生幾歲就會彈琴、還會作曲。有的人天生就是會世間的許多法，有的人是再怎麼學都學不會。如果錢財讓我來管，一定是一團渾帳，因爲我沒有管錢的好種子。像你們很多人，大家都會彈指，我卻是怎麼學都學不會，從小到現在六十幾歲了，還是學不會，總是彈不出聲音來，都因爲我往世沒學過。可是你看有的小孩子才國小二年級、三年級看人家彈指，他一彈就會，眞奇怪！又譬如吹口哨，我怎麼學都學不起來，眞沒辦法，因爲我沒有熏習而沒有這類種子。要學著說怎麼樣跟人家詐欺，我也不會。賭博我也不會，所以我年輕時有好多同學喜歡星期天來找我，但有些人卻一直不喜歡來找我，因爲他們喜歡打麻將，我說：「我不會。」「我教你啦！」好吧！教呀、學呀，學了一、二十分鐘，終於知道怎麼打了；等到下個週末再來時，我已經忘了，又要從頭學起，眞沒辦法，這就是往世曾否熏習的問題。可是有的人一聽教導，第一次會了就永遠記得，而且麻將越打越好，那就是種子熏習的問題。

可是這些種子，我當時的意識願意去持它，意根也很願意，因爲同學們都喜歡；既要跟他們相處，就要學會麻將；問題是，我怎麼學都學不好。但是有的人，現學就會，那都是往世熏習的原因嘛！所以莫札特小時候寫的曲子，到現在很多音樂大師都還在演奏；已經是七八十歲的音樂大師了，卻演奏一個幾歲孩子寫的曲子，那也是因爲莫札特往世的音樂熏習種子來的，因爲莫札特上一輩子可能就是在忉利天當乾闥婆（大眾笑…），所以他有因緣來到人間時，音樂種子發出來，幾歲就能寫曲了，這當然也是種子熏習的緣故。很多人希望把善法種持著，可是他聽了以後卻沒有用，都不能理解；這表示他跟善法不相應，因爲往世沒有熏習，善法種增長不上來。

有一些惡人造了許多惡業種，以前還沒有電視的年代，不是有一些人弄了槍，把人家抄家滅口嗎？後來被抓到了，說要皈依佛懺悔；可是一聽法師說那些業將來都要去受報。他一聽：「那還得了！我不歸依了。」神父去了就說：「上帝會赦免你的罪。」於是他就歸依上帝了，因爲造惡業以後可以不受苦報。可是問題來了，他想要丟掉而丟不掉的惡業種子，上帝也無法幫他丟。因爲如果要幫他丟掉惡業種子，上帝當然先要找到他的如來藏，才能把他如來藏中的惡業種子丟掉，這是無法推翻的前提。但上帝都還不知道自己的如來藏何在，要怎麼赦免犯人的罪？然而神父根本不懂這個道理，誤以爲上帝眞能赦免犯人的罪，所以大惡人臨命終時都皈依上帝，因爲一神教的話講得漂亮。但我都不擔心，因爲那些人是大惡人，如果上帝喜歡大惡人，就都送給他。（大眾笑⋯⋯）都讓他們生到上帝的天國去！然後上帝的天國不必多久就會崩壞了！因爲那些大惡人去久了以後，就會搶上帝的天主位子。熏習惡法久了以後全都惡性難改嘛！因爲他們的惡種都還沒有轉變清淨呢！

所以持種的問題，一定有一個能熏及另一個所熏；七轉識是能造業者，能造善業、造惡業，所以造善業惡業者就是能熏的心。問題是這些業行作了以後的種子要熏進哪裡去？由誰來保存？你總不能說是由意識細心保持吧？因爲意識細心會斷滅。如果要說修證意識細心，印順是遠不如我們的，因爲他連初禪都沒有。如果要講意識細心，最細心就是非非想定中的意識心，但是祂也不能持種。既然最細意識都不能持種，那麼所有的有漏、無漏法種要存到哪裡去？所以印順是爲了圓滿自己的六識論說法，才會新發明意識細心。不料　佛陀機先一著，早就料定了，弄了一個鐵絲網在那邊把他罩著，所以他終究逃不出　如來佛的手掌心。

因此保持各類種子不失，只有如來藏心才可能做得到；而祂必須是常住並且是實體法，才可能保持業種不失。並且保存業種的心，必須是無記性的——必須是沒有善惡性的。假使有善惡性就會有選擇，可就天下大亂了。諸位想想看，保存種子的如來藏心，假使能知善惡而作選擇，當祂看見人家行善就喜歡，看見人家造惡就討厭，世間還會不會有惡人？都沒有啦！也不需要法律了！因爲所有惡人的如來藏都會制止：「你不許造惡。」就把他妄心停掉而不現行，不讓他的妄心造惡。只要把妄心的種子流注停掉，惡人什麼事也幹不了，那麼人間就不該再有惡人了。假使如來藏會分別：這是惡事，我不要。世間就不需要法律了，法官們都可以退休了，司法院可以關門了。

可是明明世間還是有很多惡人，這表示如來藏對善惡性都沒有喜歡、也沒有厭惡，因此七識心造了什麼善種，祂就收存；造了無間地獄的業種，祂也收存；祂從來都不管是善是惡，祂就是無記性的運作著，從來不分別諸法。假使有人說：「這個會去下一世的持種心，就是離念靈知。」你就可以說：「你這個人眞是愚癡！因爲如果持種心是有記性的心，像離念靈知一樣，那麼天下就不該有惡人了，也不可能有破法、謗法者，也不可能有殺人越貨的事發生。可是明明看見人間確實是有這些惡事繼續存在著，那怎麼可以否定如來藏而由意識或意根來執持種子呢？」所以印順的思想，不論是從哪個方面來說，都是不通的；只是他自己不知道不通，他的門徒們更不知道不通，所以我們要一部分又一部分，藉著講經寫書把它講出來，讓未來世的人都可以永遠離開六識論的邪見，這樣未來的佛子就有福了。

未來的佛子，有沒有包括諸位？（大眾答：有）有嘛！因爲你們是古人轉生來的，所以你們都是再來人，也是未來人。如果有誰敢跟你誇口說他是再來人，你就說：我也是再來人！（大眾笑…）因爲本來就是如此的嘛！如果旁邊一條狗走過去，你就對他說：「牠也是再來狗！」因為牠確實是古狗（大眾笑…）再來當狗的。每一個人過去有無量世，未來也是無量世；除非他走的是聲聞道成為阿羅漢，否則未來也有無量世，那麼誰不是再來人？聽你這麼講，他就不敢再誇口了，還不必談到什麼法義。所以持種是佛法中一個很重要的題目，持種心必須是無記性、無分別性；而離念靈知是有記性、有分別性的，有記性而有分別性的離念靈知怎麼可能持惡業種呢？如果有記性的離念靈知可以持種，人間將會只剩下諸位，因為你們知道人間有正覺講堂這個法，天上可能沒有正覺的法；你們幾個人留在人間，其餘的人都不生在人間了，因為大家都喜歡生天的種子而全部生到天界去了，不來人間了。

既然是不學佛——不學菩薩道，而且離念靈知自己又可以決定哪些種子要不要，大家都把人間的種子丟掉，也把三惡道種子丟掉，全都往生欲界天、色界天去了，人間不再有人了。下輩子你也可以說：「我下輩子要當聖人，不當凡夫，因為我可以決定把凡夫種子丟掉。」生來就是聖人，多好！可是就沒有因果了，佛法也不能成立了，也證不了阿羅漢。所以持種心一定是無記性的，怎麼可能由離念靈知持種？會中斷、有記性而能分別善惡性的意識心，怎麼可能是常住而持種的心？未免太荒唐了吧！可是那些自稱有智慧的大法師——譬如印順、聖嚴、星雲、證嚴、昭慧等人，他們有誰注意到這個問題呢？都沒有！所以一定要有如來藏，眾苦種子才會成就苦果；若是沒有如來藏，行善不會成就善果，造惡也不會成就苦果；若不會成就苦果，就不會厭苦而樂求涅槃。換句話說，如果沒有如來藏，就不可能有阿羅漢樂求涅槃，這才是勝鬘夫人要說明的意思所在。

接下來的經文：「**如來藏者，無前際，不起不滅法；種諸苦，得厭苦、樂求涅槃。**」意思是說，如來藏沒有前際，不該這樣問：「**如來藏是什麼時候出生的？**」因為這是法界中的實相，實相是本然如此，本來而有、法爾如是。再來看印順法師怎麼解釋這一段經文。請看補充資料，印順說：【因此，如來藏是「不起不滅法」。是不起不滅的常住法，**能為生死涅槃作所依**，眾生這才「得厭苦，樂求涅槃」。**中觀**和**唯識**宗，明一切法空性或圓成實性，也是不起不滅，無前際後際的，**然都不說為一切法的依止處**。以常住不生滅為**所依**，即**真常唯心**論的特色！】（正聞出版社．印順法師著《勝鬘經講記》p.246）

印順在這裡擺明了否定真常唯心論，他說：「如來藏是『不起不滅法』。

是不起不滅的常住法，能爲生死涅槃作所依，眾生這才『得厭苦，樂求涅槃』。」既然他承認這一段經文，就是承認如來藏爲常住的，而說如來藏「能爲生死涅槃作所依」，爲什麼又要否定如來藏心，然後用緣起性空來取代如來藏？假使沒有如來藏心，假使如印順所說「如來藏是蘊處界的緣起性空」，這樣的如來藏—緣起性空—怎能成爲生死與涅槃的所依？依印順的說法，涅槃豈非成爲斷滅空？不正是「無因唯緣而有生死」？那麼 世尊所說的「有因有緣世間集，有因有緣世間滅」的聖教，也就應該改爲「無因有緣世間集，無因有緣世間滅」了！印順是否在暗示說「世尊說法錯誤」？

不起不滅的如來藏究竟如何成爲生死的所依呢？假使沒有如來藏，眾生造了一切惡業以後，惡業種子在死後都不會存在，因爲意識在正死位中已經斷滅了，如何能持業種？而印順說的如來藏又是蘊處界生滅所顯現的緣起性空，這樣的緣起性空當然也是不能持種者，那麼一切有情死後應當就是斷滅空，印順又如何能說緣起性空本質的如來藏可以成爲未來世生死的所依？

不起不滅的如來藏如何成爲涅槃的所依呢？假使沒有如來藏，眾生修學解脫道成爲阿羅漢以後，死後不再受生而滅盡十八界，就變成斷滅空，而如來藏只是印順說的蘊處界的緣起性空，那麼阿羅漢死後就成爲斷滅空了！因爲意識早已滅了，而如來藏只是印順所說的蘊處界的無常性所顯現的緣起性空；這樣的如來藏在蘊處界死亡而壞滅以後，就成爲斷滅空，這樣的緣起性空已經沒有蘊處界可以依附而不存在了，所以必然成爲斷滅空，怎能成爲涅槃的所依？所以，印順硬將常住不壞的如來藏金剛心，扭曲成爲蘊處界生滅所顯現的緣起性空，而說是生死與涅槃的所依，未免扭曲得太嚴重了！

當眾生不造惡業－如來藏心中不積集惡業種子－就成爲不種眾苦，就不會有苦果；沒有苦果就不會厭離生死、樂求涅槃；所以如來藏的持種，以及如來藏心不起不滅而常住不壞，才是二乘聖人厭離生死、樂求涅槃的基礎。因此，佛在四阿含中，依**入胎識**爲根本來說所生的蘊處界緣起性空，苦、空、無我、無常，說涅槃是眞實、常住不滅，這是四阿含中的聖教事實。這意思就是說：只有以如來藏心的常住作爲前提，才能夠有蘊處界的緣起性空，才能有涅槃的實證。否則，連蘊處界都不可能出生，何況能有蘊處界的緣起性空？否則，滅盡蘊處界後的涅槃就成爲斷滅空了。正因爲有如來藏心作爲涅槃實證的所依，佛陀才會說：阿羅漢斷盡我執、滅盡五陰十八界以後，是**寂**

滅、是**清涼**、是**寂靜**、是**眞實**、是**常住不變**，這是四阿含中的聖教。

假使不是這個如來藏的不起不滅性，阿羅漢不會樂求涅槃，因爲阿羅漢都知道入無餘涅槃是要滅盡蘊處界而不受後有的；當他發覺滅掉自己的蘊處界一切法以後，竟然是斷滅空，他就不會再願意滅掉自己了！所以阿羅漢之所以樂求涅槃，是因爲聽到 佛陀開示無餘涅槃中有本際—入胎識—常住而不是斷滅空，所以阿羅漢樂求涅槃。阿羅漢都依如來藏而樂求涅槃，大乘法所證的般若則是依如來藏不墮世間法的體性來說祂的中道性，不是意識有中道性，也不是世間法有中道性，所以中道的現觀—中觀—完全是依如來藏的不墮世間法兩邊來說的。印順等人身爲大乘法中的法師，爲什麼卻反而去否定大乘法根本所依的如來藏心呢？他把如來藏心扭曲爲二乘法的緣起性空，把阿含中 佛說的如來藏心—入胎識—曲解成緣起性空，是公然與 佛唱反調的，所以說印順的思想是很奇怪的！既然生死也依如來藏，涅槃也依如來藏，顯然二乘人不可以否定如來藏，大乘人更不可以否定如來藏，這是所有密宗應成派中觀的喇嘛、法師們都應該特別注意到的地方。

印順又說：「**中觀和唯識宗，明一切法空性或圓成實性，也是不起不滅，**

無前際後際的，**然都不說爲一切法的依止處。**」印順這是公然說謊，因爲在般若中觀以及唯識宗裡，都是依如來藏來說般若實相，說中道實相，說一切法的緣起根源。唯識宗明明是講圓成實性，圓成實性是講第八識如來藏心，是說如來藏心具有圓滿成就諸法的眞實性。既然是說如來藏具有圓滿成就諸法的眞實性，不正是說如來藏是一切法的依止處嗎？印順竟然可以曲解爲「**然『都』不說爲一切法的依止處**」，這樣嚴重扭曲，那些自稱有智的法師與居士竟然願意信受，實在愚癡。所以印順眞是公然說謊，期望用自己的說法讓眾生完全相信，而不願意依止經文中正法的眞實義來作說明，所以印順是全然違背法義事實的。中觀宗和唯識宗，其實都是以常住不生不滅的如來藏心作爲所依的，唯識學的眞常唯心論與般若中觀是相契相符的；唯識學的眞常唯心論與般若中觀，也都是和四阿含的聲聞法、緣覺法完全相契相符，並沒有絲毫衝突所在，差別只是在於粗淺與深廣的不同而已。

這一段經文中說到「**世尊！如來藏者，非我、非眾生、非命、非人**」，印順同樣加以扭曲而作了錯誤的註解，請看補充資料，印順說：【我，即主宰、自在。眾生，即五眾（蘊）假合的有情；依外道說，即是生而又生的補特伽羅。命，即壽命，生命，約生死的延續說。人，即行人法的，如有意識，有智慧，能用手，能說話的。我、眾生、命、人，是約我的四義不同，實即一神我。現在說如來藏是不與外道的神我一樣的。《楞伽經》也說：『無我如來之藏』，實約一切法空性說。】（正聞出版社．印順法師著《勝鬘經講記》p.247）

從這一段註解可以看得出來，印順眞的很不老實，眞是不老實到極點了！怎麼說呢？他說：譬如人是有意識，有智慧，能用手，能說話的。這話倒是沒錯，但是有個問題：如果依照他這樣講，有意識，有智慧，能用手也能說話的，就可以叫作人，那麼猴子、猩猩也可以算是人了，因爲牠們也有手，牠們也有語言，只是牠們的語言表達方式不一樣，牠們用不同的聲音來代表不同的意思。近代的生物學家，甚至於用了許多的符號，譬如像ＡＢＣＤ那一類的，也有一些簡單的英文字，那些大猩猩也能使用；牠需要什麼，按個Ａ或Ｂ就出來什麼食物或玩具，符號可以達到兩百多種，你說牠懂不懂語言？牠甚至可以用那些單字組合出來表達意思。有一隻大猩猩還表示說牠要養貓，牠喜歡寵物，牠要求養貓。「我要」以及「養貓」，牠都能表達出來，可見牠也是有語言的；只是牠的嘴無法言說，因爲牠的果報使牠得到無法說話的勝義根，但其實牠不是沒有說話的能力，因爲牠可以用別的方式，譬如啞巴用手語，軍艦用旗幟、燈光，也是一種語言。如果照印順這樣講，經過訓練的猩猩也可以算人囉？以後就不該叫牠猩猩，也不該把牠關在籠子裡面。所以印順這種說法當然是有過失的；只能夠用比較狹義的方式來解釋「人」，也就是說他的語言文字的一個規範，要作較狹義的定義。

但印順接著說：「**我、眾生、命、人，是約我的四義不同，實即一神我。**」這裡他已經把神我的定義確定了：**神我就是眾生，就是生命，就是人以及我。**意思就是說，人類或有情（我、眾生、命、人）就是他所定義的神我，而外道的上帝、大梵天也符合這種規範或定義。印順接著說：「**現在說如來藏是不與外道的神我一樣的**」，他在這裡這麼承認：如來藏心不與外道的神我一樣。是因爲他註解《勝鬘經》，而《勝鬘經》中明明白白這樣講，絲毫模糊的空間都沒有，完全沒有曲解的餘地，印順就只好跟著說：如來藏是不與外道神我一樣的。可是他卻在同一部經文的其他註解中，一再地說如來藏心是緣起性空的方便說，又在別的書中常常說如來藏就是外道的神我，並且公然的說：「**如來藏富有外道神我色彩。**」他是常常這樣心口不一的人。

印順在這裡說如來藏是不與外道神我一樣的，那麼他的書中一直主張說如來藏是外道的神我，他要怎麼對讀者負責呢？有許多讀者對他的說法是持質疑態度的，他要怎麼對這些讀者負責？特別是這樣的書籍是會影響讀者對佛道及解脫道實證的。寫文章，特別是佛法的文章，所應負的責任是遠遠超過於世間法文章的，他要怎麼樣負世間法上及佛法上的責任，這一點印順是應該注意的。可是我現在講了，不曉得他聽不聽得到？除非他有福氣生在鬼道而被講堂的護法菩薩允許進來聽經；他如果有聽到了，一定已經在後悔了，因爲已經在鬼道中了，只是這個可能性很小。

印順對於這一點，要怎麼樣爲自己開脫？他必須要考慮到。因爲他在許多的書中都說：**如來藏就是外道的神我，只是眾生難以接受緣起性空，所以就把緣起性空方便說爲實有如來藏識，作爲接引恐懼落入斷滅空的眾生之用**。他在這裡又說「**神我就是蘊處界的我**」，又說「**現在**（經文中）說**如來藏是不與外道的神我一樣的**」。現在有個問題來了，他要怎麼樣去解釋《勝鬘經》？他沒有辦法，只好曲解、扭曲。他用的方法就像打太極拳一樣，如果人家一拳打來，他就四兩撥千斤閃過去了！也跟鶴拳一樣，鶴拳也是常用這種招術，當人家一拳打來，用推手黏著一撥就卸掉了。可是那是遇到不懂太極拳、鶴拳的人，他才能夠閃避過去，如今鶴拳、太極拳的專家出現了，他可就逃不過去了，所以我們要來討論他的問題出在哪裡。

他說：「《楞伽經》也說：『無我如來之藏』，**實約一切法空性說**。」這不是又明顯的扭曲經義而自打嘴巴了嗎？《楞伽經》中明明說如來藏心是出生蘊處界，而且說**如來藏即是阿賴耶識心**，而且說**祂的自性是無我性**的，這顯然是說「**如來藏是心，是能生一切有情的心**」，所以楞伽中說：「**如來藏能遍興造一切趣生**。」印順既然提《楞伽經》來作證明，就不得不加以扭曲，所以把**無我性的如來藏心**，扭曲爲**一切法空性**——一切法緣起性空。假使讀者沒有對照經文，或是讀不懂經文，就會認爲他的話極有可信度，因爲他引證了某某經；既是與經中所說一樣，那麼他說的當然也是正確的。有很多人就是在這種情況下誤信印順，卻不知道這只是他的扭曲手段，意在使人誤以爲他的說法完全符合經文。事實上卻是扭曲經文意思的。

印順如何扭曲經文呢？《楞伽經》說：「**阿梨耶識者名如來藏，而與無明七識共俱**。」意思是說：**阿賴耶識又名爲如來藏，與無明、意根及前六識**

同在一起。這意思就很清楚地說明了：如來藏是一個識，識就是心。譬如末那識、意識乃至眼識都是心，經文明明說如來藏名爲阿賴耶識，顯然如來藏是心，不是一切法空。所以印順故意引述比較可以扭曲的經文出來，然後扭曲成一切法空的體性，用來符合他的「如來藏即是一切法緣起性空」，就可以繼續否定七、八識。但《楞伽經》明明說：如來藏是阿賴耶識，並且跟無明及七識心同在一起。可是印順引述了《楞伽經》這一段文字，目的是要造成一個假象，讓人家以爲：《楞伽經》也是說沒有如來藏，所以印順說沒有如來藏第八識是可信的。

可是《楞伽經》明明講：如來藏是阿賴耶識，是無我性的；如來藏名爲阿賴耶識，跟七識心同在一起。這怎麼會是一切法空性呢？所以他這樣的作法—移花接木—讓人誤以爲：《楞伽經》也是說沒有如來藏，所以如果有人主張說眞的有如來藏可證，那人就是落入外道的神我中。但是問題來了，阿含、般若、第三轉法輪的唯識諸經，說的同樣都是有第七識也有第八識。既然都說有七、八二識與識陰六識同時同處，而且阿含中又說這個第八識是能出生名與色的識。意思是說：意識也是被這個第八識所出生的。又說這個第八識名爲如來藏，又說如來藏名爲阿賴耶識。這些聖教中分明顯示**外道神我是如來藏心所生**，怎麼如來藏會變成印順所說的外道神我呢？外道的神我都是有情，不是有情的本際，都不離六識的範圍；這六識正是外道的神我，佛法中通稱爲識陰；可是這外道神我六識是第八識如來藏心所生的，而且還要藉第七識意根爲緣才能從如來藏心中出生，那麼如來藏怎有可能是外道的神我？所以印順眞的曲解到太嚴重了！

《楞伽經》明明說這個阿賴耶識名爲如來藏，那顯然如來藏是識、是心，不是一切法空。所以印順很會用誤導的方式讓大家對他的話信受不疑，他故意引出《楞伽經》的經文來，並且引出的是他容易扭曲的經文，大家稍微不注意，就會信受他說的：**原來《楞伽經》也說如來藏是外道神我，如來藏講的就是一切法空**。就會信受他的說法。因爲印順有引述經文，表面上看來是很有份量的，這就是他的手法。對於他所引述的經文，你都必須一一查證，因爲他有時候會移花接木，把這一部經文某一段移過來接上另一段，達成他的目的；所以他很不老實，這又是一個例子。

經文中的**「空亂意眾生，非其境界」**，空亂意眾生，印順又怎麼說？印順說：【「空亂意眾生」，即上文所說「一切阿羅漢辟支佛淨智……本所不見」。阿羅漢辟支佛淨智，也名為空智。二乘空智，不能通達一切法性空，即究竟正見空義，所以說是空亂意，即**迷亂於法空性**，而意有錯失。】（正聞出版社．印順法師著《勝鬘經講記》p.248）但其實阿羅漢並沒有迷亂於法空性，只是未證而已，並未迷亂，迷亂的反而是印順自己。因爲阿羅漢所結集的四阿含中，早就有講過「識」入胎、住胎而出生了名與色。**色**是五色根，初住胎時**名**只是意根末那識，可是後來五色根具備基本功能了，六塵與六識就跟著出現了；這時意識雖然還很粗略，不像出胎時那麼具足，但畢竟已經有時出現了，所以意識及眼耳鼻舌身總共六識，是在入胎出生五色根以後才能出現的。

換句話說，意識是不能入胎的；住胎初期三、四個月中也都沒有意識，所以是另有一個識住胎而出生了五色根、出生了識陰六識，這個入胎、住胎的識當然不是意識；因爲是先由這個識入胎、住胎，再由祂出生五色根以及意識等六識，這個識當然是第八識。入胎後、剛住胎時已經有**名**，那時的**名**就是意根，意根當然是第七識。本識入胎而住，然後出生了五色根，才有六識，意識是到這時才首度出現，當然初入胎而住胎的識不可能是意識，所以在阿含中已經講到識入胎而出生名色，所以說此識是名色本、名色習、名色因。這已經說得夠明白了，也是聲聞阿羅漢結集出來的四阿含中說的，可不是大乘經講的。顯然阿含也早就說過八個識了，根本就不是講第八識是一切法的空性。所以一切法空性講的是蘊處界諸法，不是在講入胎住胎出生名色的入胎識如來藏。

所以印順確實是爲了堅持六識論邪見，就故意把經文論點曲解，並且曲解得非常嚴重。就如同世親菩薩的《攝大乘論釋》列舉了好幾個理由，來證明眞的有阿賴耶識、有如來藏，可是印順把它曲解了以後，作成結論說：所以世親菩薩說沒有阿賴耶識。竟然可以這樣！所以心不直的人是沒有資格斷我見的，也是沒有資格證佛菩提道的，這是諸位要記得的一點。如果心不直，不管他是何方神聖，不管他的名氣有多大，都不可能斷我見；因爲他一直以自我爲中心，所以他不可能斷我見。可是這個現象現在是很普遍的，他們不但是如此，還不斷的在暗中修藏密的雙身法；名氣越大的越可能修，我這樣講比較坦白啦！佛教到這個地步，我們該怎麼辦？是要退縮回去呢？還是要勇往直前？（大眾答：勇往直前）謝謝諸位支持！

在四阿含中已經說得很清楚，阿羅漢對第八識都是承認的，所有初果人也都承認有第八識；因爲 佛早就講過了：**有比丘於外有恐怖，有比丘於內有恐怖；有比丘於外無恐怖，有比丘於內無恐怖**。佛講的是什麼呢？爲什麼於外法有恐怖？因爲怕落入斷滅空，所以就把外法五陰中的離念靈知自己抓得牢牢的，死也不肯放棄；明明已經觀行而確定自己是虛妄的，他還是抓得牢牢的不肯放棄，這叫作於外有恐怖，因此不能斷三縛結。但有的比丘於外無恐怖，因爲他認清了一點，只要自我存在就一定會受苦，這是無可避免的；所以應該把自己滅盡，何況 佛有說過：**涅槃是常住不變、是眞實**。所以他於外無恐怖，就把我見斷了，就證初果了。有的比丘於內有恐怖，是因爲 佛說有入胎而住的本識能生**名**與**色**，但是他沒有辦法證得內裡的本識，無法證實是否眞的如此？心不決定，所以他於內有恐怖。有的比丘於內無恐怖：**「佛說有這個識，雖然我證不到，但是沒有關係，佛不誑語、是如實語，這是可信的，所以我證不到祂也沒有關係，入了涅槃不會是斷滅空。」**所以他於內無恐怖，這是四阿含中所說的。

請問阿羅漢承認或不承認有這個第八識？（有人答：承認）承認嘛！初

果人承不承認這個第八識？一樣是承認的。你們可以這樣觀察佛教界：只要有誰說他證得初果、三果了，他竟然否定了七、八識，你就可以直接認定他沒有斷我見；絕對可以認定，因爲他一定會於外有恐怖，怕落入斷滅空；所以他假使能把意識否定了，一定會隨即建立另一個意識心，說祂不是意識，然後把祂抱得緊緊的，再度落入我見中。所以，凡是否定七、八識的人，都不可能是已斷我見的人，一定都是凡夫，我可以打保證書給諸位。所以，阿羅漢縱使認爲五蘊外的諸法實有，而只能斷除五蘊我執，並不代表他是否定七、八識的人，這兩者之間不能畫上等號的。阿羅漢認爲外面的六塵是眞實有，菩薩認爲外面的六塵不是眞實有，這是有差別的；可是阿羅漢仍然認定有內法的六塵，他們都不否認這一點。

可是現在有些愚癡人（案：文殊講堂的法□師）在網路及書中指責：「明明經上沒有講過內相分，你們正覺同修會怎麼要說有內相分？都是你們自己新創的。」。但我們有新創嗎？沒有！因爲阿含中有許多地方講到外六入、內六入。既然六入有分內外，那不是有外相分與內相分了嗎？要不然什麼叫作內六入？是自己不懂，反而誹謗懂的人。他們只因爲在電子佛典上搜尋不到內相分三字，就說那是正覺創造的。可是問題來了，當別人提出外六入與內六入時，他應該怎麼面對文責與法責呢？是不是應該出來公開道歉？所以讀不懂經典時，最好是不要亂開口、亂評論。就像國小三年級的學生說：「我算術都考一百分，你大學教授講什麼微積分，都是亂講的！」就像是這樣嘛！所以在阿含中，不曾證明阿羅漢不信六塵也是如來藏所生，雖然他們認為外六塵是實有。但菩薩不一樣，菩薩的證量到了一個地步以後，自然可以了知外面的六塵是共業眾生的如來藏共同變現的，所以仍然是如來藏法。山河大地本就是如來藏所變生的，難道會是無因生的嗎？所以說他們對此不瞭解。阿羅漢執外法實有，是因為他們無法親證如來藏，所以無法深入修學種智，不瞭解外法是共業眾生的如來藏共同變現的，可是他們仍然相信　佛所開示有第八識存在。沒有哪一位阿羅漢敢否定第八識，因為他否定這個識時，等於是在跟自己作對，等於是在說我們阿羅漢證得的涅槃是斷滅空，那不就跟斷見外道合流了嗎？

印順最喜歡用合流兩個字，他往往說：**大乘法如來藏說的興起是與外道神我合流。**但是外道的神我是六識心——從眼識到意識，如來藏卻是出生外道神我的入胎識，是第八識，能生與所生怎麼會合流？能合流在哪裡？反而是印順自己跟外道神我合流了，譬如印順知道意識在聖教中及醫學常識中都很清楚可以證明：是意法為緣生。他沒辦法了，怕滅盡一切以後成為斷滅空，所以就把意識細分一分出來說：祂叫作意識細心，是常住不壞法。這與錯悟的八識論者說的本住法、本體論的精神，其實是相同的。但是問題來了，佛陀早就防著這種人了：「諸所有意識，彼一切皆意法因緣生。」不管是多麼微細的意識，全都是藉意根、法塵為助緣而出生的。所以印順把如來藏否定，說如來藏是一切法空以後，再去建立識陰中的意識細心常住，正好是跟常見外道合流。跟外道合流的印順，卻來否定不跟外道合流的真悟者，說人家是跟外道神我合流，這真是顛倒！

佛法的大是大非，絕對不允許這樣顛倒！不管我對人多麼調柔、多麼溫和，但是我對這一點絕對不妥協。法的是與非，是佛教界的大是大非，不容許任何人和稀泥。所以印順說的「無我如來之藏，實約一切法空的體性來說」，這根本不對，因為《楞伽經》明明說「這個阿賴耶識名為如來藏，與七識心同在一起」，所以如來藏是阿賴耶識心，不是指蘊界處的法空之性。

所以談到這裡，眞的要佩服：佛實在有智慧，祂這一句話管盡了兩邊。這個「阿賴耶識名爲如來藏，與七識心同在一起」，如果人家要說「那個阿賴耶識不是如來藏，是由如來藏出生了阿賴耶識」，佛就以這一句話預破了！因爲阿賴耶識名爲如來藏，已經明說如來藏是心了，誰都不能說如來藏不是心。如果有人要說「如來藏是一切法的空性，不是心」，佛以這一句話也同時把他預破了，說「阿賴耶識名爲如來藏」，那就是說如來藏就是阿賴耶識，阿賴耶識既然稱爲識，當然是心。佛這一句話眞厲害，兩邊都管，讓後世的佛門外道沒有辦法作手腳。所以印順對於這一個法空性，其實並不瞭解，只是想要打迷糊仗來欺騙學人！

因此，空亂意眾生到底指哪一類人？有誰要講講看？（有人答：印順）嗯！正是印順！印順自己才是空亂意眾生，因爲他對空的眞實義完全不懂，講出來時全亂了套，所以整體性的佛法在印順手裡被切割成互不相關的許多法而支離破碎了。眞正的佛法三乘菩提，都是圍繞著第八識在說的，都是互相關聯而不可分割的；因爲如果沒有第八識，無餘涅槃就沒有本際，將成爲斷滅空，那麼修成阿羅漢有何意義？解脫道的弘揚，對眾生又有什麼利益？

如果不是第八識，也沒有辦法成就實相義，更無法成就中道義；那麼所說般若，不就是戲論嗎？印順的目的就是要讓大家知道般若就是戲論，所以他判般若是**性空唯名**，意思是說般若講的跟阿含一樣，都是一切法緣起性空，所以般若只是運用名相重講一遍四阿含講過的解脫道，所以**性空唯名**；**唯名**當然就是戲論！很多人被印順的判教要弄了還不知道，還在用他的大乘三系邪論來判教，還到處說般若就是**性空唯名**的戲論。這其實是謗佛與謗法，因爲般若明明不是**性空唯名**，而是**圓滿實相**，印順眞是太荒唐了！

第三轉法輪的大乘法也是一樣，這個唯識種智，到底是修什麼？是修一切種智。一切種智是初地開始修的，這一切種智如果有所證而未圓滿，就稱爲道種智，如果圓滿了就是一切種智，就是成佛了！而一切種智是如來藏所蘊含的一切種子的智慧，把如來藏心否定了以後，還能有一切種子的智慧可以實證嗎？印順的六識論難道不是很荒唐的說法嗎？可是那些號稱有智慧的聖嚴、星雲、證嚴、昭慧、楊郁文，到底是有智慧還是沒智慧？爲什麼會信受印順的六識論邪見呢？我還眞的是百思不得其解。

所以，阿羅漢都是認定有第八識的，也沒有一個初果人敢否定第八識；

初果人如果不是斷盡我見，就不可能成爲初果人。可是斷盡我見的觀行內容，是包括六根、六塵、六識的虛妄。既然六根六塵六識都虛妄，他當然知道取無餘涅槃是要把自己滅盡的，可是他一定會這樣思惟：**滅盡以後成爲斷滅，我幹嘛要滅盡自己**？可是初果人願意接受「取無餘涅槃是要滅盡全部的自己」，那他們爲什麼願意接受？因爲知道滅盡自己以後仍然還有一個第八識眞實存在、常住不滅，才能夠有否定十八界的勇氣以及堅持，否則他是不可能堅持不變的，那他就不可能成爲初果人了。所以只要有人否定第八識，不管他宣稱是證了第幾果，你都可以當下判斷這個人不可能證得初果。連初果都不可能證，竟暗示已證三果、四果，你還要信他嗎？

所以，空眞的不容易理解，因爲空有空性與空相；空性指的是萬法的生起之處，可是祂沒有任何的形色與影像；而這個空確實有其自性，其自性能生萬法，而不是空無之性。空性所生的萬法全部都是緣起性空，故名空相；所生的諸法就是蘊處界，再由蘊處界輾轉生諸萬法，但都不是常住法，這一些法既然不是常住而畢竟要壞，都是藉緣而起所以其性本空。所以聲聞法解脫道的緣起性空不應該用來定義般若，應該用來定義四阿含的解脫道；但是，即使這樣定義阿含解脫道，仍然不許否定第八識，否則阿含解脫道就眞的要變成性空唯名了！可是阿含解脫道仍然不是戲論，仍然不可說它是性空唯名，因爲阿羅漢捨壽後所入的無餘涅槃不是斷滅空。所以，一切空亂意眾生都不是指阿羅漢、辟支佛，因爲辟支佛修因緣觀時，必須先以十因緣推到名色根源的本識：「齊識而還，不能過彼。」知道第八識是萬法的根源，然後才觀修十二因緣法，把對自我貪愛的無明斷盡，才能成就十二因緣觀，所以實證因緣法的聖者仍然不許也不會否定第八識。所以，對於空的誤會，其實就是佛護、清辨、月稱、寂天、阿底峽、宗喀巴、達賴、印順等人。如今印順死了，誰要繼承呢？將來不論由誰繼承，繼承者都是空亂意眾生。

【「世尊！如來藏者是法界藏、法身藏、出世間上上藏、自性清淨藏；此性清淨如來藏，而客塵煩惱、上煩惱所染，不思議如來境界。何以故？刹那善心非煩惱所染，刹那不善心亦非煩惱所染；煩惱不觸心，心不觸煩惱；云何不觸法而能得染心？世尊！然有煩惱，有煩惱染心；自性清淨心而有染者，難可了知，唯佛世尊實眼實智，爲法根本，爲通達法，爲正法依，如實知見。」】

講記：接著勝鬘夫人又說：「世尊！如來藏是一切法界之藏，祂也是法身之藏，也是出世間的上上藏，並且又是自性清淨之藏。這個體性清淨的如來藏卻有客塵上的煩惱，以及菩薩修道所應斷的上煩惱所染污，這是不可思議的如來境界。爲什麼如此說呢？一剎那又一剎那的善心不是煩惱所能染污的，而一剎那又一剎那的不善心也不是煩惱所能染污的。煩惱既然不接觸到心，心也不接觸到煩惱，爲什麼竟然不觸到善法、惡法而能得到心被污染的結果呢？世尊！但是明明有煩惱存在，也有煩惱染污了心。這個自性清淨的心而有染污，這件事情眞的很難令人了知，只有佛世尊是具有眞實眼，具有眞實智慧，是法的根本，而且通達了諸法，爲正法的所依，只有佛陀您是如實知見的。」這樣子語譯了以後，一般人聽了還是不能很瞭解，因爲她是向世尊演說出她的所知與所見，當然不用講得很詳細；因爲 佛比她有智慧，不是比她笨的人，何必要解釋到很詳細？可是眾生讀到這樣記錄下來的經文，怎麼能了知呢？所以我們還是要把它加以解釋一下。

勝鬘夫人說「這個如來藏是法界之藏」，換句話說，一切法界都含藏在祂裡面。可是現在問題來了，到底什麼是法界？有好多人迴向的時候很有趣，在許多道場也這樣：「以我今天所作一切功德迴向法界。」聽起來好像很正氣凜然的樣子，可是等你問他：「你迴向法界是迴向什麼？什麼叫作法界？」又弄不懂了，又迷糊起來了。我們就得要先瞭解法界，就會知道迴向法界是沒有意義的。先說法，法是什麼？諸法呀！一切法，譬如我們的識陰也是法，諸識的心所法也是法，善與惡、煩惱等也都是法；色法有十一種，也是法；不相應行法有二十四種，也是法；包括眞如無爲、虛空無爲、不動無爲等六個無爲也是法。有這百法，然後才能有這個講堂，因爲如果沒有這百法，就不可能有人來設計：這個房子該怎麼建，裡面要如何裝潢，就不會有正覺講堂這個法。而且諸位也不能來到這裡，因爲沒有汽車可坐，汽車也是法；是由具足五位百法的人類設計出來、製造出來，然後你才能夠坐著汽車來到這裡聞法。有的人搭火車來，有的人搭飛機來，那些也都是法。

界是什麼？界又名種子，又名功能差別。界講的就是界限——有一個侷限；既然有侷限，就表示那是有功能，也是有界限的，不能超越那個功能。譬如說眼識，眼識有界限；在一般的狀況下，祂的功能只在色塵的界限中，不能超越，所以叫作眼識界，所以界的意思即是功能差別。譬如意識的界，祂了別一切諸法，一切諸法的了別即是祂的界限，所以意識有界限，祂不能觸及到意根的功能；祂也無法觸及到如來藏的功能，這就是祂的界。界又名為種子，種子的意思就是能生的意思，譬如說一棵很小的尼拘陀樹子，種到地裡面，只要有水、有泥土、有陽光，它就能長成很高的大樹，那個種子有這個功能，所以功能差別又名為種子；可是它有界限，不能出生南洋杉，不能出生為其他的樹種，它只能出生尼拘陀樹。所以，種子有它的功能差別，有它的界限，因此界或者功能差別，又稱為種子。

但西藏密宗慣會亂搞一通，宗喀巴就把精液用種子或用界來暗喻；所以喇嘛修雙身法時，什麼時候要**放種**，或者寫作要**放界**；讀者若沒有人指導這些暗語，是讀不懂的。所以只要你懂得他們怎麼用暗語，你就知道他們在講種子或界的時候，是在講什麼。怪不得喇嘛們的私生子滿天下，因為他們常常不慎而漏「界」。確實是如此，有哪一代達賴喇嘛沒有生過孩子？只是大家不知道罷了！密宗的意思就是說：**這個精液即是種子，能生孩子，所以精液就是唯識學講的功能差別，就是唯識學中講的界**。他們都是這樣胡亂定義的，反正都把佛法實證名相亂套一場就是了。

言歸正傳，諸法的界限就是講諸法的種子，或說諸法的功能差別，名爲法界，這樣法界的意思就懂了。如果你把一天修行的功德迴向給諸法的功能差別，是在迴向什麼呢？只是無意義的迴向罷了！所以若是不懂時，最好是別亂教導。因此，我們一開始弘法時就一直主張說：「**你迴向一定要具體，不要說『我迴向法界』。**」你迴向法界幹什麼？若是要迴向哪一個法界，至少也得要講清楚。若是迴向我的意識功能差別越來越好，倒還有一點點用途。如果是迴向物質法界時，是要迴向色塵法界呢？或是迴向哪一個法的功能差別呢？所以法界的眞義，還眞的需要弄清楚才好。

現在回到經文說「**如來藏者是法界藏**」，藏的意思，譬如說「寶藏」，那個「藏」中當然都是寶貝，才叫作寶藏。法界藏的意思是說，一切諸法的功能差別都含藏在如來藏中，所以如來藏就是法界藏。我們禪三共修時一定要勘驗這一點，找到了如來藏以後，要設法爲你自己證明：我找到了這個心，確實是阿賴耶識，也確實是萬法的根源。萬法的根源就叫作法界藏——諸法的功能差別都收藏在這裡面。如果你不能爲自己證明，將來就可能會退轉；你若能爲自己證明，將來就不會退轉。所以當你能爲自己證明了，我就驗收完成了，金剛寶印就交給你。如果你不能為自己證明，未來心中終究會懷疑：**這眞的是法界藏嗎？眞的是萬法的根源嗎？我眞的是從祂所生的嗎？**然後就懷疑而退轉了。

退轉倒也無所謂，我們少掉五個、十個人也沒什麼關係，因為現在人丁興旺了。可是問題來了：**怕你會謗法**。一旦謗法，後果堪慮。所以我們會施設很多考題，你要一關一關闖過去，能闖得過去才是一條叢林好漢——佛教宗門好漢，不管你是女人或者男人都是好漢。

所以一切諸法都含藏在如來藏中，因為祂出生了意根，然後與意根入胎而出生了五色根，接著出生了六塵，最後才能根塵相觸而出生了六識，這樣色身與八識心王具足，意識就可以運作了：設計飛機、火箭、汽車、潛水艇、火車、**太空梭，也許未來可以超光速幾倍，當然可以來個冥王星一日遊，都有可能實現了**。可是這一些法是從哪裡來的？都是從意識設計來的。譬如我們在這裡共聚一堂，你想需要多少緣才能成就這個講堂，而成就大家在這裡完成一場佛法聚會——法會？這些緣要從哪裡來？還是從如來藏來。看看這個講桌要有多少緣才能作成？建築物需要多少緣？日光燈要多少緣？……

等。這些都從哪裡來？都是從人的意識設計，然後八識心王加上五色根共同配合把它們製造出來，而五色根及六塵、六識都是從如來藏中生出來的，光是這樣就可以看得出來了：**如來藏是法界藏**。所以這些法都從八識心王的具足而來的，也是由意識設計以後由八識心王共同去製造出來，所以諸法的功能都是從如來藏中生出來的。

如果沒有名、色，就沒有諸法，所以你也可以再從一切世間法去觀察：**如果不是由意識的設計，譬如插花應該怎麼插，才會有什麼神韻**？因此就有各種的花道流派出現。外面各行各業的技術與產品又從哪裡來？也是由意識設計，然後八識心王以及五色根共同配合來把它製造出來，所以萬法都是從如來藏來。因爲：**意識、五色根也都是從如來藏來，所以如來藏是法界藏，諸法的功能差別都從如來藏來**。又如汽車有什麼功能差別？可以運送人員，把你運送到講堂來，但它的功能差別也是間接從如來藏來，得要由如來藏出生了五色根、六塵、六識，才能製造出汽車來。所以如果套一句一神教說的「上帝創造萬物」，原來上帝就是如來藏，而如來藏一向都在這裡。假使遇見了一神教徒，你就爲他祝福：「**願上帝與你同在！**」他一定感恩的說：「謝謝！謝謝！」覺得你很能體諒他的信仰。那時你就說：「**上帝眞的與你同在，你看見了沒有？**」因爲你看見了如來藏在他身上，可是他不知道創造他的上帝就是如來藏。能創造一切的就是上帝，而那個上帝就是他的如來藏，他們都不知道。所以才說如來藏是法界藏，因爲包括上帝的五陰，也是由他的如來藏創造出來的，那麼如來藏當然是法界藏，一切法界的功能差別都含藏在如來藏中。

勝鬘夫人又說「**如來藏是法身藏**」，這個法身藏指的是一切諸法的究竟歸依處，所以叫作法身。諸法都以祂爲身，不能離祂而有任何功用，所以如來藏叫作法身。這幾乎是在說法界藏的意思了，可是又有一點點差別：譬如說法身，把祂分成因地的法身、果地的法身，又說一切有情對佛法完全無知的時候，他們的如來藏也叫作法身，因爲一切有情還是一樣擁有諸法之身。這就好像六即佛的道理一樣：理即佛，就是一切有情都同樣有法身佛。雖然他們都沒聽過法身這名詞，但不代表他們沒有法身成佛之性，所以這時就說他們從理上來說一樣是佛，因爲他們未來果地的佛陀法身還是在他身上，只是他們自己不知道；但我們悟後從理體上就可以看得出來，他們還是有自性佛的，這叫作**理即佛**。

後來終於聽人家說：「一切眾生都有成佛之性，所以你也有法身。」他聽到說自己也有佛性，也有法身，但只知道自性佛的名詞，那就叫作**名字即佛**。這時他對於自性佛這個名詞的意思，還是不懂的。名字即佛之後，接著是**觀行即佛**：努力在尋找、在觀行，我原來也有成佛之性，我要好好把祂找出來，找出來以後我就一定可以一步一步邁向佛地。於是就開始觀行了，一面觀察一面修行，看看到底我的自性佛在哪裡？可是他一直都還沒找到，這叫作觀行即佛。你如果還沒有悟，也可以安慰自己一下：原來我在第三階位了。觀行即佛之後，接著就是找到如來藏了，那就是**相似即佛**；如果否定成佛之道，那他一定只是名字即佛。辛苦的參禪，尋尋覓覓，到處都找不到；後來，眾裡尋他千百度，驀然回首，伊人卻在燈火闌珊處。我告訴你：眞的要回頭才找得到（大眾笑…），你一回頭就找到了，就怕你不肯回頭。千萬別再執迷於六識論或離念靈知了，趕快回頭！

這時找到了能夠使自己成佛的體性了，心中很歡喜，可是跟諸佛比較一下看看：諸佛能夠把這樣的經典講出來，我爲什麼不能？這時就知道了：原來我還不是眞的成佛，不過我證得的如來藏跟未來成佛時所證得的法身是同一個心。這時的悟境與諸佛相似，但還不是成佛，所以名爲**相似即佛**。然後要繼續進修，修到道種智出來了，發覺：**原來諸佛是靠這個智慧成佛的，而我現在只是得到一部分而已，但諸佛已經圓滿了**。這時就說你是**分證即佛**，因爲你已經過了三賢位，進入初地而開始正式邁向佛地了，你的般若見道已經通達了，可以正式邁向佛地；從此開始，佛地應有的功德，你已經開始一分一分慢慢地實證，這叫作**分證即佛**。從初地到十地、等覺都是分證即佛，修到等覺位以後整整百劫專修福德，修成三十二相、八十種隨形好，最後終於成佛了，這時就是究竟圓滿了，便稱爲**究竟即佛**。

那時終於修到法身圓滿位了，可是這個法身到底叫作什麼？叫作無垢識，還是因地的第八識如來藏心。這個無垢識在七地滿心以後改爲異熟識，直到等覺位過了的妙覺位最後身菩薩時，都叫作異熟識，但七地以下還是叫作阿賴耶識。可是初地以下的三賢位中，也叫作阿賴耶識，因爲初地的入地心、十迴向滿心，下到第七住位的初心，都屬於般若的見道位。到了十迴向位滿心，見道位通達了，這時只要福德夠廣大，發起十無盡願就進入初地了。

可是回頭來觀察——成佛的時候回頭觀察：現在的無垢識是諸法之所依，名爲法身，而這個無垢識仍然是以五法爲身：戒身、定身、慧身、解脫身、解脫知見身，有這五法爲身而稱爲法身。可是這個法身的無垢識是從因地的阿賴耶識修來的，只是隨著實證的境界改變而改名罷了，其實還是同一個心體。這時就知道：**原來一切眾生都有法身，可是畢竟還沒有成佛，因此只能夠把祂叫作因地的法身**。可是將來究竟成佛時的法身的功能差別，已經都含藏在阿賴耶識如來藏心中，所以又叫作法身藏。

又說祂是「**出世間上上藏**」，出世間的如來藏爲什麼是上上藏？因爲出世間法的實證，有三乘的差別不同。出離三界世間，是三乘聖人都能做到的，但是出離的智慧卻不一樣，所以《金剛經》才會說：「**一切賢聖皆以無爲法而有差別。**」因爲所修的無爲法不同，所以就成爲不同的賢聖：如果是修阿含解脫道，將來成就的是解脫果，能出離三界生死，就是阿羅漢；假使修阿含道中所說的因緣法而出生在無佛之世，那麼成就因緣觀時就成爲辟支佛，不同於阿羅漢；如果是修學般若而證悟，就是大乘菩薩；在三賢位中，如果已經進修一切種智，也已經通達第二轉法輪的實相般若，也是菩薩，但已經是入地的菩薩。所以一切賢聖之所以會有不相同，有的人成爲阿羅漢，有的人成爲辟支佛，有的人成爲菩薩；都是因爲所修的無爲法不同所導致的。

可是菩薩又有不同，有的人修了佛法成爲三賢位菩薩，有的人卻入地了，還是有所不同呀！原因就在於有沒有通達實相般若及修學種智。假使能分證一切種智，就能入地；所以三賢位或者入地的差異，就在於大乘無爲法的差別所致。二乘法是出三界世間，能永遠斷離五陰世間，但並不是上上法；因爲阿羅漢、辟支佛知道有一個本識永存不滅，成爲無餘涅槃中的本際，可是他們都無法實證，無法生起實相般若。但是三賢位的菩薩卻已經實證了，是在第七住位時就實證了；證得以後，這菩薩只要把四阿含讀過了，他也可以與阿羅漢談解脫道，最後他會提出一個問題請問：「尊者！您十年後入了無餘涅槃，您知道涅槃裡面的境界是什麼嗎？」他說：「就是把我自己滅盡。」「可是你自己全部滅盡了以後，是不是斷滅？」「不是，因爲還有一個本際。」「請問：本際中是什麼境界，你知道嗎？」「不知道。」只能不情願的答不知道，但三賢位的菩薩可以告訴他：「我現在還沒有入無餘涅槃，我就知道了。」定性阿羅漢聽了很羨慕，可是他絕對不會跟你學，因爲他怕生死苦，他一定要入涅槃，那你說三賢位菩薩的智慧是不是上上智慧？

對阿羅漢來講已經是上上了，對辟支佛來講是上上的智慧，可是還有更上者，那就是諸地菩薩進修的一切種智，諸地菩薩進修一切種智而分證了，就稱爲道種智。這個道種智不是想像來的，因爲初地滿心都可以現觀一切相分猶如鏡像、都無實質，阿羅漢作不到；三地菩薩可以由自己來決定自己的內相分要怎麼去改變，以及改變的速度要多快，他自己來決定：我染污種子什麼時候要消除，就什麼時候消除。由他自己來決定，他有智慧知道有些種子不可以太快修除，有些種子必須趕快修除，他都可以自己決定。三地菩薩如果不怕下地獄的話，他也可以去改變別人的內相分，這全是由於無生法忍的智慧所得，不是靠禪定產生的功德。你想，這是阿羅漢能想像的嗎？又是三賢位菩薩所能想像的嗎？都不可能！

到了三地，他如果敢去想像說：四地一定是如何如何，鐵定沒有錯。那他就是愚癡者，他就不足以勝任三地菩薩的功德，因爲一地一地都不一樣，修證越低就越敢說：我往上面去時是怎麼樣，再上去怎麼樣。修證越高時，單單是上一階，他就不敢隨便講了。所以等覺菩薩見了佛，不太敢說話，只有佛授意給他：你現在應該說什麼法。他才會堂而皇之的講出來，否則都不敢，誰都不敢放肆；因爲，只差一地，就差很多了，確實是如此。所以，阿羅漢不知辟支佛的證境，辟支佛不知三賢位菩薩的證境，三賢位菩薩不知諸地菩薩的證境，乃至等覺菩薩不知諸佛的證境。可是，這一些法全都含藏在如來藏中，你自身中的如來藏已經具足擁有這些功能差別。你也許會說：「我爲什麼不知道？」就是因爲被無明遮蓋，以及被我執、我見、上煩惱遮蓋了，所以才會不知道。等到你親證了，就慢慢的會知道。正因爲不是二乘聖人所知的妙法，所以如來藏叫作出世間上上藏；因爲世出世間的一切法都已經含藏在如來藏中。

所以在禪宗裡，有一些徒弟在禪師指導下證悟了，有時會覺得：「這看來也沒什麼。」因爲禪師們不像我們這樣，幫你悟了還要爲你講經提升見地，幫你作售後服務。禪師們大多沒有這樣做。有些禪師往往是剛才開悟就給你一支禪板：「你可以去開山了。」都是這樣而已。他們沒有傳授悟後進修佛道的內容，因爲至少有六、七成的禪師，並不想去探求悟後成佛應修的內涵，所以有些徒眾看到說：「悟就是這樣，悟後就每天叫我種田。」又譬如說，想要求悟，就跟師父允諾：「我爲你開出多少田，你幫我證悟，好不好？」「好。」徒弟花了好幾個月辛辛苦苦把一大片田開出來，來向師父稟報：「師父啊！開田已了，請師父爲我說法。」百丈禪師說：「好，我爲你說法。」（平實導師展手）說法完了。

你不要小看哦！這一展手眞的値得那一大片田，可是很多新學菩薩悟了以後卻看輕祂。所以溈山禪師有一天特地走進碓房——也就是舂米的房間，就故意從地上撿起一粒穀子說：「此物莫拋撒。」大眾說：「不拋撒，我們都沒有拋撒。」溈山卻說：「何處有這一粒來？」然後就說：「百千粒，都從此粒出。」他的意思是什麼？是說：所有的法都從這個如來藏出。所以光是證得這個法就函蓋了三乘菩提，你可別小看祂；你現在也許覺得沒什麼，但你繼續修下去，就知道祂眞的有什麼，而且非常多。所以這不是世間人所能知道，也不是二乘聖人所能知道，因此說祂是出世間的上上藏。

然後又說如來藏是**自性清淨藏**，爲什麼是自性清淨藏？因爲如來藏阿賴耶識，祂雖然能出生諸法，可是祂不會對諸法加以執著，也不會去作虛妄分別，因此祂是自性清淨的。五陰造作了善業，持五戒修十善，所以生了欲界天。生了欲界天當天人，就有五百天女服侍他，個個漂亮無比，每一位天女又各擁有七個婢女。你想，那不是去那邊當皇帝了嗎？因爲皇帝也沒這麼多女人呀！皇帝是一后、二妃、三宮、六苑、七十二嬪妃，總共加起來也不過一百多，而且沒有辦法都美如天女。你想，如果持五戒修十善生欲界天，五百位美麗絕倫的天女，並且每一位天女有七個侍女，所以她們每人每天都打扮得漂漂亮亮，也都不必自己工作，專門服侍天人。可是這樣子生了欲界天享樂之後，這個天人的如來藏仍然沒有在享樂，祂不在見聞覺知中運作，祂是離見聞覺知的，還是保持著清淨性，所以是自性清淨藏。

這個天人也許得隴望蜀，今天晚上就在計畫明天晚上，明天晚上又要計畫後天晚上；就好像皇帝，一大堆嬪妃的牌子，今晚他翻出哪一個牌子，今晚就由誰來侍寢。欲界天人這樣滿腦袋的邪思，但他自己的如來藏還是從來沒有分別，從來沒有動過心。他快樂得不得了，如來藏卻不跟著他快樂，還是保持著本來就如是的清淨性。當他有一天享樂的時候突然想起來，上一世在人間，我師父叫我要修行，叫我不要執著欲界天之樂，原來他是要害我沒得快樂。於是無智慧而妄加毀謗了：「我這個師父如何的心腸惡劣，恐怕我得到這個快樂。」又毀謗：「這樣的心腸眞的不好，該下地獄。」正巧他在人間的師父是地上菩薩，這一下，他的天福就全都失去了，該他下地獄了。到那時每天受苦無間，簡直沒有一個休息的時候；那時他很痛苦，很懊悔以前爲什麼毀謗師父；當每天苦得很，他的如來藏卻還是不動心，還是不領受痛苦，仍以原來清淨的自性安住；祂是這樣的自性，所以是自性清淨藏。

當他地獄報盡，往上生到餓鬼道，被大力鬼欺負到很生氣時，又不敢表示任何意思；因爲可能會受制裁，所以只能夾著尾巴走開，這時敢怒不敢言，只能噤若寒蟬，可是他心中眞是熱血沸騰，恨不得有能力殺了對方；可是那時他的如來藏仍然一點都不激動，祂是自性清淨的，這叫作自性清淨藏。另外，這個如來藏心，不管是在地獄道或是餓鬼道中，祂照樣含藏著未來的眞如無爲性，顯示現在的虛空無爲，未來所能證的擇滅無爲、非擇滅無爲、不動無爲等等種子，也都圓滿具足；只要他的緣熟了，環境適合，就可以實證，所以祂一直都是擁有這些自性的。可是眾生的五陰卻沒有辦法像祂這樣，必須要證得祂以後再轉依祂，然後才能漸漸使如來藏的這些功德發起。所以說，如來藏是自性清淨藏，這個自性清淨的如來藏卻有客塵煩惱、上煩惱染污著祂，而祂繼續表現出自己的清淨自性。

客塵煩惱指的是我所的煩惱，我見以及我執的煩惱，就是見惑與思惑，這都屬於客塵。爲什麼稱爲客塵？因爲相對於主而說它是客。譬如說我所的煩惱可以變來變去、來來去去，今天我最喜歡當鎭長，我要怎麼樣設法競選而得到鎭長這個職位，這就是我所煩惱。他去競選很辛苦以後終於得到了，幹滿了兩屆不能再作了，心想：「**我現在想要當縣長。**」當他想要當縣長時，以前那個鎭長的我所煩惱就不見了，所以是客塵煩惱；終於去競選，又得到縣長寶座了，然後省長、行政院長、總統都幹過了，這些客塵煩惱也跟著不見了。什麼都幹過了，他又想：「**還有什麼可以幹的？人世間該得的我都得了，我也不跟人家貪污什麼，我名聲也很好，所以我這些都圓滿了。**」想一想：「**聽說可以當聖人，我再來設法當聖人好了。**」他是以有所得心要當聖人，這時想要當聖人的事情就成爲他的客塵煩惱了，其他的客塵煩惱都走了。當然，可想而知，他是永遠當不成聖人的，因爲他是以世間法來看待。這就是他的客塵煩惱，相對於眞實心來講，這些煩惱都是來了又去、去了又來。傍生類有情也是一樣，一天到晚想著：**我的下一餐飲食在哪裡？**這就是客塵煩惱。一般人想的：「人家說五子登科，我現在有幾子？」算一算：金子、房子、兒子、車子、妻子，都有了！妳們女眾不說妻子，說夫子。五子登科了，都有了。可是也許五子登科以後他還不滿足，等到孩子長大了，他想：「孩子能不能考上台灣大學？」又有了這個我所煩惱，這些我所都會來來去去而不常住，如同客人到你家來來去去一般，所以叫作客塵煩惱。

又譬如我見，這個很清廉的總統，終於有一天想到：「好像最究竟的宗教是佛教，好吧！我就來學學看。」學了以後，他發覺說：「原來當聖人並不是去得到什麼，而是要喪失什麼，原來當聖人就是把世間法不斷的捨，捨到最後連自己也要全捨呀！」他發覺原來是被騙了，得到四果只是把自己捨掉。不過後來想一想：「也對啦！我這麼風光一生，現在年紀大了，也帶不走好名聲；想一想，這名聲也只是這個色身所有，將來也帶不走。縱使名垂青史被人讚歎，往生到下一世，誰也不認得我曾經是什麼總統了，那有什麼用？」想一想：「這樣被佛法騙了還是甘心的，因爲至少可以出離生死。如果不出離生死，萬一下輩子不小心造惡業而下墮三惡道去了，那不更苦嗎？」想起來，手心是一陣汗流，於是想起來：「我當總統時，人家教我說某一個工程我可以得到兩億元，哪一個工程得到三億元，可以收回扣。還好咱家當時沒有起貪眞幹起來，否則來世果報可就慘了。」這時手心捏了一把冷汗：「還是被佛法騙的好，我還是甘心。」於是斷了煩惱，可是這個煩惱只不過是見惑與思惑。見惑與思惑，對菩薩而言也不是常住的，因爲相對於眞實心來講，這只不過一世就能解決了，最多不過七世也能解決。因爲斷見惑以後，最多不過天上、人間往來七次，思惑就可以斷盡了；這是最遲鈍的初果人，思惑也能斷盡。斷盡了，這個煩惱就不在了，所以說它也是客塵。

什麼叫作上煩惱？那就是菩薩專有的煩惱。這個上煩惱其實是爲你們設的，因爲你們大家不知道，所以勝鬘夫人就爲你說出來。譬如你不想走聲聞道、緣覺道，你走到菩薩道這條路來。菩薩道這條路，我見一定要先斷，然後你終於證得如來藏了，有一天你想：「哎呀！成佛，這個思惑斷盡是到七地的事，那我現在要不要斷？若是提前斷盡了，我又變成阿羅漢去了，恐怕無法成佛，一定會入涅槃，那該怎麼辦？」不理它，把它擺著，時間到了，它自己會斷。菩薩是這樣修的——思惑是時間到了自己會斷，不是你刻意去斷的，聲聞人則是刻意去斷思惑。但是你不管它，就只專修般若，希望趕快通達，終於三賢位滿足了，這時候也已成爲三果人了！其實並沒有故意去修證三果的果位，但是當他通達般若時，至少已有三果的證量，而且這個三果不是一般的三果（三果有七品，高低差別太大了），而他是最好的三果人。

所以三賢位滿心時是可以取中般涅槃的，但是他不取涅槃，還是繼續再往前進修；當他進入初地了，終於知道有上煩惱了。爲什麼叫作上煩惱？因爲它跟見惑、思惑不同，也跟我所的煩惱不同，它只是成佛過程中所應斷的無量微細煩惱。可是要成佛，必須斷盡超過恆河沙數的微細煩惱，這些都不屬於我見與我執的部分。我見與我執是出三界的煩惱，但菩薩不是爲了想要出三界而生煩惱；因爲修到了三果時，他又是最優秀的三果人，這時對於如何出三界已經全部都了然了，所以他沒什麼好煩惱的；若他想要入涅槃，五個上分結隨時都可以斷除；因爲五個下分結最難斷，上分結是容易斷的，可是他完全不理它，他想的是：「我若是要成佛，必須要斷盡無量數的塵沙惑，這些塵沙惑都跟五陰生死的流轉無關——與二乘道的解脫煩惱無關，完全是成佛的過程中所需要斷除的塵沙惑，不是流轉三界生死的煩惱。」所以叫作上煩惱。

這個自性清淨的如來藏心中，藏有客塵煩惱，也有上煩惱的染污；這就是講一般的眾生以及剛證悟的菩薩，仍然有思惑待斷；如果要修成佛之道，還是有上煩惱等著要斷，可是他的如來藏仍然秉持著清淨的自性而繼續運作著，不會像祂所出生的七轉識有這些應斷的煩惱。所以客塵煩惱、上煩惱染污了自性清淨的如來藏，但是這兩種煩惱流注出來時，都跟如來藏自身不相應，而是跟二乘人相應所以有客塵煩惱，與菩薩相應所以有上煩惱；可是究竟的了知這種境界，是不可思議的如來境界，所以二乘聖人都只能猜測臆想而無法眞實的了知。如果還沒有證悟，當然更只能猜測了，所以二乘聖人不能稍微了知，菩薩跟著諸佛如來修證卻可以親證。

爲何這麼說呢？因爲刹那熏習而熏染進去的善法種子不是客塵煩惱所染，也不是上煩惱所染，是七轉識產生的善心行所污染，如來藏自身的本來清淨心性是不會受到影響的；因爲會染污的永遠是與七轉識相應的種子，而染污種子都含藏進去自性清淨的如來藏心中。所以如果有人貪著修學種種善法，日行一善，終極一生得到了許多善法種子；但是執著這些善法種子，也是成爲染污；因爲他死後必定會由於執著善法果報而往生欲界天，那個善法種子成爲七識心的執著標的；而這個被執著的標的就含藏在自性清淨心的如來藏中，當這個善法染污種子現行時，就往生到欲界天享樂去了，而如來藏仍然是自性清淨的，不改變原來清淨的心性。

而由如來藏所出生的不善心種子也是一樣，不是由上煩惱、客塵煩惱的執藏者如來藏所染污的，而是被祂所出生的七轉識產生的不善心行所染污；染污了以後這些種子都含藏在自性清淨心中，而這個自性清淨心仍然不會相應，仍然是由祂所出生的七轉識來相應。由此來看，所有的煩惱都不會接觸到這個自性清淨心，可是種子會含藏在祂心中，這個自性清淨心不與流注出來的這些煩惱種子相應，不會與煩惱的現行相應，所以祂不會接觸到這些煩惱，會接觸到這些煩惱的都是七識心。可是勝鬘夫人沒有這麼說明，她只說：

「煩惱不會接觸到這個自性清淨心，而自性清淨心也不會接觸那些煩惱。可是爲什麼說不接觸到煩惱法，卻能成爲有煩惱染污的心呢？可是確實是有客塵煩惱存在，也確實是有上煩惱存在，並且確實是有這兩種煩惱種子染污了這個自性清淨心，而這個自性清淨心竟然有染污，這件事情眞的很難令人了知，只有佛世尊是眞實的法眼、眞實的智慧，是一切法的根本，世尊是通達一切法的，世尊是一切正法的所依，只有世尊才能如實的知見。」換句話說，只有追隨 世尊修學佛菩提的菩薩們，才能依 佛而證。

「**唯佛世尊實眼實智，爲法根本**」：勝鬘夫人的意思是說，自性清淨的心而有染污，這件事情眞的很難了知。想想佛教界從二千五百年前到現在，這個如來藏的廣弘，可以說是到中土的六祖之時才開始的。不過諸位可以把《景德傳燈錄》翻開來看看，總共約有一千七百則證悟如來藏的公案。這意思好像是說，證得這個自性清淨心的人大約是一千七百人，可是這一千七百人之中並不是每一個人都開悟的，大約有四分之一是魚目混珠，卻也被編入證悟者之列。從另一面來說，實際上也並不是只有禪宗公案所記錄的這些人有悟入；譬如在我們九百多年前所度的人中，那時有記錄的就只是五十幾個人，可是實際上不只這些人；因爲還有許多在家菩薩也是證悟的，但是並沒有被記錄下來。不過我們如果把《傳燈錄》中的人數，將一千七百則公案折算爲一千二百人好了，然後把它乘上三倍，應該就是這麼多人悟入；可是這些人一世又一世而來到這一世，把它換算下來，如果一世以八十歲計算（平均壽命八十歲算很長壽了），這樣把它除下來，還能有多少人呢？眞的是可以計算，絕對不是不可思不可議的。你想：從 佛傳到現在下來才這麼多人，可是佛弟子總數到底有多少呢？這樣算下來，證得自性清淨心的人眞的是鳳毛麟角，想到這一點，應該說：「咱也是其中的一分子，與有榮焉。」可是由這個事實來看，能夠證悟的人就是這麼少；而佛弟子那麼多，所以說這個心眞的是難可了知。

「自性是清淨的心而竟然會有染污，眞的不容易知道，只有佛世尊是眞實眼、是眞實智。」眞實眼是因爲 世尊所見眞實，眞實智是因爲智慧眞實。二乘人不證自性清淨而有染污的心，當然就不是眞實眼、眞實智了；因爲二乘聖人的所證，只涉及到蘊處界的範圍，屬於現象界而不涉及實相的範圍。在蘊處界範圍內，只能夠瞭解到它的緣起所以性空；既然是緣起性空，那都屬於現象界中的法，現象界的法是虛妄法而不是眞實法。可是菩薩依著 佛所修學的，卻是實相法界的法；蘊處界緣起性空的根本即是如來藏，而這個心是自性清淨的，可是自性清淨的心體中卻有七識心的染污種子。既然祂是出生蘊處界、出生萬法的心，所以祂是眞實法，因爲只有常住的法才能夠出生萬法。能夠證得這樣的眞實心，可以現觀蘊處界以及輾轉所生的諸法都從這個自性清淨而有染污的心中出生，這樣你的法眼、慧眼才算是眞實的。

如果不能從這個眞實法上知道法界萬法的根源，只能在二乘的緣生法中來瞭解，這個智慧、慧眼顯然不是眞實的；因爲這個慧眼是依於二乘法針對現象界來瞭解它的緣生其性本空，所以只能夠在現象界的蘊處界萬法上面去了知，無法在實相、在根本上面去了知，所以這樣的慧眼顯然不是眞實眼；既不是眞實的慧眼，當然所得的智慧就不是眞實智。而菩薩隨從諸佛修學，卻是跟二乘聖人不同，是在現象界上面也具足了知，並且在法界萬法根源的實相上面也一樣是具足了知的，這樣才叫作眞實眼、眞實智。因爲他所了知的是眞實法，對二乘聖人所修的蘊處界等現象界虛妄法雖然也一樣了知，並且了知的更詳細，可是卻同時含攝了法界實相根本的眞實法——常住的、不變的涅槃本際如來藏。所以菩薩隨從諸佛這樣修學，才可以說是得到眞實眼以及眞實的智慧。

所以，這個法既然是眞實眼、眞實智，這個法從哪裡來呢？總要去探討一下。探討的結果，原來都是要從諸佛來；如果不是有佛一尊接一尊的弘傳下來，人間不會有這樣的法；因爲不可能有菩薩，沒有菩薩隨從諸佛修學，就不可能繼續有佛菩提法流傳下來。所以當大家在禪三被我印證了，可以去喝無生水了，喝水前第一件事，是要先去佛前禮拜，禮拜完了要自稱己名，然後要稟告說：我修學什麼法，現在被什麼人印證成爲眞實佛子了。爲什麼要稟告呢？因爲 佛是法本、法主、法根、法源，飲水思源，當然要推到 佛陀那裡去。所以我們說 佛是法的根本，因爲一切萬法的根源都是由於 佛的證悟，才能夠有別人從 佛那裡獲得傳承，我們再跟著受學而得到這樣的世出世間法，所以「**法從世尊**」，佛就是法的根本。

而菩薩也同樣修證這個法，可是菩薩還沒有通達；初地入地心的通達，只是般若的總相與別相；可是一切種智的通達，只有諸佛世尊才有，所以說佛是通達一切佛法的聖者。菩薩始從七住明心，末到等覺位，都仍然不是通達於法，都只能夠說，在入地時是通達了般若的總相與別相。可是成就佛道，不單是靠般若的這兩個智慧，還得要有一切種智；而一切種智的圓滿時就是通達，一切種智的通達就是到了成佛的時候，這才具足圓滿。所以說通達於佛法的只有 佛世尊，因此說「**唯佛世尊通達法**」。既然如此，三乘菩提的一切賢聖與凡夫都應該歸依於佛，因爲佛是實眼、實智，是法的根本，已通達於法。

一般人歸依三寶，其實並不瞭解三寶的眞義。談到三寶，一般人想到的就是佛案上供的佛像，經櫥裡面供的經典就是法，由一個平常人把頭髮剃了燙上戒疤就是僧。可是問題來了，那佛案上金、銀、銅、鐵、玉石、木頭刻的，乃至也有泥土塑的佛像，是眞的佛嗎？當然不是。二千五百年前示現的釋迦牟尼佛是眞的佛嗎？也不是！那只是個化現，因爲我們這個地方有些人得度的緣成熟了，所以祂來降神母胎示現成佛；這八相成道也只是一個示現，並不是眞的佛。眞要說佛，那就只有 毗盧遮那如來法身佛；可是法身佛，唯佛與佛乃能相見，連等覺菩薩都見不到，那應該要依止什麼佛呢？報身佛 盧舍那佛，這才是眞正的佛，因爲祂是常住的。化身佛呢，人類百歲，祂就示現百歲；人類八萬歲，祂也示現八萬歲，終究會過去，只有報身佛是常住的。所以眞正要歸依的是歸依報身佛，不是歸依二千五百年前那個化身的 釋迦牟尼佛。所以，現在要歸依的是歸依 釋迦牟尼佛的莊嚴報身，這才是眞實的歸依佛。

歸依法，一般人都認爲說經櫥上供的就是法，問題是那些只是一些書本印上文字，那能成爲法嗎？如果那裡面的義理，沒有把它發揮宣揚出來讓人理解，那就不叫法了，那只是書本，所以它不是眞實的法，眞實可證的才叫作法。可是問題又來了，解脫道是眞實可證的，它是不是法？是法！但是它不究竟，那種法是誰應該歸依的？是聲聞種性者，是求解脫生死的人所應歸依的，不是你們應該歸依的。對你們來講，佛菩提的法才是你們所應該歸依的法；而這個佛菩提的法，函蓋了二乘聲聞所修的解脫道法。說一句老實話，在菩薩來講，解脫果的證得只是副產品；在你從初住位修到等覺位的過程中，一直都是副產品，不是你特地要修的法，你要修的法是佛菩提。

所以外門修六度萬行，到了六住滿心，我見斷了，得到四法，所謂的暖、頂、忍、世第一法，這時只斷我見而已，雖然你斷的我見比聲聞初果更深，因爲你雙證能取空與所取空，可是這本來不是你要修的法，它只是個副產品，因爲你必須要經過斷我見的階段，才能證如來藏而且不退轉，才能安住於七住位中；所以你斷我見的目的是在獲得七住位的明心，而六住滿心的雙證能取空與所取空，只是一個副產品、一個必經的過程。接著十住位的眼見佛性，阿羅漢更弄不懂，因爲連七住菩薩的明心，他都弄不懂了。

照理講，你在六住滿心位得初果了，你如果有眞實的善知識作依止，這一世就可以取證阿羅漢果了，至少也可以得三果。但是菩薩爲什麼不這樣修？卻繼續用掉一大阿僧祇劫的三分之二——滿足了第一大阿僧祇劫而成爲十迴向位滿心的菩薩，然後再進入初地時，還是不取證阿羅漢果；初地開始的菩薩都有能力取證阿羅漢果，卻都繼續再拖延一大阿僧祇劫，修到七地滿心時才終於不得不把所保留的那一分思惑斷盡。也許有人會這樣想：「**菩薩修解脫道怎麼如此的緩慢？**」其實不慢，因爲菩薩所修的主要果證不在解脫果上面，而是依五十二個位階來進修，目的是在成佛。

可是初地的入地心就已開始在斷除習氣種子，到七地滿心就斷盡了，這不是阿羅漢之所能斷的；你可以思量一下，自己到底是要歸依聲聞解脫道的法呢？還是要歸依大乘成佛之道的法呢？如果你是要求聲聞解脫道的法，只要把《阿含正義》全部讀完，好好照著書中所說去作觀行，這一世取證三果並不難。如果你眞的夠努力，也許中般涅槃都能有把握——到中陰階段就可以取證無餘涅槃了。也就是說，解脫道是可以在一世中成就的，可是成佛之道從來都沒辦法在一世中完成的，而是前後三大阿僧祇劫；而菩薩從初住位開始修習成佛之道，外門六度修滿足了才能明心而轉入內門廣修六度，繼續修到三賢位滿心時，第一大阿僧祇劫才算完成而入初地，是拖很久才取證三果的具足圓滿而已，仍然是要保留著最後一分思惑而不證阿羅漢果的。

實際上，以菩薩的智慧與心性來說，要取證三果、四果其實不難，事實上很容易，除非他沒有眞正的善知識指導；可是菩薩明心進入第七住位時，卻又再推遲一大阿僧祇劫的三分之二以後才取證上品三果，這是爲什麼呢？是因爲菩薩的心不在解脫果上面——不歸依於聲聞法，所歸依的是佛菩提，而佛菩提的進程本來就是這樣。見道之後成爲初果或者二果人，菩薩並不是故意要證二果，只是因爲悟了以後，心自然清淨就變成二果人了，那是自然得的，所以叫作副產品。你製造一個預期以外的東西，是因爲目的不是爲了要製造它，而是另一種物品，這個預期外的物品即是副產品；比如說你去碾米，碾出白米時就一定有米糠，米糠就是副產品。

同樣的道理，菩薩專修佛菩提，一定會有解脫果的副產品，但是這個副產品，菩薩並不在意，所以一直把它擺著，一直到三賢位圓滿了才證得極品的三果；而那個三果也是自然成就的，不是故意去修來的。同理，到了七地滿心，才把故意留下來的最後一分思惑與習氣種子斷盡，那也不是他故意要斷的；是因爲如果不斷盡，就無法進入第八地，所以他只好起個念把它斷了。這一念斷盡思惑與習氣種子了，佛就立刻來了！假使不來，菩薩可就要入涅槃去了，因爲他是念念入滅盡定，非常寂靜的，所以當下就可能入涅槃。可是佛來教導他，而他也斷盡思惑及習氣種子了，遠遠超過三明六通大阿羅漢了，這時才完成第二大阿僧祇劫。他連阿羅漢所無法想像的煩惱障習氣種子都斷盡了，卻不入無餘涅槃，聽聞了佛的教導以後又繼續進修，再用一大阿僧祇劫修行而斷盡異熟種子—斷盡變易生死—才能成佛。

成佛，不迴心阿羅漢都不敢想，因爲懼怕生死中的痛苦。可是菩薩不在意這個，因爲從菩薩看來：本來就沒有生死，就算還沒有離開胎昧，下一世還有胎昧，那也沒有關係，反正證悟的種子已經存在了，只要過去世悟過了，下一世只要正法還在，一遇見了就很快又悟入，那有什麼不好？就這樣一世一世往前推進，同時也利樂了更多的眾生，而且那些眾生大部分都可以在將來成就佛果，菩薩就這樣進修。而這個佛果，才是眞實智、究竟智，這才是菩薩所應當歸依的，所以菩薩歸依的法寶並不是解脫道的法。但是歸依佛菩提的法以後，解脫道的法就已經同時函蓋在裡面了——菩薩一定會成就解脫果，但不必刻意去修它。所以，「歸依法」的道理要弄清楚，否則歸依正法以後卻都只是歸依佛法文句的表相，根本就不是在學佛。

「歸依僧」也是一樣的道理，但是推到最後還是要「歸依佛」，因爲佛是正法的所依。我們《勝鬘經》裡面也講到：三歸依其實還是歸依佛。譬如僧寶，有兩種僧：二乘僧以及大乘僧。二乘法中的勝義僧與凡夫僧，本質是大不同的；大乘法中一樣有凡夫僧與勝義僧，本質也是大不相同的。在二乘法中，只要證果了，不管是出家身或是在家身，都是二乘法中的勝義僧，名爲勝義聲聞僧。勝義聲聞僧的界定，並不是從在家身或出家身來界定的，因爲，不論是出家身或者在家身，只要斷了三縛結，就已經獲得沙門果了，在阿含中確實是這麼講的。

所以說，有一個在家人聞 釋迦佛說法以後斷了三縛結，經文中說他已得初沙門果；雖然他只是一個在家人，卻仍然說他得初沙門果，也就是說他已得到出三界家的最初果，所以他就是勝義的聲聞僧了。並不是在大乘法中才這樣定義僧寶的。譬如《雜阿含》中的記載：有一個在家人阿支羅迦葉，

早上聞 佛說法以後成爲阿羅漢，然後他向 佛告辭，又回去牧牛；但是在牧牛時，因爲有一條公牛要用角觸撞另一隻小牛，他爲了保護那條小牛而上前喝止，結果被那條公牛撞死了！早上才成爲阿羅漢，下午就被撞死了。消息傳來以後，佛吩咐說：「舍利弗啊！你們這些阿羅漢們，要一起去供養那個牧牛的阿羅漢。」出家的阿羅漢們奉 佛之命，要去向那個在家身的阿羅漢屍身作供養及荼毗。你想想看，那位牧牛的在家人是不是已得沙門果？是不是聲聞法中的勝義僧？

所以，二乘法中同樣有凡夫僧，也有勝義僧：凡夫僧，我們就叫他凡夫聲聞僧；如果他已經證果了，就稱他爲勝義聲聞僧。大乘法中也一樣，如果他還沒有斷我見，就叫作凡夫菩薩僧，這是因爲他出家了；如果他是在家身，還沒有斷我見，就叫他凡夫菩薩，因爲他受了菩薩戒而發了菩薩心，但未出家，不名爲僧；至少要斷了三縛結，才可以說他是勝義的菩薩僧。但這是大乘通教的菩薩，所證的果是通聲聞果，所以是大乘通教的勝義菩薩僧；因爲他有菩薩性，死後不會入無餘涅槃，願意生生世世住在人間度化有情出離生死苦。假使有一天，他很努力精進斷盡了我執，思惑全斷，成爲在家的阿羅漢了，你也可以稱他為勝義的聲聞僧或菩薩僧。雖然他是在家人，卻還是僧，這是有阿含明文記載典故作根據的。

如果有一天緣熟了（因為他一世又一世發願再來），遇到一位大乘別教的菩薩僧教導他怎麼樣明心，他後來也明心證悟了，就可以稱他為勝義的菩薩僧，不管他是在家身或出家身，在大乘法中本就應該如此。所以，只要你在大乘法中斷了三縛結，並且證悟明心了，就有資格稱為勝義菩薩僧；因為，從大乘通教來講，一樣是證得聲聞初沙門果了！證得初沙門果時已經有資格稱為勝義聲聞僧了。得初沙門果的人既然已經都是僧了，乃至得二果——次沙門果，三果——三沙門果，又加上了明心，而且是菩薩種性——最尊貴的菩薩種性——不是聲聞種性，那麼證得聲聞沙門果以後又明心而有般若實相智慧了，遠勝過阿羅漢的智慧；而且這個法不單是出世間法，而是世出世間法，那麼有沒有資格稱為勝義菩薩僧呢？當然有資格！而且可以當之無愧。這時菩薩不會覺得說：「我以在家身而當菩薩僧，有點不好意思吧？」根本不需要這樣子，因為聲聞法中的初沙門果已經得了。有的人甚至於三縛結斷時就薄貪瞋癡了——次沙門果也同時得了，然後又明心了，這樣難道沒有資格稱爲僧嗎？當然更有資格！所以，只要斷了三縛結，雖然還沒去到禪三共修明心，也可以說是菩薩僧，不管是在家身或出家身，因爲四部阿含的標準是如此定義的。如果再進修，通達了般若成爲初地的入地心了，那就更有資格稱爲菩薩僧了，而且是勝義的菩薩僧；因爲是眞實證悟而不是靠想像的，是有親證三乘菩提實質的，這才是大乘所有凡夫菩薩所應當歸依的菩薩僧。

因此禪宗傳下來的，凡是遇到聲聞僧的時候，不管對方是初果或是阿羅漢，都只作供養，不作歸依想。沒有菩薩是應當歸依阿羅漢的，即使是凡夫菩薩也是如此的；所以一切證悟菩薩們都只供養阿羅漢而不歸依阿羅漢，因爲證悟菩薩的智慧是阿羅漢們也應該歸依的。經中有個典故說，阿羅漢的徒弟還是個凡夫，還沒有斷三縛結，幫阿羅漢揹了行囊在後面走，突然間他這麼想：「我應該當菩薩，不應該當聲聞人，以後要世世修菩薩行。」這阿羅漢知道了，馬上把行囊搶過來自己揹，不敢讓他揹了。那徒弟還只是個初發心的凡夫菩薩，阿羅漢爲什麼要這麼恭敬？那就是菩薩性的問題了。

菩薩性的發起是很困難的，所以一旦能發起菩薩性，不害怕世世流轉生死，是很可貴的，是阿羅漢們應當恭敬的。可是這個弟子走久了以後，心想：

「行菩薩道可能比這個更困難，因爲我跟隨師父行腳走這麼久，腿都瘦了，我師父都不休息；我看算了，我還是修聲聞法好了。」這阿羅漢知道了，馬上又把行囊還給他，讓他去揹。這顯示菩薩種性是何等的尊貴！他只是一個未斷三結的凡夫，而阿羅漢已這麼看重他；可是一旦他退心時就一文不值了，因爲他沒有菩薩種性而且只是個凡夫。那你想，在這樣的標準下，當你斷三結然後又明心了，而你是願意生生世世行菩薩行，永遠不取涅槃，那你當然遠遠超過阿羅漢，難道已經證悟的你還不能稱爲僧嗎？當然可以。

這個勝義菩薩僧跟勝義聲聞僧的道理，現在已經沒有人弄懂了，所以現在大家都只看表相，幾年來也有好多小法師說：「你們蕭老師不出家，所以我不要去正覺學。」我說：「你不來學，我又沒有損失，那是你的損失！」有的人還託人家轉話來說：「請他先出家，他出家披剃了，我就來跟他學法。」我說：「我不會爲一個人、兩個人去出家。」因爲他們的大乘般若的實證因緣還不具足。他們對僧的認知有偏差，所以就只看表相：你有出家相，我就來學；你沒有出家相，我就不來學；不管你的法多麼好，不管我多麼信受，我還是不想學。他們都是對僧的定義產生了偏差。

在 佛陀開始弘揚大乘法——也就是第二轉法輪、第三轉法輪時——大乘法中有什麼樣的僧，諸位都應該瞭解；因為將來我們的正覺寺道場，我希望能恢復那個狀況；那麼屆時可能會有人梳著西裝頭，穿著西裝，戴著領帶，但他仍是出家人——受持童子行的菩薩僧，在 佛陀的年代就是這樣的：文殊、普賢都不受聲聞戒而穿著在家俗服，並且穿得很華麗而留著長髮。凡是依聲聞法出家，一定要剃髮、著染衣、受聲聞戒，以聲聞戒為正解脫戒；可是出家菩薩有兩種，一種是仍然保留著在家相，以什麼樣的法相最標準呢？請諸位回憶一下 文殊、普賢是什麼模樣：頭戴寶冠，胸佩瓔珞，臂掛寶釧，腰間往往還有玉佩或者玉帶，衣服就像天衣一樣彩色繽紛，腳踏蓮台——蓮台就是祂們的輪寶，但祂們卻是大乘法中的出家人；而且頭髮披肩非常飄逸，這是出家菩薩，文殊、普賢都是如此。還有一種出家菩薩，同樣是等覺聖者，就像佛世時的 彌勒菩薩兼受聲聞戒，因為祂要代替 佛陀攝受聲聞眾——為佛分憂解勞，所以祂也剃髮著染衣，眾阿羅漢們事相上有什麼事情，不是直接先去問佛，而是先去找 彌勒比丘，這也是出家菩薩。

因此，並不是剃髮著染衣的人才叫作出家菩薩，文殊、普賢也是出家菩薩，結夏安居時祂們一樣不能隨意四處去。所以，有一次 文殊菩薩結夏安居時，在波斯匿王的王宮中住，爲五百婢女說法，把她們度了都成爲菩薩。可是結夏安居結束了，大迦葉問祂：「你在哪裡安居？」文殊回答說：「我住在王宮中。」大迦葉頭陀想要打揵椎集眾，要爲 文殊羯磨，想要把 文殊趕出道場去；沒想到他才舉起揵椎時，文殊化身遍滿諸佛國，每一 文殊前面都有一位大迦葉。佛就問大迦葉：「你想要擯出哪個文殊？」此時大迦葉想要放下手中的揵椎竟做不到，後來佛說：「自歸文殊師利，乃得脫身。」大迦葉就禮拜 文殊菩薩，揵椎才落地。這表示 文殊、普賢等人都是出家的菩薩，不是在家菩薩，因爲祂們一樣要結夏安居。那你說，祂們到底是在家或是出家？其實還是出家人。這兩種人，兼受聲聞戒的 彌勒比丘以及只受菩薩戒的 文殊、普賢，當然都是勝義菩薩僧。還有一種菩薩，就是上一部經中所講的 維摩詰菩薩，有妻、有子、有財產、有僕人，祂算不算僧？當然還是僧。

在法上要認清楚：有什麼樣的菩提就會有什麼樣的僧。所以二乘法中有二乘的勝義僧，大乘法中也有大乘的勝義僧，都是從果證上來認定的。可是還有一種人是還沒有證果的，也可以稱爲僧；那就是說，他雖然還是凡夫，出家剃髮受聲聞戒而穿著壞色衣了，也是僧——聲聞僧。大乘法中的菩薩僧也容許有凡夫僧，譬如出家以後領受聲聞戒而剃髮著染衣，但是卻以菩薩戒爲正解脫戒，以聲聞戒爲別解脫戒，這也叫作菩薩僧——凡夫菩薩僧。可是有一天，如果他斷了我見，就叫作大乘通教勝義菩薩僧；因爲他不以二乘法爲依歸，他斷我見只是爲了想要進一步明心而必須要修的雙證能取、所取空，所以他也算菩薩僧，但這只是大乘通教中的勝義菩薩僧；他雖然還沒有明心，也算勝義菩薩僧。可是一旦明心了，那就更有資格說勝義菩薩僧了，因爲他已經轉成大乘別教的勝義僧了。

所以在大乘法中，如果你受菩薩戒一年，來參加誦戒時若遇到一位出家的師父，他受菩薩戒剛好比你慢了一天，那麼誦戒時他就得要坐在你後面，不能坐在你前面，否則就是犯戒了！誦戒時如此，在法上更是如此。因爲菩薩戒的受戒與誦戒，都是依大乘佛法而制的。連誦戒時都已經如此了，何況是實證呢！那你到底是要歸依什麼僧呢？是歸依聲聞僧或是菩薩僧呢？是歸依凡夫僧或是勝義僧呢？先得要弄清楚。把這個道理都弄清楚了，你就知道：我應該歸依的是勝義菩薩僧，不是勝義聲聞僧，更不是凡夫聲聞僧。這樣，歸依僧的眞實正理的理解完成了，當大乘三寶的歸依正理都完成理解之後，你可以檢討一下：大乘的勝義僧、凡夫僧是從哪裡來的？（眾答：從佛而來）從 佛陀來。大乘的佛菩提法又從哪裡來呢？也是從 佛而來，結果是推究到最後還是要歸依佛，所以 佛爲最後的所歸，你要這樣去瞭解三歸。

所以勝鬘菩薩才會說 佛陀是正法之所依，正因爲 佛世尊實眼、實智，爲法根本，爲通達法，爲正法依，所以祂當然是如實知見一切法。對這個自性清淨心而有染污，佛才是如實知見的，諸菩薩們都還是要跟祂深入學習的；乃至二乘聲聞人的所修所斷諸法也是要隨 佛而學，若沒有 佛就沒有三乘法，也沒有人乘、天乘以及三乘菩提等五乘佛法；所以說，只有 佛才是如實知見，能具足爲人宣說三乘菩提乃至世間法的人乘與天乘。這才是勝鬘夫人所要表達的眞實意旨。

這一段經文，印順法師是怎麼註解的？有人也許又想：「看來這蕭平實又要罵人了。」但其實不是罵人，因爲假使不提出來辨正，眾生就無法區分邪法與正法之間的微小差異。如果眞的想要證悟佛菩提，一定要把這個微小的差異弄清楚，否則將會認爲眞悟與錯悟者兩邊的說法都對，在這樣的狀況下就無法離開邪見，想要證悟佛菩提就沒有機會了。假使聽聞正邪兩邊的差異以後弄清楚了，就能夠容易地證悟；如果不喜歡聽聞法義辨正，因爲師徒情執而不想理解兩者間差異區別所在，那麼他想要開悟般若，就永遠都沒有機會。請問：如果是你，你要選擇當哪一個人呢？是選擇當那個不想聽聞法義辨正的人呢？還是選擇當坐在這裡聽聞法義辨正的你？（眾答：坐在這裡的我）你們都很有智慧，都選擇當坐在這裡的自我。

所以，如果我們不把錯誤的說法拿出來跟正確的說法作比對、說明，那麼現在世以及未來世的學佛人都將無法區別其中的差異所在；這個差異的所在區分不出來，想要證悟就沒有機會了，所以玄奘菩薩說：「**若不破邪，難以顯正。**」所以破邪跟顯正，是一體的兩面。就好像一張紙，你不可以說：「**這一張紙，我只要這一面，不要另一面。**」你一定要兩面具足，這兩面是同時存在的；所以顯示正法時一定要同時破斥邪說，若不破斥邪說，正法就彰顯不出來，因爲會被表相佛法乃至悖離正法的邪法所混淆。如果被混淆了，你們喜不喜歡呢？我想你們都不喜歡，所以大家都猛搖頭，因爲沒有人喜歡被誤導。

可是對一般淳樸的人而言，他們是很容易被感情影響的，尤其是南部的同修們。因爲北部人是先講是非再講人情的，南部人通常是先人情再講是非的。但是，佛法實證中卻是從來不講人情的：對就對，不對就不對；哪怕是**我老爸錯了，我也說他錯，不會因爲是我的老爸，我就說他對**。北部人比較有這樣的傾向：**孝順歸孝順，可是論到法，你不對就是不對，不會因爲你是我老爸，所以你就對**。但是在淳樸的南部卻不一樣，大家都很淳樸，可是太淳樸時往往會被人欺矇；那些錯悟的凡夫大法師們都有這種手段：「**蕭平實沒有口德啦！一天到晚在罵人。**」那些大法師們就只有這個人情手段，因爲沒有別的手段可用——他們在法義上完全沒有能力回應如來藏正法的摧邪顯正，所以只好這樣講。在辨正法義上，他們根本沒有能力，所以講出這類世俗人情的話。如果要從人情事相上來講，這蕭平實一不受錢財供養，二不受房舍供養，三不受美色供養，時時刻刻把老妻攜在身邊；那些大法師們在事相上又有什麼文章可以作？都沒有！那當然就只剩下一個辦法了，四處這樣說：「蕭平實人沒有口德，一天到晚罵人。」只能講這句話。可是現在有個問題，大家要瞭解：**法義辨正是不是罵人？口德與法義辨正能不能混爲一談**？這是個很重要的大前提，眞學正法的人一定要弄清楚，否則法的實證就沒有機會了。

常常有人說缺德、缺德，缺德就表示他沒有道德。什麼是沒有道德呢？譬如欺騙別人，竊奪人家的眷屬與財物，抹黑別人——無根毀謗，那才叫作缺德。但是大家討論看看：**蕭平實這個人是不是缺德**？我不必等別人來檢討，我可以自己先檢討。曾子不是說**吾日三省吾身**嗎？這倒是我們應該學的，那麼我就自己來檢討看看缺了什麼德：

身德，無非是殺、盜、邪淫。看見哪位女眾漂亮就拐上床去，這是身行的缺德，蕭平實有沒有與女人或女弟子合修雙身法？蕭平實有沒有幹過大竊盜？這也是檢討缺德。有沒有殺人或者殺狗、殺豬、殺羊等等，有沒有這種缺德？都找不到我有這些缺德事，所以從身德上來檢討以後確實沒有缺德。再檢討**心德**吧：**蕭平實心中有沒有一天到晚在想著受人錢財供養？有沒有看見哪一個女眾漂亮就想要拐上床？就以雙身法的假成佛加以誘惑？**都沒有呀！甚至於被人家從內部把正法團體嚴重破壞，也都沒有起過一念說**哪個人**

該死，從來不曾起過這樣的惡念。出來弘法至今也不曾接受過供養，也沒有搞過錢財，所以心中都沒有貪財，顯然心德也沒有缺。

剩下**口德**，口德正是他們所常談的，算是蕭平實缺德的主題。這個口德，是什麼樣叫作口德呢？譬如有人說某人口德不好，其實是說比較不嚴重的缺德。因爲缺德也有層次差別，心德欠缺是最輕微的，再者則是口德，最嚴重的缺德是身德的欠缺。口德不好的人，當他知道某某人有什麼惡事時，就到處去講，或是打電話到處講，那就是口德不太好。不過，畢竟他說的都還是眞正發生過的事相，沒有揑造；雖然說他口德不很好，不過還是勉強可以通過基本水準的考驗。如果是莫須有的事相，揑造出來到處去傳播，這個人可眞的口德不好，這叫作無根毀謗，政治術語叫作抹黑。

現在問題來了，說「蕭平實口德不好」，那麼蕭平實是有根誹謗了什麼人？或是無根誹謗了什麼人呢？如果要說人家口德不好，就應該舉證；可是找來找去就是找不到蕭平實缺了口德的事相。不但如此，我們口德可好呢！譬如有某些大法師專搞雙身法，我們既有證物也有人證，可是我們從來沒有把它公佈出來！今天被逼，就只透露這麼一點點，到此爲止，接下去就不好深談了！所謂人證、物證且都不談，我們都幫他們保留著，你說：像這樣的蕭平實，口德好不好呢？當然是好的嘛！如果這樣還叫作口德不好，那麼天下就沒有口德好的人了。當我們有物證也有人證，但是都不公佈姓氏與時地，從來都不寫出來、講出來，這怎麼叫作口德不好呢？

大法師們私底下說我口德不好，講的是說：你一天到晚在指說別人的法義講錯了。可是問題來了，這是法義辨正，是佛法的大是與大非，與佛子們的道業息息相關。假使我的口德很好，人家每天偷雞摸狗，我也讚歎說這個人是個聖人。似乎口德眞的太好了，因爲偷雞摸狗的人都可以讚歎爲聖人了；就如同某些大法師暗中一直在修雙身法，已經修了三十年了，到現在還在暗中修持，我如果繼續讚歎說：「他眞的是很有證量的大法師。」大家希不希望我具備這樣好的口德？（大眾搖頭）當然大家要搖頭嘛！因爲這是在誤導眾生，讓眾生誤以爲那些已經沒有戒體的出家人仍然是僧寶，就會使他們有機會繼續把眾生引入雙身法中，破壞了別人的聲聞戒、菩薩戒或五戒的戒體，共同成就了地獄業；對這樣戕害眾生無量後世的惡人，怎麼可以拿出好口德來讚歎呢？但是我從來不在這些事相上指名道姓說他們，也不作舉證；除非某個大法師出來濫告我，公開說我口德不好，那我就把人證、物證掀開來。既然被逼而使正法存亡到了重要關頭了，當然得要回應。可是我們不會主動去作這種事情，這就是口德的問題。

法義的正邪可是大是大非，個人的是非被搞渾了還是小事，法義的大是大非如果搞渾了，會有多少眾生被誤導？被誤導後也有兩個狀況，一個狀況只是永遠落在意識心上，最多只是悟不了，倒也還好；可是如果被誤導以後，跟著四處誹謗意根與第八識，說實際上沒有七、八識可證，六識論才是正確的佛法。那他們被誤導而誹謗了如來藏，破壞了根本大法，眾生這樣被誤導，是好事嗎？我想，你們沒有人願意看見眾生繼續這樣被誤導。請問：「這個時候誤導眾生的人該不該被辨正法義？」（大眾答：該）當然該辨正嘛！因爲己所不欲勿施於人，我們自己都不願意被人家誤導了，爲什麼能眼見別人都被誤導呢？菩薩不可能是那樣的心性，因爲菩薩不是自了漢。

如果再進一步說：「你們都要來跟我喇嘛受三昧耶戒，每天最少要修一遍雙身法，否則就得要下金剛地獄。」請問：這樣誤導眾生，你已經知道那是殘害眾生的法身慧命，你身爲菩薩，是已受菩薩戒的人，你願意眼睜睜的看著眾生繼續被喇嘛們誤導嗎？當你的好朋友夫妻都去學密，你明知道這位好朋友的妻子遲早會被喇嘛拐上床，造成邪淫業，你願意眼睜睜的看著它實現嗎？都沒有人願意的，所以我一定要說出來，救護眾生。救眾生而破斥邪說，這樣的口德好不好？（大眾答：好）當然好嘛！而這些卻都是蕭平實所造的善淨口業，所以那些大法師們都是顛倒是非。

眞要說口德，我的口德才是最好的，我不斷破斥邪說、破斥密宗的外道法，讓密宗信徒不會犯大妄語業、大邪淫業，讓大眾不會跟著喇嘛們破壞正法，是救護大眾不會下墮地獄，這樣才是眞正有口德的人，所以從今以後你們都要說我的口德最好！（大眾笑…）當你們說我的口德好，就表示你的口德也是好的。所以，我們爲什麼要主動把印順的說法拿來與正法作比對，因爲這是法義辨正，不是罵人，而我從來沒有罵過他：「野狐精！邪魔！」我都沒有罵過他，我總是就法論法。我其實只是當代佛法的法官，從來就法論法，不罵某某人是邪魔、天魔的徒孫，我不這樣罵，我最多跟他點了一下：「你作了這個事情，可能你要下地獄的，因爲這是地獄罪，佛是這麼說的。」所以，我們會不斷地把正法與邪說拿出來比對，其實是慈悲一片；看來好像是金剛寶劍猛利無比，其實卻是慈悲一片。

所以，一般人在沒有正確深思以前很容易被誤導，然後就相信蕭平實口德不好；可是有智慧的人會說：正因爲不斷地辨正法義，所以蕭老師的口德是最好的。因爲這些法義辨正暗地裡已經救了很多人，密宗男行者不會再被女上師拐上床，妻子也不會再被喇嘛拐上床；也救護顯教的許多女信徒，不再被大法師們拐上床了，使他們都不會再誤犯邪淫戒了，這才是眞的好口德。所以，我們在這方面眞的很用心，因爲我們不想看見密宗學人的妻子繼續被喇嘛們侵犯。所以，法義的大是大非，請大家要注意，假使有人再說什麼口德的問題，你們要跟他說：「蕭老師的口德是最好的！」然後他會問你：「他一天到晚批評別人，你還說他口德好？」你就說：「爲什麼口德好，我說了，你就懂了！因爲你將來有可能會走入密宗，他先告訴你密宗的問題所在，你以後就不會去學密，就不會失財又失身呀！也不會賠了夫人又損財，你說他的口德好不好？」他一聽：有道理！因爲不失財又不失身，不會賠上夫人又妄花錢財在喇嘛外道身上，那當然是最好的。事實上也是如此，所以從今以後遇到有人說口德的問題，請你們都要讚歎我（大眾笑…），因爲當你讚歎了我的口德，你便救了他，讓他知道什麼叫作口德。

題外話說完了，現在回來眞的要讓我的口德更好了（大眾笑…），所以現在要談印順法師如何註解這一段經文，他的說法錯在哪裡？大家比對出來了，就有智慧去爲人宣說，你的智慧就更加的深細了。你已經爲人宣說，你的口德也成就了，因爲你爲人宣說以後便救了對方，讓他不會謗法，也不會失財又失身。這一段經文有「自性清淨藏」五個字，這個自性清淨藏，印順怎麼說？請看補充資料，印順說：【「自性清淨藏」，約祕密義說。如來藏自性清淨，這是甚深難解處。發心修行，與如來藏相順相應，即成聖賢；與如來藏相違不相應的，即成外道凡夫。】（正聞出版社．印順法師著《勝鬘經講記》p.249）我們應該爲他鼓掌，（大眾鼓掌…）他這一段文字說得太好了！可是，因爲他對如來藏的基本認識錯誤了，所以就導致全盤皆墨的窘境。

他這段文字的意思是說：自性清淨藏是從實證者「唯證乃知」的法性祕密來說的，所以閱讀經論而廣作思惟是無法正確理解的；因爲如來藏的自性清淨義，是凡、愚等人甚深難解之處。發心修行佛菩提的人，若是有一天與如來藏相應而相順了，那就非聖即賢；若是與如來藏的清淨自性相違而無法現觀祂的自性本來清淨，這種不能與如來藏相應的人，就成為外道或者凡夫了。印順這段話講得太好了！但卻只是依經文解釋而已，不是他心中的意思。

現在印順派走投無路了，因為若是想要在法上提出辨正，他們顯然是無能為力的；若是要在佛學學術界來抵制如來藏，顯然他們也已經沒有力量了，因為佛學學術界並不是大家都接受他們的說法。他們其實只是佛學學術界中的一小撮人，可是他們聲音一向很大，一向很強勢，所以佛學學術界多數人只是不太想招惹他們，以免麻煩，並不是全都沒有能力指出他們的錯誤。所以有些人寫出了反對印順邪說的文章以後，馬上就被他們大力圍剿；學術界某些人士心想：學術本來是一種很崇高的思想探討行為，提出正確見解以後卻要被這些人弄出大麻煩來，接著得要接受他們不斷的狡辯下去。於是覺得除非自己很失格，才會跟印順派那些不理性的人辯來辯去，所以學術界也不太想招惹他們。

但是現在我們把經論中的眞實義寫出來了，就很容易援用我的說法去破印順，當印順、昭慧、傳道說法不如法時，在蕭老師的書中都有現成答案，把那些答案換個語辭來說，就可以回應他們了！印順派的師生們從此就不敢回應了，因爲講不上理了，所以顯然他們如今在佛學的學術界也吃不開了。吃不開，意思就是走投無路了，只能找一些自己人依樣畫葫蘆繼續辦學術研討會，自己人關起門來互相取暖。而大陸的佛學界也不太理會台灣的印順派師生們，因爲他們原則上還是以禪宗、淨土宗爲主；不幸的是，印順的路子正好與禪宗爲敵，也與淨土宗爲敵，所以在大陸他們也吃不開，現在眞的叫作窮途末路了，因此他們現在可以說是全盤皆墨。

言歸正傳，自性清淨藏之難修證，諸位當然都已經知道了。可是印順註解這句經文時，不得不隨順經文來說，然後再找機會把它扭曲過來，這就是他一向的手法。在這裡，他既然認同說「自性清淨藏是約秘密義來講」，顯然不是印順用意識思惟可以瞭解的；既然已經承認祂是秘密義，那就不該說沒有這個心可證，因爲祂是實證者的秘密。

印順接著說：「如來藏自性清淨，這是甚深難解處。發心修行，與如來藏相順相應，即成聖賢；」既然如此，印順爲什麼還要否定祂？把祂否定了，依他自己的說法就不能成爲聖賢了，那麼印順行菩薩道，到底是怎麼行的？講到這一點，諸位也許就恍然大悟，不是悟得如來藏，是悟得印順爲什麼要主張凡夫的**人菩薩行**，終於瞭解了。原來他一直主張說「**凡夫的人菩薩行是成佛之道**」，原因就在這裡，因爲凡夫對如來藏心根本就證不到；證不到而想要行菩薩道來成佛，那當然要迴避如來藏的實證而主張人間佛教。

人間佛教就是以人爲本，然後以人身凡夫的境界來行菩薩道，不必實證如來藏就可以成佛了。這麼一來，當然證嚴與星雲二人是最喜歡的，因爲不必實證如來藏，就可以行菩薩道成佛了。太棒了！所以就大事勸募，名爲行菩薩道。佛光山的行菩薩道就是世界各國到處去建寺院，每一間建起來都是金碧輝煌，然後在金碧輝煌的寺院中有沒有在晚上修學藏密的法呢？是否只要以凡夫身廣建寺院就是行菩薩道，而不必辛苦的求證如來藏？這就是佛光山的作法：不必證如來藏，所以他們必須要走密宗「即身成佛」的路，廣爲提倡禪淨密三修。證嚴當然不敢走密宗的路，因爲那條路對她來講是後果很嚴重的；那該怎麼辦？那也容易嘛！換個題目就行了：清涼菩提、環保菩提、人間菩提、草根菩提、利眾菩提……，一大堆的菩提就提出來了，那就是凡夫的**人菩薩行**。

印順主張**人菩薩行**而用凡夫的身分與地位來行，一樣可以成佛，他們當然最高興。所以證嚴法師說：我們每天去布施，一生都很歡喜而不會退失；此生中的每一次布施都很歡喜，就是證得歡喜地了。這樣就是證得初地而成爲聖人了，完全不必求開悟明心，連斷我見都不必。對於從來都無緣實證如來藏的人來說，那眞是太棒了！這樣一來，慈濟的信徒當然一定會很多，因爲人人都很歡喜：每到禮拜六、禮拜天，慈濟會員呼朋引伴去行善了，十年下來都還是歡喜不退，都成了初地菩薩。那眞是太棒了！慈濟會員們當然要走這一條路。「去同修會求法，那太辛苦了；好幾年作義工努力護持，還不一定能悟，因爲他們正覺的法不肯用賣的；如果能買，那我捐個五十萬、捐個一百萬就可以悟了，可是聽說他們那裡不賣，我當了大公司的董事長，去學法，照樣要當義工、要學兩年半，那眞累人！那我不如去慈濟算了。而且在正覺同修會中，就算眞的悟了，也還不是初地，只是第七住位而已，那我還是不要去。」

所以大老闆們通常不會到正覺來，因爲他們希望的是：我捐給你一千萬元，你就得幫我開悟。可惜我們這裡一千萬收了，不保證他開悟（大眾笑…），所以我們的大乘佛法不賣。別人往往這樣開價：你供養我二十萬元，我幫你證悟；供養我五十萬元，我為你印證。我這裡，捐一千萬元來，也不會為他印證，得要兩年半好好地學。所以許多人想一想：「去正覺，買也買不到，而且悟了也才七住位；我去慈濟歡喜幹上三、五年，就是初地歡喜地的大菩薩了，你們同修會怎能比！」所以寧可去參加清涼菩提、環保菩提、人間菩提、草根菩提……。慈濟什麼菩提都有，就是沒有佛菩提！（大眾笑……）問題就在這個地方：一定要證如來藏才能成為賢聖，這就是他們最不高興的地方，所以一心一意主張六識論，不必證如來藏就可以成賢成聖了，所以佛光山跟慈濟最喜歡印順的法，不是沒有原因的。

等到有人去問印順說：「師父！您說要實證如來藏，才能成賢成聖。您又否定如來藏心，那我們大家該怎麼修行呢？」印順私底下一定這樣回答：「傻孩子！我說的如來藏不是心，是緣起性空。」這樣，印順就把自己的矛盾圓過來了！但這卻只能私底下說，不能公開的講。這也證明他們都是無法實證如來藏心的。因此，自性清淨的如來藏本來就不容易證，如果照印順講的「與如來藏相違不相應的，即成外道凡夫」，好了，如果哪一天昭慧來找我，我說：「妳是外道凡夫！」她如果說：「你侮辱我，我要告你！」我說：

「那妳就去告！」等上了法庭，我就提出個前提來：「請問妳，信不信受印順法師的話？」「信呀！怎麼不信？」因爲她是印順的門徒（雖然她不承認是門徒，其實她是標準的門徒），我就用這一句話回敬給她：「印順說『與如來藏不相應的即成外道凡夫』，請問妳是不是外道凡夫？」她只能口似扁擔！

所以，一個人若是不誠實，眞的拿他沒辦法！印順既要註解《勝鬘經》，就應當依《勝鬘經》的道理來說；印順既然這麼講了，就應該自己信受自己的說法，可是卻又一方面否定七、八識而主張六識論，這到底是什麼樣的心態？我們還眞的很難思議！大概只能夠說：他白天是信八識論，晚上否定八識論。白天講經說法時信受八識論，晚上註解經典時改信六識論。也應該說他是佛法中的人格分裂者，否則實在是沒什麼理由可以說清楚他在佛法中的人格與性向。印順的書就是這樣前後顚倒，非常嚴重；可是迷信他的人，只要印順隨便給他一個理由，就信受了！從來不管他給的理由有道理或沒道理，只要給個理由就行了！這就是迷信，沒有理智。好在諸位都已經瞭解了，而且我們現在也有三百多位親證了自性清淨藏，並且能夠現前觀察：祂確實有染污而祂自身的體性卻是清淨的，只是祂含藏著的種子流注出來的七轉識是不清淨的。這是已悟者都可以現前觀察的。如果我是說謊者，這三百多位增上班的同修們早就出來跟我翻臉了！可是因爲我沒有說謊，並且顯示出法界中的事實確實如此，由明心的人親自去證實祂，因此大家不但不來翻掉我的講桌，而且還要繼續支持，原因就在這裡。

現在，再來看這一段的第二行：「**此性清淨如來藏，而客塵煩惱、上煩惱所染，不思議如來境界。何以故？剎那善心非煩惱所染，剎那不善心亦非煩惱所染；煩惱不觸心，心不觸煩惱；云何不觸法而能得染心？**」這一段經文印順法師怎麼解釋呢？請看補充資料，印順說：

【**煩惱與隨煩惱，稱為客塵**。客對主說，有後起的，外來的，不久即去等含義。如來藏是本來如此的，所以稱自性。煩惱隨煩惱，是可斷除法，類如附著於摩尼寶珠的塵垢，所以稱客塵，塵是染穢不淨義。這如來藏的不染而染，染而不染的境界，非一般眾生所能了知。

煩惱的客塵，是後起的，還是本來就有的？若是本有，何以名客塵？如某處，有甲就有乙，即都是主人，不能說有主客的分別了。有就同有，如來藏何以不與煩惱那樣，也稱為客呢？假使說：煩惱是後起的，那麼，如來藏本性清淨，圓滿究竟，而後又起煩惱，佛已斷煩惱而證圓滿清淨，煩惱也可能再起了！這是不合理的。又如，現在一念善心，這應該說有無煩惱呢？如說有煩惱，善心即不成為善心，善與不善，是不能同時存在的。如說善心起時，沒有煩惱，那怎能說煩惱染污淨心？

若更微細分別，心是心王，煩惱是心所，煩惱不起時，不能說心為煩惱所染污。就是煩惱現前時，煩惱心所與心，雖緣起相依，而實互不相及。

一念現前時，煩惱不能滲入淨心；淨心也不能滲入煩惱，怎能說煩惱染污淨心？何不說淨心淨化煩惱？

『心性本淨而為客塵煩惱所染污』，這是佛法共有的教說，而實在甚深甚深，極難思議！所以說：「何以」如來藏為煩惱所染，是這樣的難知？因為，「剎那善心」生起，不能同時有煩惱生，所以「非煩惱所染」。如「剎那不善心」生起，心即是相應不善的；自身即是不善，還說染個什麼？這是約善不善心的生起，以說明自性清淨的心，不能為煩惱所染。又「煩惱不觸心，心不觸煩惱」，因為法法是不相到的，各住自性，煩惱是煩惱，心是心，就是同時能生起，也還是互不相入，「不觸法」，怎「能得染心」呢？「然」而，事實上「有煩惱」，也確「有煩惱」能「染心」。不是推論與思議的境界，而煩惱與為煩惱所染的心，卻是確實的。所以「自性清淨」的「心，而有染」污，是「難可了知」的。依下文說，這唯佛能知，**我們僅能以信仰去接受它。**】（正聞出版社．印順法師著《勝鬘經講記》p.250 ~ p.252）

你們看，他前後都用意識的境界在解釋第八識心的法義，不是以如來藏在解釋第八識心的法義。你們現在顯然很有智慧，我剛才讀完他的說法，你們就已經知道他錯在哪些地方，所以我讀完時你們都笑，是因爲你們已經有智慧能知道他的錯誤。可憐的是會外有許多大法師與學人們，仍然不知道他們自己錯在何處，所以我們還是要繼續在法上辨正他。現在我們把印順這段註解分爲七個段落一一來說明，透過這樣的說明，諸位的智慧會越來越增長，並且越來越深細；只有透過不斷的說明與辨正，才會快速提升你的智慧層次，不管你悟了或者沒悟，都是如此的。

印順註解的第一段：「煩惱與隨煩惱，稱爲客塵。」煩惱與隨煩惱一定是客塵嗎？這是有爭議的！煩惱，譬如見惑與思惑，是不是客塵？又譬如說上煩惱，也是客塵嗎？這也是有爭議的。因爲，見惑、思惑是煩惱，上煩惱也是煩惱；可是見惑、思惑，你可以廣義的說它是客塵，但上煩惱絕對不是客塵，因爲眾生乃至三明六通大阿羅漢都接觸不到它，從來不曾生起上煩惱，怎會說是客塵？這個上煩惱對眾生而言，從來沒有來過，也沒有去過，它無始以來存在而眾生都還沒有接觸到，當然不能說它是客，因爲客是有來有去，常常來了而去，才能說是客；但是上煩惱本來就在，不是有來的，而是本來就在；它也從來不曾去，所以也沒有去可說。既然沒有來也沒有去，就不能稱爲客塵煩惱。

見惑，你可以從廣義的範圍來說是有來去，因爲它常常會跟眾生心相應；比如有人雖然不學佛，可是聽到人家說我見，他就問：「什麼是我見？」佛弟子就告訴他：「你把色身認爲我，這叫作我見。」第二天又有人告訴他：「你把覺知心認爲我，這就是我見。」然後有人告訴他：「把受、想、行認爲是眞實我，也是我見。」於是他心中的見惑就生起來了，他接觸到了，所以有來。可是他想一想：「我又不求解脫，我管他什麼我見不我見的，我要繼續喝我的老酒，唱我的卡拉ＯＫ。」那個我見、見惑又去了。依這樣來講，可以說這是客塵，但這只是廣義的說。

如果狹義的界定下來，客塵都是屬於我所的。比如說，今天我的名聲被損害了，因爲**蕭平實誹謗我、批評我，我在世俗法中的利益被損害了，我要想一想如何在法庭告他**。這就是客塵，屬於我所「我的名聲」五陰所有的名聲受損害，這才是客塵。又譬如一場天災受損嚴重，失掉很多財產而產生了煩惱，這也是客塵。如果是學佛人，當然也有客塵煩惱；譬如每天主張，眞正的自我就是能知、能見、能聞、能覺之性；忽然有一天蕭平實出來說：「**不對，這些都是六識的自性，這是自性見外道的落處。**」於是他心中起了煩惱。以前沒有的煩惱，現在生起了，這也是客塵。有一天心想：「**反正鬥不了蕭平實，不跟他談了，不理他，把他忘掉。**」當他眞的忘掉了，這個我所的煩惱又不見了，是來過而又走了。所以通常說的客塵，都是屬於我所方面的煩惱，每天在覺知心中來來去去而不是常住的，才叫作客塵。

可是思惑不是常常來去的，它是一直存在著的。只能從菩薩的立場來說（從廣義的定義來說）而算是客塵，其實它仍然不應該算是客塵的，所以客塵原則上都是在我所上面來說的。我們現在暫時就依著印順的廣義定義，說見惑、思惑也是客塵。菩薩有一天被人家指點說：「**你的思惑沒有斷盡。**」他有了思惑煩惱而去瞭解什麼是思惑，瞭解完了：原來我的我見、我執眞的還沒有斷盡，顯然我的見惑與思惑都還具足在。終於起了煩惱，可是想一想：「證初果那麼困難（你看《楞嚴經》說的，要建楞嚴壇，還要連續二十一天不睡覺日夜行道，結果還不一定能證初果），這麼困難，算了，不理它，我就作個粥飯僧好了。」如果在家人說：「我就作個每天吃粥、吃飯的佛弟子算了。」每天等死了，這個煩惱又去了！所以從廣義來說，勉強可以算客塵煩惱。

上煩惱也是煩惱，可是連阿羅漢都不曾接觸到上煩惱，怎麼能夠說這個煩惱是客塵呢？菩薩即使明心了，都還不一定接觸到上煩惱；當他明心以後，還沒有想到要進修，他的上煩惱就不會出現；所以顯然將所有的煩惱併同隨煩惱而通稱爲客塵，是有爭議的。二十隨煩惱是可以稱爲客塵，可是煩惱的定義，有上煩惱、有起煩惱、有見思惑煩惱、有習氣種子煩惱，這是有所不同的；等到悟後一段時間上煩惱變成起煩惱了，那也是煩惱。所以印順這個說法有過失，因爲上煩惱所起的煩惱都不屬於客塵煩惱，是屬於諸地菩薩修道所斷的煩惱，都不是客塵煩惱；客塵煩惱都是在我所上面說的，所以印順接下來那幾句所說的法義，就不必管他了，因爲已經可想而知了。

第二個段落：【這如來藏的不染而染，染而不染的境界，非一般眾生所能了知。煩惱的客塵，是後起的，還是本來就有的？若是本有，何以名客塵？如某處，有甲就有乙，即都是主人，不能說有主客的分別了。】他這個說法，諸位能認同嗎？「有甲就有乙」，比如說，你安住在家裡，你是某甲，突然間某乙來你家了，依照他的說法，某乙也變成主人了，等於是你了，某乙與你是沒有分別的；這時你的家財都得要跟他共享了，你的名聲也要跟他共享了，當然你的眷屬也得要跟他共享了；這麼一來，你的先生就是我的先生，你的太太就是我的太太了，因爲甲與乙都是主人了！但這是什麼話？

印順又說：「有就同有，如來藏何以不與煩惱那樣，也稱爲客呢？假使說：煩惱是後起的，那麼，如來藏本性清淨，圓滿究竟，而後又起煩惱，佛已斷煩惱而證圓滿清淨，煩惱也可能再起了！」你看，他對佛法的誤會多麼嚴重！他的意思是說：不可能有一個自性清淨的心而又同時有煩惱染污，佛的意識修行到佛地究竟清淨了，就不會再染污了，否則，說清淨心而有染污，那麼將來佛的意識還是會再染污的。因爲他是以意識來說的，不承認七、八識；前一段他還在說「證如來藏名爲賢聖，不隨順如來藏就是外道凡夫」，這一段話緊跟著就否定七、八識心了。因爲是純粹用意識的立場、位階來解說這一段佛法，所以印順認爲：沒有如來藏心存在，意識修行清淨以後如果還會有染污，那麼佛陀將來還會再生起煩惱的，佛陀將又退轉變成不是究竟佛了，所以意識清淨了就不可能再有染污可說的；若是有人主張某個心是清淨的，卻又有染污，那是不可能的。他的理論就是這樣。

印順接著又說：「又如，現在一念善心，這應該說有無煩惱呢？如說有煩惱，善心即不成爲善心，善與不善，是不能同時存在的。如說善心起時，沒有煩惱，那怎能說煩惱染污淨心？」他繼續用意識境界來解釋，可是如果當面見了他，我還是一樣要問他：「你有沒有在學佛法？」「有呀！」「請問你，學佛時是善心，那時有沒有煩惱呀？」他應該要答「沒有」，可是他如果答沒有，我一定會問他：「我寫了那麼多書評論你，你心中都沒有煩惱嗎？」看他怎麼答？他不能答沒有煩惱，因爲人家一聽就知道是自欺欺人之言；如果口中答「無煩惱」，耳朵卻是紅起來了，顯然心中是有煩惱的。譬如人間佛教的信徒們，依照慈濟的行善菩提去救濟貧窮人，那時是善心，可是善心之中有沒有起過一念說：「這一趟路還眞遠，偏偏這個人還眞不好伺候！」有沒有呢？這也是煩惱呀！回到家中，第一個念頭是：「我的先生會不會罵我又去鬼混一天才回來？」這個善心中有沒有煩惱呢？顯然是有。如果遇到一個不講理的丈夫，劈頭就問：「妳怎麼今天這麼晚才回來！我都餓死了！」這時她的善心有沒有與煩惱相應？有！善心之中還是有煩惱的，因爲意識永遠都是不可能與煩惱切割開的，意識是一定會與煩惱相應的，只有如來藏才不會與煩惱相應。

所以，印順說「起善心時就沒有煩惱」，那是自欺欺人之談。都因爲他否定了如來藏，才會落入這一類必須曲解經文的窘境中。如來藏自性是清淨的，可是祂出生的七轉識卻是有染污的，祂既然含藏著七轉識的不淨種子，當然心體所含是不淨的——含藏的都是七識心的染污種子；可是祂自己心性卻是清淨的，祂運行的時候從來都不跟煩惱相應（不管是上煩惱、起煩惱或者客塵煩惱），從來都不相應，會與這些煩惱相應的永遠是七識心。客塵煩惱是與凡夫地菩薩的意識、意根相應。上煩惱生起而轉爲起煩惱，是與諸地菩薩的意識心、意根相應的，但如來藏從來不相應。所以說，要依如來藏才能講通《勝鬘經》的經文，否則就絕對講不通而必須加以扭曲。

接下來，印順又說：「若更微細分別，心是心王，煩惱是心所，煩惱不起時，不能說心爲煩惱所染污。就是煩惱現前時，煩惱心所與心，雖緣起相依，而實互不相及。」這不是睜眼說瞎話嗎：煩惱生起的時候與心不相及。他現在死了，沒辦法當面告訴他；假使你夢中遇見他了，就當場給他一巴掌，他生氣起來質問：「你爲什麼打我印順導師？我是導師，你怎麼可以隨便打我？」你就告訴他：「你不是說煩惱生起時與心不相及嗎？所以你現在被我打了很煩惱，這煩惱跟你的覺知心不相及，所以你根本不必起煩惱。」就這樣告訴他，以彼之矛攻彼之盾。你且看他那時起不起煩惱，如果他起了煩惱，你就告訴他：「你現在生氣了、起煩惱了！依據你的說法，起了這個煩惱仍然是與你的覺知心不相及的，所以你根本就不應該生氣。」他這一巴掌還眞的是白挨了，你還眞的賺了他一巴掌，印順也莫可奈何，因爲這是他自己講的話。他心裡面明明已經與煩惱相及而很生氣了，卻仍然不可以生氣，還是只能自己吞下這口惡氣；都因爲他自己說心與煩惱是不相及的，所以煩惱現起的時候還是與意識覺知心不相及，那他這一巴掌當然必須要白挨。

接下來印順又說：「一念現前時，煩惱不能滲入淨心；淨心也不能滲入煩惱，怎能說煩惱染污淨心？何不說淨心淨化煩惱？」這樣最好了！接著你就告訴他：「你記得煩惱生起了，你現在要淨化你的煩惱。」這樣你連這一巴掌都不必負責任，他如果去法院告也告不上，因爲這是他自己講的，你可以說：「我只是拿你講的回應給你，所以你不能夠說我侮辱你。你如果去告我，就表示你的說法錯了。」所以檢察官據此應該判你不起訴，應該如此嘛！因爲這是他自己說的。

印順接著說：「『心性本淨而爲客塵煩惱所染污』，這是佛法共有的教說。」印順的意思其實已經很清楚的告訴大家：不必修斷煩惱、實證聖果，因爲意識覺知心清淨的時候仍然會有煩惱染污，所以修斷煩惱是不必要的，所以大家都以凡夫人類之身來行菩薩行就可以成佛了。這就是他主張「凡夫位的人菩薩行也可以成佛」的立論所在，並且說這樣的道理是佛法共有的教說。這其實是在毀謗 釋迦佛，因爲 佛陀的教法中不曾這樣說過，並且都說要實證眞如心而發起般若中道觀以後，才是正式修習菩薩行。

印順又說：「而實在甚深甚深，極難思議！所以說：『何以』如來藏爲煩惱所染，是這樣的難知？因爲，『剎那善心』生起，不能同時有煩惱生，所以『非煩惱所染』。」剎那善心生起時都不可能被煩惱所染，那麼慈濟那一些會員們去作善事時都不應該會有抱怨的行爲出現，可是爲什麼他們常常有人在抱怨呢？而且絕大多數人是不停地抱怨著，導致需要勞動證嚴法師去安撫；這事實顯然與印順的說法不通，所以印順的說法顯然曲解經意。

印順又說：「如『刹那不善心』生起，心即是相應不善的；自身即是不善，還說染個什麼？」既然意識心是相應不善的，顯然是相應煩惱的，那怎麼可以說「煩惱與心不相及」？才不過短短幾句話，印順已經自我衝突、自我矛盾了！所以印順的問題全都出於將八識論的經文意旨，改以六識論的心性來說，才會處處自生矛盾。印順質疑說：不善心生起時，「自身即是不善，還說染個什麼？」意思就是說，如果是不善的覺知心，就不會再被染污了。所以印順不信有自性清淨心不觸煩惱而能被染污，他對《勝鬘經》中這段經文是持反對態度的。因爲他是以意識的心性來解釋經文，才會這麼說。其實是如來藏中生起的七識心刹那刹那變異時，或善或不善，都不會使如來藏被七識心的煩惱所染污；但七識心的善與不善種子終究會落謝在如來藏心中，使如來藏心內含藏的種子有所染污，這就觸及如來藏心了！然而如來藏心的自性卻仍然是不被染污的。這樣才能契合經文中的義理。不能像印順一樣單以意識等六心來解釋這段經文，否則一定處處不通。

印順又說：「這是約善不善心的生起，以說明自性清淨的心，不能爲煩惱所染。」印順在此依上面自相矛盾的說法，作了這樣的結論，卻與現象界中的有情表現完全不符合。這就是以意識來解釋如來藏法的經文時不可避免的過失，面對《勝鬘經》是絕對無法通過檢驗的。當經文這樣明明白白的陳述時，他不得不依文解義而說，這時就只好自以爲是地講解，卻與有情眾生在現象界中的表現事實相違背，也與經文眞義相違。所以，必須回歸到如來藏阿賴耶識的眞如法性上面來說此經，才不會有自相矛盾的狀況出現。

印順接著說：「又『煩惱不觸心，心不觸煩惱』，因爲法法是不相到的，各住自性，煩惱是煩惱，心是心，就是同時能生起，也還是互不相入，『不觸法』，怎『能得染心』呢？」所以，我剛才建議諸位說，如果夢中遇見他，打他一巴掌是對的：因爲煩惱跟心是互不相入的，是不會互相影響的，所以不管生起什麼煩惱，被人家打、殺之時，那時生起了煩惱，心還是不動的；煩惱歸煩惱，心歸心，所以意識心不應該起心動念。所以印順在你的夢中被打了一巴掌，他是絕對不該起心動念的。但經文中的眞義卻是說：第八識如來藏出生了前七識而有煩惱產生，可是這些煩惱都不會與如來藏相應，所以「**煩惱不觸心，心不觸煩惱**」，講的是如來藏而不是印順說的意識覺知心。但七識心相應的煩惱卻會落謝在如來藏心中，所以就會染污了自性清淨如來藏心中的種子內涵。這是極難了知的，只有菩薩跟著諸佛修學才能現觀。

印順又說：【**「然」而，事實上「有煩惱」，也確「有煩惱」能「染心」。不是推論與思議的境界，而煩惱與為煩惱所染的心，卻是確實的。所以「自性清淨」的「心，而有染」污，是「難可了知」的。依下文說，這唯佛能知，我們僅能以信仰去接受它。**】所以他是為了信仰而接受經文的說法，不是由於實證而接受經文中的說法；而經文中的這些說法，都只是三賢位中的見道菩薩們所知的實相境界，最多只是初地入地心的智慧。既然印順對此等經文中的說法都不是實證的，只是依仰信的層次而說的，全無實證，請問：他的傳記為何要命名為《看見佛陀在人間》？意思是說「看見印順佛陀在人間一生的事跡」，可是印順完全是因為信仰而接受這些經文的法義，不是由於實證而接受，顯然他連明心的三賢菩薩智慧都沒有，卻又默允徒眾們在他生前高推為佛陀，那不是言行相違嗎？

有時候我會這樣感覺：他臨死前的那幾年是不是被徒眾們在法義上綁架了？所以讀過我的許多書以後仍不能回歸八識論。而門徒們在法義上綁架印順之目的又是爲什麼呢？當然是爲了維持門徒們的名聞與利養，不是由於求法的緣故而綁架他。印順的門徒們如果眞是爲了求法，就應該趕快求證如來藏，在法義上綁架了印順能得到什麼佛法呢？所以當然是爲了自己的世俗利益嘛！在法義上綁架了印順以後能夠得到的利益，就是繼續保有名聞與利養，繼續留住眷屬不會流失；除此而外，綁架印順並沒有任何的利益可言。所以，如果眞正是學佛、眞正修行而且是修學佛法的人，應該在別人指出過失以後，面對過失自己加以檢討。

如果別人的評論是錯誤的，就應該寫書、寫文章出來辨正，還給自己的導師印順清白，也還給佛法本來眞實的面貌。如果別人的評論是正確的，證明印順是錯誤的，自己就應該要趕快修正，趕快回歸正法，這才是眞正在學佛的人。如果不在這上面用心，老是講一些風馬牛不相及的話，那不是眞正學佛的人。所以，我認爲昭慧等人應該面對事實，如果是爲了求名聞利養眷屬等世間法，倒不如脫下僧衣去世間法中追求；即使還俗以後殺人越貨求利，都不會比現在繼續推廣印順法義的罪過嚴重；因爲殺人越貨也不過是下地獄，不過幾劫就回來人間了；可是如果繼續否定如來藏，那是一闡提罪，在《楞伽經》中 佛說這是一闡提罪。一闡提罪的意思就是斷盡善根，死後只有下墜阿鼻地獄一條路，最最包容的極樂世界也不肯收留這種人的，這是昭慧等人必須要特別注意的一點，才有可能自救。可是我們不管如何的語重心長，看來是不會發起作用的，所以最後百分之一的希望（希望他們可以趕快回歸正途而自救救他），可能我們這個希望，現在已經都不存在了。

《勝鬘經》說：**「然有煩惱，有煩惱染心；自性清淨心而有染者，難可了知，」**這一段經文，印順是怎麼註解的？印順說：

【善心與不善心的自性清淨，有漏位中，為煩惱所染污，這是極難理解的。**心性本淨與客塵所染，也許由於難解，所以常為大小空有諸宗所共諍。**有不承認心性本淨的，即以經文為不了義。　有部（說一切有部）解說為：心有善、不善、無記三性，無記是心的本性，初生及命終，以及善不善心所不起時，心都是無記的。與善心所及惡心所相應，成為善不善心，即是客性。約心相續的為不善心所染，說心性本淨，客塵所染，並非不善心的自性，是清淨無漏的。（由此證明印順所引的說一切有部的論師們都沒悟得如來藏） 成實論師，說心性通三性，也以此經為不了義，約相續假名心說。（落在意識心中，故成相續假名心之說，亦是未悟者） 聲聞中的大眾部，分別論者，是以心的覺性為本淨的。（但這也落在六識心的見聞知覺性中，當然是未悟如來藏的） 大乘中，如**《般若經》、《中觀論》**等，以為此約善不善心的空性說。一切法本性空，自性清淨心者，清淨就是空，空就是清淨。眾生的心是本性空寂的，一切法也是本性空寂的，所以說一切法及心自性清淨。心性雖本來空淨，而以因緣有雜染煩惱，不礙自性空的緣生煩惱，不離法性空，即是法性空，無二無別，然**由於煩惱，本淨（空）的心性，不得顯現，由此說心性本淨為煩惱所染污。**（仍然是以意識的無常空來解釋心性本淨而有客塵染污） 瑜伽學者，也約此義說。（不然！） 然鄰近大眾分別說的真常唯心論，如本經，所說即略略不同。（其實相同） 心性本淨，或自性清淨心；當然約如來藏法性空說。】（正聞出版社．印順法師著《勝鬘經講記》p.252～p.253）（編案：此段印順註解中的引號內明體小字，是平實導師加上去的註腳。）

現在就分幾個段落來辨正。印順說：「善心與不善心的自性清淨，有漏位中，爲煩惱所染污，這是極難理解的。心性本淨與客塵所染，也許由於難解，所以常爲大小空有諸宗所共諍。」善心與不善心的自性清淨，這是印順自己所講的，他是把同一個意識覺知心切割爲善心與不善心兩個分位，來說意識覺知心在善心位及不善心位中，都是自性清淨的，而說這是極難理解的；但這只是他自己臆想之後所作的註解，然而勝鬘夫人與 佛所說的道理都不是這樣講的。勝鬘夫人與 佛所說的自性清淨心而有染污，是說第八識如來藏心，這第八識是如來藏阿賴耶識，並不是第六識意識。

印順用第六識來取代第八識，爲了想要講得通，所以就把第六識切割成兩個分位：一個清淨位，一個染污位。他把意識作這樣切割來註解此經，與此經的眞實義根本是「風、馬、牛，不相及」。當人家細說黃金的種種體性時，印順拿一片破鐵來解說爲黃金，然後把黃金的體性套在那一片壞鐵上面來解說黃金，這正是用牛頭來逗馬嘴。他的門徒四眾這樣子跟著他學習，怎能把佛法學成功呢？當然不免跟著印順誤會經中的意思。然而印順會產生這個問題的原因，都是出在他只信受六識論而否定八識論正理，否則，他註解大乘經時最多只是註解得不夠好，一定不會如此荒腔走板。

如果他信受了八識論，最多只會說：「這個第八識，我證不到；我們就以意識思惟想像來試著理解第八識的本來清淨自性。」一定不會改用意識的切割分位來符合第八識本來自性清淨跟含藏染污種子等兩種狀況。這就是印順的問題所在，是信受六識論而以六識論為大前提來研究佛法，是根本已錯，接著必然全盤皆墨。如果初發心時的根本錯了，接著講下去、修下去必定全都錯誤；譬如人家講的是一架飛機的性能，他卻拿汽車的性能要來解釋飛機的性能，當然不免錯誤連篇；所以他所謂的**善心與不善心的自性清淨**，這句話是充滿矛盾的，是非常弔詭的；因為意識不論是在善心位或不善心位，從來都不能夠說是本來自性清淨的。

意識既然有時會成為善心，祂就一定有時會成為不善心；既然有時善、有時惡，當然就不能夠說祂是自性清淨心。因為同一個意識覺知心有時生起惻隱之心，他可能救了一條狗的命，但是卻常常在殺人，這種綠林好漢多的是，怎麼能夠叫作自性清淨呢？自性清淨是絕對不會有時行善有時造惡的。凡是會行善的心，一定是會與惡性相應的；除非他已經成佛了，否則在染污種子沒有究竟清淨以前都會有惡性存在，當然也就有時會變成善心，所以他才能行善。而勝鬘夫人說的自性清淨心而有染污，不是在講第六識，她講的是第八識如來藏本來就已是自性清淨的。所以印順用第六識自性套在第八識的法義上註解此經，只能說他全都是戲論；因爲與經上所說的第八識的法義全然無關，怎能夠說他的註解就是佛法的內容呢？印順初發心時信受了密宗應成派假中觀的六識論邪說，排斥第七、八識，接下來的理解及實修，當然一定是全盤皆墨。正因爲印順用第六意識來解釋第八識如來藏，所以才說：「**有漏位中，爲煩惱所染污，這是極難理解的。**」當然他永遠都無法理解，因爲人家是第八識本來就已自性清淨，而心中含藏著七識心相應的染污種子；印順他講的卻是第六意識會行善造惡而又自性清淨，他又怎能理解經中所說第八識的本來自性清淨而有染污？當然是無法理解的。

印順接下來說：「**心性本淨與客塵所染，也許由於難解，所以常爲大小空有諸宗所共諍。**」這句話倒是老實話，大小乘凡夫之間互相諍論之標的當然是這個心，空宗、有宗凡夫之間互相諍論的也是這個心；都是因爲對這個心不理解而產生了大小空有之諍，所以這個心眞的害死人——害死大小空有諸宗裡的凡夫僧。可是仍然有一些人不被祂害死，那就是大乘法中證悟的賢聖，也是聲聞法中所有初果到四果的聖人，這些人都不會有大小空有等凡夫僧的任何諍論。所以，大小乘之間、空宗與有宗之間，爲了這個心而在諍論的人，一定都是凡夫；若不是凡夫，絕對不會有這一類諍論。因爲 佛在初轉法輪的阿含期中早就講過了：如果比丘能證初果乃至四果，一定是於內無恐怖、於外亦無恐怖。都不會對這個難以理解的心產生諍論。凡是不能證果的凡夫，都是於內有恐怖或者於外有恐怖的人，但都不知道自己有恐怖；這個道理，我已寫在《阿含正義》中，這裡就不再重複解說了。所以已經眞實證果而不是誤會以後自認爲證果的人，都不會有這種諍論；因爲初果乃至四果人，他們都知道：如果把第八識否定了，他們的聲聞菩提果就不可能存在了，大乘證悟菩薩們更清楚明白這一點。所以在大乘與小乘、在空宗與有宗裡面，凡是已經證果見道的菩薩或初果到四果人，都不會對這個自性清淨有所諍論，只有凡夫才會有大小乘和空有宗的諍論。

同樣的道理，空宗與有宗互相之間的諍論也是如此；可是要說到空宗與有宗的諍論之前，先要談到印順所謂的空宗與有宗，其實並不是眞正的空宗，也不是眞正的有宗；因爲眞正的空宗與有宗都是不分空有的，是合而爲一的空中生妙有，是一切虛妄法中無妨有眞實不空的第八識存在，作爲一切虛妄法及涅槃的所依，這才是眞正的空宗與有宗。眞正的空宗與有宗都是不分宗的，那就是法相唯識宗。法相唯識宗，那些研究佛學的人都說是法相宗，故意把「法相唯識」中的唯識兩字砍掉，眞是居心叵測。法相唯識意思是說，所有世間一切諸法都唯八識心王共同所生、所顯，這才叫作法相唯識；換句話說，萬法都不能離開八識心王而有。可是他們把代表八識心王的唯識二字砍掉，保留法相兩個字，就稱它爲法相宗；然後再主張說：**法相宗講的法相都是三界有，既然講的都是三界有的法相，所以叫作有宗**。就這樣把空有具足而函蓋空有二邊的法相唯識宗，作了錯誤的定位與教判。

空宗，是印順所講的主張一切法空嗎？不然，他們把般若經，譬如《金剛經、大品般若、小品般若》等等，都定義作一切法空說；就像他們把四阿含所講的蘊處界全都緣起性空與實相般若混同爲一，所以判定般若諸經只是把阿含期的解脫道重講一遍罷了，並沒有其他不同的法性正理，本質只是增說，於是就定位爲**性空唯名**。性空唯名的意思是：般若諸經所說的法是講諸法緣起性空，經中只有種種名相堆砌起來的戲論。他的意思在告訴你說：般若經就是戲論。這就是印順對第二轉法輪的實相般若諸經，想要表達給大眾的意思。

然而般若諸經是他們所講的一切法空而應該稱為空宗嗎？專門弘揚般若的龍樹菩薩，他的《中論、十二門論》等等，所講的也是一切法空嗎？其實不然，龍樹還是以如來藏來說空有不二，來說非空亦非有、非斷亦非常；龍樹講了極多的「雙不」，不只是八個「不」而已。所以，龍樹的徒弟提婆菩薩也是一生弘揚如來藏的；他得到龍樹的眞傳，卻發覺很多人都誤會龍樹菩薩的《中論》，因此他特地用如來藏來弘揚，可是後來卻被空宗的凡夫們給刺殺了，然後推給外道，說是外道們把他刺殺了，其實卻是空宗裡的凡夫信徒所幹的惡事。因此，空宗其實不是空宗，而是以如來藏來說這個心所生的一切法空，而說如來藏在萬法中運作當中顯示出來的中道性，所以空宗的主旨還是在如來藏上面，不是在講蘊處界的一切法空，所以不該被妄稱為空宗。由此來看，印順所謂的空宗，顯然是誤會後的空宗，如同古來空宗裡的凡夫們一樣誤會空的眞義。

至於印順所謂的有宗，他把法相唯識宗叫作有宗，顯然也是誤會了有宗；因爲不論是龍樹的《中觀論》，或者他的徒弟提婆菩薩，或者法相唯識宗的弘傳者，所講的同樣都是在講如來藏的常住不滅，而如來藏所生的諸法緣起性空所以一切法空；所講的法都是一樣的，只是龍樹偏在般若上面來講空，而法相唯識宗偏在般若之後應該進修的一切種智上面來說；所以在事實上只是深淺廣狹的差別，並沒有法義的不同所在；一切實證眞如心如來藏的人，都可以從現存的「空宗」、「有宗」的論著中，證實這一點。所以自古以來，所謂的空宗與所謂的有宗互相爭執，全都是這二宗裡面喜歡強出頭來求名、求利的未悟凡夫之間產生的無謂爭執，都與證悟菩薩們無關。

如同現代的禪宗凡夫們，也常常對證悟的內容互相諍論執著，也寫下一些文章、書籍流傳下來，看來他們是對禪宗法義有所諍論的；可是在實證者之間，因爲都不會有諍議，就不會有諍論的文字流傳出來。那些專作佛學研究、佛教史研究的做學問者，因爲全都尚未證悟，一定不會針對法義很平順而沒有爭執的那些年代來考證，因爲那些年代所弘揚的法都沒有諍論，根本不會有諍論文字留下來，沒有資料可供他們研究，也不需要他們來研究；所以他們所研究的都是有諍論的年代中發生的各種諍論，而那些年代的諍論都是凡夫之間的諍論，當然會有諍論文字資料留下來供他們研究，但都與證悟的賢聖們無關；可是卻會被那些專門從事研究的人，取作代表性的人物而說有空有之諍，其實他們的諍論都與眞悟菩薩們的弘法事相無關。你想，像這樣研究出來的佛教史與佛學弘傳的過程事相會正確嗎？當然不可能正確。

所以對空宗與有宗，他們自己都已經誤會了；而大乘與小乘之間的異同所在，他們也有嚴重的誤會。所以我要說一句不客氣的話：**他們的佛學研究成果根本不值一提！**他們那些考證所得內容都不值一提，若是眞的想要提起它們來討論，一定是長篇累牘；因爲得要針對他們的每一句話加以辨正，都要各講五十句、一百句，才能辨正出他們的考證錯誤所在，很費精神。所以學術研究者間所謂的大小之諍、空有之諍，其實都只是各宗之間凡夫們的諍論，跟證悟的菩薩們所弘傳的佛教正法完全無關。可是，學術研究者專把那些凡夫之間互相爭執的事拿來作文章，當作是佛教弘傳的正史，與眞正的佛教史無關；卻是佛教研究學者或者佛學研究學者，永遠不可避免的窠臼；因爲歷代證悟菩薩之間的弘法事相，都不會有所諍論，所以不會留下任何諍論的文字可供後代的研究者加以考證，他們當然只能考證那些留下諍論文字的凡夫之間的諍論事相了。這樣取材錯誤而研究出來的成果當然不是眞正的佛教弘法史。

舉個例子來說，法國對藏密很有研究的學者戴密微，他研究吐蕃僧諍的歷史（吐蕃就是西藏），講的是以前西藏發生的兩派僧人之間法義爭執的事，所以他寫了一本書《吐蕃僧諍記》。《吐蕃僧諍記》中所研究陳述的兩個主角，一是來自印度的西藏喇嘛蓮花戒，另一人名爲支那僧（支那就是中國）——中國僧，這兩個僧人之間諍來諍去，其實根本就不應該諍，因爲兩個人同樣都是以意識爲主：**你證得的也是意識，我證得的也是意識**。然後兩個人來互諍高下說：**你的不對，我的對**。可是如果他們倒楣而遇到我，我就說：**你們兩個都不對，因爲兩人所證的都是意識**。既然都是意識，同樣是沒有實證的凡夫間的諍論，還有什麼好諍的？那個中國僧說他悟了，只是錯悟離念靈知、意識；而蓮花戒喇嘛所「悟」的也是意識，同屬離念靈知。但問題出在哪裡而使中國僧辯輸了？問題出在他從禪宗出身，而禪宗不太注重法義辨正，而且他又悟錯了，所以他辯輸了。蓮花戒同樣是意識，爲什麼他卻辯贏了？因爲兩個原因：第一、有西藏國王支持；第二、因爲他受過因明學的辯論訓練，懂得辯論的技巧。可是他們兩個當初在辯的時候如果遇到了你們，他們兩人都要倒楣，因為你們證得的是如來藏，有般若智慧可用；而他們證的都是意識，只有想像中的般若智慧可用。那麼取材於他們辯論的歷史文字資料，取作古時弘揚正法的事相依據而作考證，其實都沒有意義，因為都與眞悟菩薩們沒有諍論的弘揚正法的史實無關，所以不該取作古時那個時代的弘法歷史代表。

這一種窠臼，是佛學研究者永遠都無法逃避的陷阱，因為在親證的賢聖們之間，將實證的法義一脈相傳平順流傳下來的弘法過程中，不會有諍論事件的文字留下來可以讓他們研究。他們所研究的都是諍論事件，可是那些事件都是凡夫之間的諍論。假使偶然遇到一次有個眞悟的菩薩被一個凡夫來諍論，所以有事件可以研究了；但是他們研究的結果，仍然會去支持那個凡夫，會否定眞悟的菩薩。因為菩薩的所悟，從事學術研究的凡夫們都讀不懂；而凡夫所講的，他們反而會覺得有道理，所以就認同凡夫之說而把菩薩否定，這也是佛學學術研究者無可避免的過失。除非那個研究者是已經證悟的人，否則就不可能避免這種考證上的陷阱。因此我們呼籲那些作佛學研究的人，好好地回歸眞參實究的路上，不要再作研究了。如果研究可以走得通，廣欽老和尙當年也不會反對佛教界建立佛學院，因爲想要藉佛學研究的教育來實證佛法，是行不通的。

當年廣老反對時，我選擇支持佛學教育；我們如今也希望來辦個佛學院，正在研究現成的大溪鎭那塊地能不能辦佛學院；因爲外面那些僧眾們很看重讀佛學院，那我們就蓋一間佛學院讓他們來讀。我們純粹講授佛學，但是所給的是正確的佛學。至於密意，還是要到同修會來共修，佛學院中不會幫人實證密意。這意思是說，有時你得要用他們接受的方法來度他們；若不用他們的方法來度，他們就永遠沉淪下去。假使能夠取得教育部的學位，那就更有吸引力，因爲至少還有個佛學學士證書，但是能不能實現？我不知道，努力看看。可是我們的重心還是在同修會，不會改變，因爲這裡是眞修實證的路，不是研究的路。（編案：後來平實導師考量當代僧眾的自了心態以後，建設佛學院的意願降低了，已經取消這個規畫了。）

所以眞正大小乘的法義，以及眞正空宗有宗的法義，其中的異同所在，確實需要有人加以說明。所以，應該有一本正確的《佛法概論》出版，讓佛教界瞭解三乘法義什麼地方一樣，什麼地方又不相同；必須把這個異同所在先弄清楚了，然後佛門那些喜歡學術化的人讀了概論以後，可以建立正確的概念，從此以後就會懂得：我這佛學院讀完了，還是得要到正覺去學，這才是重要的。

空宗、有宗，學術界對這兩個宗派的定義錯在哪裡？也還是需要有人來寫。所以這些所謂的大小乘之諍、空宗有宗之諍，其實都跟佛教眞正法義的流傳史無關，只有跟誤會佛教法義者的流傳史有關。這一點諸位一定要先有認知，如果沒有這個認知，會被學術界所作錯誤的考證所欺矇。雖然他們不是故意欺矇你，他們也是被欺矇的；因爲他們自己也不知道正確法義的弘傳者間不會留下爭議性的文字，凡是留下爭議性文字的都屬於強出頭的凡夫大師。但是古今凡夫大師總是在不知不覺之間就欺矇了後代的學術研究者，而且會欺矇得很成功。事實擺在這裡，你看他們提出研究的結果：空宗怎麼說，有宗怎麼說。都有文字證據。可是他們都忽略一個大前提：那些代表空宗、代表有宗出來爭執的，都是凡夫大師。他們忽略了這個前提，所以才會有汗牛充棟的研究記錄顯示出來。可是顯示出來以後是正確或是錯誤的結論？結果是錯誤的！

我會想要寫《阿含正義》，目的就在顯示這一點，證明他們所謂的阿含專家其實是不懂阿含的，他們所作的考證其實是錯誤；我要讓他們無話可說，因爲他們一直認爲只有阿含的法義才是正確的佛法，大乘非佛說。但是今天既然他們認爲只有阿含的法才是正確的，我就用阿含的法顯示給他們看，讓他們知道是自己錯解了阿含而胡亂責備別人。因此我希望在未來十年中，《阿含正義》會顯出解脫道正法的功德，使很多人都能回歸正法中，遠離所謂的阿含專家們的六識論邪見；因爲阿含明明告訴我們是八識具足的，阿含從來沒有講過人類只有六個識。希望他們可以轉變，如果他們繼續堅持，十年後還不肯轉變；那麼，對不起！他們將會被佛教界回歸八識論的洪流給淹沒了。一定會被淹沒，到時候走投無路，可不能怪我，應該怪他們自己眼光短淺而不能看深遠一些，跟不上回歸正法的潮流。而我寫了《阿含正義》，未來的佛學研究者才會有正確資料可供研究，才不會繼續取材錯誤而對當代佛教弘傳的歷史作出錯誤判定。

接下來，印順又說：「有不承認心性本淨的，即以經文爲不了義。」他這兩句話是講誰呢？他講的是歷代達賴喇嘛、宗喀巴、阿底峽、寂天、月稱、佛護，他們主張：**第三轉法輪的唯識經典，是不了義說、是方便說**。只要是他們讀不懂的，就加以曲解爲虛妄唯識論，說唯識學只講六個識，而六個識都是虛妄法，所以沒有第七、第八識可以實證及修學。凡是他們無法實證的，就說是不了義說、方便說，這樣解決問題最簡單。譬如說，如果腳痛，不必管他是什麼病，把它砍掉就解決了；如果眼睛痛，把眼睛挖掉就好了。但這樣弄下來，他還能成爲一個完人嗎？只能變成一個身障者。當他們把許多無法實證的法否定以後，他們的佛法就變成殘障法，不是眞的佛法了。他們一向的作法是只要無法實證的就貶爲不了義，因此他們主張說：**中觀般若是了義的，而唯識不了義**。

所以，宗喀巴在《菩提道次第廣論》中把唯識放在中觀之前先學，這叫作顛倒見！一定要先證得如來藏才能生起般若智，才能作中道實相的觀行——中觀；有了中觀智才能進一步去修一切種智，而八識心王的唯識學正是一切種智，是成佛的依憑，成佛就是靠一切種智來成就的。在修學一切種智之前先要有般若中觀的智慧，而般若中觀的發起是因爲證得如來藏；可是宗喀巴卻因為無力證得第八識如來藏，就把祂否定，就說唯識是不了義法。成佛所依憑的唯識一切種智，是最了義、最究竟的，反而被貶斥為最差的，所以說宗喀巴是顛倒想；除了凡夫以外，沒有人會那樣講的，不幸的是印順也跟著那樣講，證明印順只是一個無力實證第八識的凡夫。

印順又說：「有部解說為：心有善、不善、無記三性，無記是心的本性，初生及命終，以及善不善心所不起時，心都是無記的。」說一切有部，能代表整體佛教嗎？說一切有部只是聲聞部派佛教中的一個支派而已，能代表大乘法嗎？可是印順等人竟然把它拿來代表大乘法，這樣的文獻學考證有什麼可信處呢？他們不斷的主張要依據文獻學來研究，但問題是他們所取材的文獻是什麼？有沒有符合文獻學的要求？想要研究飛機製造方法的人，應該用製造飛機的藍圖與文獻來研究，他們卻把製造汽車的藍圖文獻拿來研究，說他們是根據文獻學的治學方法來研究的。

剛聽到文獻學三字時，你會覺得他們一定很可靠，因為他們有文獻根據，問題是他們取材的文獻嚴重錯誤。這就像法官判決某甲的罪行時，應該根據某甲的卷宗文獻來判；結果卻是拿某乙的卷宗來判某甲，那就是文獻有錯誤，不足以使人採信；那根本不能談文獻學，只能叫作移花接木。所以，說一切有部所說的法義，仍然是落在意識心範圍中；因爲你可以從印順所舉證的說明來看：「心有善、不善、無記三性。」請問：八識心王中有哪一個心具有這三性？（有人答：意識）正是意識心嘛！如來藏心沒有善性與不善性，所以諸位都比印順有智慧，印順就不懂呀！

第七識意根是有覆性，卻是無記性的；第八識既是無覆性，也是無記性；而意識覺知心不但是有覆性，也是有記性，從來不屬於無記性。所以印順用第六意識來解釋第八識，是很荒唐的事！他在舉陳說一切有部的主張，說「心有善、不善、無記三性」，當然是落在意識心中。前五識如果是跟著意識運作，也就通善性、惡性、無記性等三性，所以叫作「性境現量通三性」。印順說「無記是心的本性」，這個說法通嗎？如果無記是心的本性，意識就不該會有喜怒哀樂；假使善就是意識的本性，那就變成人性本善說；如果說不善是心的本性，那就是荀子的性惡說；而儒家說心性本善，同樣是講意識心。但是意識心有時會處在非善非惡的無記境界中，所以同樣一個意識心而有無記、善、惡三性，正好是意識。這個意識心的本性是不是眞的如同印順所說的無記呢？不見得，如果是完全無記，你看兩個嬰兒還沒有被熏習，可是這兩個剛剛會坐的嬰兒，你將一把好吃的餅乾放在二人中間，其中一人可能一次只會拿一片來吃，可是另一個可能會一次就拿三片、五片，如果還有第三個嬰兒，他有可能會進一步把人家手上拿的也搶過來；這樣，意識心到底是無記性？或是善、惡性？所以意識心不能像印順妄說是以無記爲本性的，他的說法是錯誤的。

印順又接著說：「初生及命終，以及善不善心所不起時，心都是無記的。」這不是廢話嗎？覺知心不起善心所也不起惡心所時，當然是無記，可是印順這句話中已經自己表示這個心不是無記的，因爲這個意識心既然會有善心所，也會有不善心所，當然是有記性的心，怎麼還能叫作無記性的心呢？一個號稱很有智慧而被星雲、聖嚴、證嚴、昭慧等人高推爲佛法導師的印順，竟然講出這麼沒智慧的話！心既然會起善心所、惡心所，當然不能稱爲無記性，可是印順卻說這樣也叫作無記，竟然也說無記是心的本性。

印順是把意識作了分位的切割：當善心所不起，生起惡心所時，即是惡性；當惡心所不起，生起善心所時，又說祂有善性；當心住於善惡性都不起時，就說祂無記；然後選擇其中一部分說那就是祂的本性。問題是，其他兩個部分不也是祂的本性嗎？假使能這樣切割，應該說是每個人都有三個意識。是這樣嗎？等於是三個意識輪流交替運作：現在該你上場了！所以由善性的意識上場應對；等一下該做惡人了，就換惡意識上場。是不是要這樣？所以他的說法是充滿矛盾及弔詭的；但是能夠識破印順落處的人並不多，目前能識破他的，百分之九十在我們同修會裡面，剩下的百分之十是在會外；因爲他們讀我的書讀很多了，知見就提升了，所以現在把印順的書一翻開來，就會發覺他是處處都錯，那表示我們的書能提升讀者的佛法水平。重要的是，要了知印順會處處錯誤的原因，都是源自否定第八識如來藏心；當他強行將如來藏心的體性套上意識心頭上時，當然不免處處扞格而無法與經文的眞義相契合了。

印順接著說：「**與善心所及惡心所相應，成爲善不善心，即是客性。**」原來他所說的客是指心所：意識是主，心所是客。客塵是說六塵上的諸法，每天在覺知心中來來去去，如同客人一般；印順卻將意識所擁有的心所法說爲主客中的客人。這跟《楞嚴經》講的主客、客塵的意思完全不同，都被他

曲解了！（編案：《楞嚴經詳解》將在二〇〇九年十二月初開始逐輯出版）

印順又說：「**約心相續的爲不善心所染，說心性本淨，**」覺知心既然相續的被不善心所染了，根本就是個惡心，印順怎能說是心性本淨？這樣曲解未免太過分了！

印順又說：「**客塵所染，並非不善心的自性，是清淨無漏的。**」果眞是這樣，當惡人在害人時，也可以說他的心性是清淨無漏的，因爲那是心所在造惡，不是我意識在造惡。好啦！以後惡人上了法庭就好辦事了：「**庭上！我殺人時，是我的身體在殺人，不是我覺知心在殺的，你不可以判我的刑罰。**」這樣講得通嗎？這眞的是在騙三歲小孩，但那些實行人間佛教而推崇印順的大法師們，不都是這些三歲小兒嗎？可惜的是現在已經越來越少有三歲小孩了，所以印順的邪法到現在還想要繼續騙人是不容易的。

接下來，這裡有個引號小字：「**由此證明印順所引的說一切有部的論師們都沒悟得如來藏。**」這是我加上去的註記。因爲印順所引證的，只是說一切有部的論師所說的，而說一切有部又只是聲聞部派佛教中的一個部派而已，不屬於大乘佛教，不能拿來當作大乘佛教的弘傳歷史。聲聞人是不必實證第八識的，印順在這裡註解的經文卻是在講大乘菩薩所證的第八識，他卻用不證第八識的大乘論師所寫的東西來解釋。這就是說，他特地要把馬嘴逗上牛頭，這怎能叫作佛法呢？可憐的是如今還有一些人還繼續在信他，這就表示我們作得還不夠，我們還要更努力去救他們。

印順又說：「**成實論師，說心性通三性，也以此經為不了義，約相續假名心說。**」成實論師，成實論講的是圓成實性。問題來了，印順所謂的成實論師，是不是真的懂圓成實？這才是重要的地方，因為他所指稱的成實論師的說法，是否真的像他所說的這樣？這還得要求證。因為印順常常移花接木，常常把人家正確的說法曲解了以後再引用，然後說成實論師是這麼說，他常常這樣。就好像有一些人在網站上把我說的法義扭曲了以後，再來指責我，說我這樣講不對。印順的引述，我們都要存疑，因為他常常會移花接木，把這一部經的某一句移來接另一部經的另一句，我已經見過好幾次了。

言歸正傳，成實論說（假使成實論一派真的有如此說）心性通三性，那是在講什麼心？當然還是在講意識心，這並沒有錯。但因印順他們常把法相唯識宗所說內容關於第七識、第八識部分排除不用，專取成實論師所說前六識的部分拿來用，然後套到他所要主張的理論上面來，他常常這樣不老實的寫文章。所以眞有實證的成實論師絕對不會說《勝鬘經》是不了義的，因爲成實論師所證的是第八識如來藏，而《勝鬘經》所說的也是第八識如來藏，怎麼可能指責這部經典是不了義經呢？所以，假使眞的有成實論師說《勝鬘經》是不了義經，我絕對可以跟諸位保證，那位所謂的成實論師其實不是眞的成實論師，只是在凡夫位中自以爲懂得圓成實性的成實論者；都因爲他沒有證得如來藏，或者是因爲他證錯了如來藏。這就像現代的禪宗一樣，總是把意識當作是眞如心，就說他是禪宗的證悟者，於是寫了上百本書籍（案：聖嚴法師即是實例）；但眞正的禪宗不會把意識當作眞如心，而那些悟錯的人也自稱是禪宗，但是寫出來、講出來的卻是錯誤法義，根本不能代表禪宗。所以，這裡面有許多法義都必須要先探究才能下定論。印順常常這樣隨便下定論，很不負責，卻是很常見的行爲。

印順接著說：「聲聞中的大眾部，分別論者，是以心的覺性爲本淨的。」但是，聲聞大眾部的分別論者眞的是以意識心的知覺性作爲心性本淨嗎？我的看法不是這樣，因爲在大眾部中有一派人一直是承認有阿賴耶識的，他們稱之爲有分識；所以他們所謂的心性本淨說，不是指意識的心所法知覺之性，所以這也是印順扭曲了以後來講的；所以他的說法，我們不能接受。

印順接著說：「大乘中，如《般若經》、《中觀論》等，以爲此約善不善心的空性說。」請問諸位：你們明心後讀《般若經》、《中觀論》時，在《般若經》與《中觀論》中所說的心性是在講意識的善、不善心嗎？根本就不是，都是說第八識心：無心相心、非心心、不念心、無住心。所以，印順是把經文扭曲到很嚴重的！般若諸經，不論是《大品般若》、《小品般若》或者《金剛經》，乃至《金剛經》再濃縮以後成爲《心經》，講的是空無嗎？或是講心？（眾答：心）是心嘛！這個心卻不是意識心，因爲意識具足了眾生的覺知心相，不是非心心、無心相心。

把《大品般若》濃縮成爲小品，《小品般若》濃縮成爲《金剛經》，《金剛經》再濃縮就成爲《心經》，表示般若諸經的中心主旨是在說心。可是這個心，並不是印順所講的時善時惡的覺知心性，所以印順一直是用第六意識來套到經論中的第八識頭上，然後扭曲來解釋。

不但如此，第三轉法輪諸唯識經中都明講有第八識，而且明說這第八識出生了前七識，也出生了五色根等等，這樣的經，不論怎麼說都是最究竟也最了義的經典，印順卻橫加否定而說是不了義說。用一句不了義說推翻掉以後，印順認爲自己的問題全都解決了。可是他卻不知道，當他把自己這個問題解決的時候，自己已經少掉一條腿了！可是他完全不知道自己受害了，始終沒有發覺，卻得意洋洋地一本又一本書寫出來。發行流通於台灣的《妙雲集》四十一冊書籍，其實是缺了一條腿的，而剩下的那一條腿又正好是殘障：因爲他把大乘法否定後，就只剩下解脫道一條腿了；不幸的是他所說的解脫道又是誤會的解脫道，與阿含講的大大不符，使他唯一剩下的單腿也成爲斷滅空的本質，違背涅槃眞實、常住不變的事實，當然他那一條解脫道的單腿必然是殘障的。你想：有智慧的人，有誰會去學那種殘障的獨腿法？所以他所說的，你都需要先加以檢驗，不能把他所說據以爲實，因爲他所說別人的法義，都可能是先被他曲解以後再引用的。因此，他說的《般若經》、《中觀論》，都是從意識的善、不善心的無常空來說；這是錯誤的說法，因爲法界中的眞相明明不是這樣。

印順又說：「一切法本性空，自性清淨心者，清淨就是空，空就是清淨。」

所以，印順所謂的空性就是意識：**只要你把意識清淨了，不起貪染心所，這個意識覺知心就是空性、就是眞實心**。這就是他的悟處。印順自認爲有開悟，他自認爲是實證者而不是佛學的研究者；然而他所謂的證悟，是證悟什麼呢？只是意識。但他有時又落入意識的心所法中，認爲直覺就是眞如心。印順有時候說意識清淨了就是眞如心，有時候又說眞如心是直覺，他究竟是承認哪一個呢？因爲直覺跟意識還是有不同的。直覺是意識的心所法顯現出來的功能，譬如我拿一個東西突然丟過去，你會直接閃開；當你直接閃開之前，並沒有經過思惟，你看到的當下已經知道應該閃人了，這就是直覺。但直覺只是意識的心所法。那麼究竟是意識心所法就是你印順所悟的眞如心？或者意識覺知心自體是你印順所悟的眞如心呢？印順應該要跟大家講清楚，可是他從來都沒有講清楚。

因此，印順認爲清淨了就是空，只要意識心修到沒有染污了，就是證空性了。所以，法鼓山的聖嚴法師會把印順引爲知音，不是沒有原因的；因爲只要把一切都放下了，沒有煩惱了就是開悟了。可是問題來了，沒有煩惱時的意識心仍然是意、法爲緣生的；既然沒有煩惱時的意識心—清淨後的意識心—仍然是意法為緣生，是生滅心；那麼在意識即是眞如心的情況下，顯然法塵也應該是眞如心囉？因為若沒有法塵，意識是不能出生的，所以法塵比意識更有資格稱為眞如心；同理，意根更有資格被稱為眞如心。可是人類的意識心在人間現前存在時，還得要有意根作為俱有依，才能存在及運作。這樣，好極了！頭腦也應該是眞如心，因為頭腦也是意識心的俱有依。哇！賺死了，我們大家都有好多的眞如心，似乎壞掉一、兩個也沒關係！然而，法界的眞相是不是這樣呢？所以，我眞的不知道印順所謂已經成為佛陀的智慧究竟是在哪裡？

印順又說：「**眾生的心是本性空寂的，一切法也是本性空寂的，所以說一切法及心自性清淨。**」可是印順所說的空寂，到底是怎麼樣定義為空寂呢？佛陀在四阿含中定義的空寂也就是寂滅、寂靜，這寂滅之中是沒有六識及意根存在的，也是沒有六塵存在的，這樣才能叫作寂靜、空寂，正是無餘涅槃中的境界。可是這個空寂、寂靜，既然是涅槃中的境界，而意識存在的時候絕對不可能是涅槃，那又怎能把清淨後的意識覺知心定義為空寂呢？既然連意識都不能定義為空寂，何況是意識輾轉所生的一切法或者意識心所法展現出來的直覺，又怎能說是空寂的呢？所以印順所說「一切法及心自性清淨」，都是不如實說。

印順接著說：「心性雖本來空淨，而以因緣有雜染煩惱，不礙自性空的緣生煩惱，不離法性空，即是法性空，無二無別，然由於煩惱，本淨（空）的心性，不得顯現，由此說心性本淨為煩惱所染污。」諸位！讀了這一段文字，設想一般人能夠眞的瞭解他的意思嗎？當你悟了以後讀他的這些話，你會知道他這些說法都只是在玩文字遊戲，可是沒有悟的人由於讀不懂，就會覺得印順法師說的法眞的很深、很難懂。所以，一個本來就是空性、本來就是自性清淨的心，竟然會因為外面六塵所生的因緣而起雜染煩惱；起了雜染煩惱以後還可以說是不妨礙自性空的緣生煩惱，這眞的只有他才能發明出來的說法。因爲這在語意學上絕對講不通，不論是諸佛所傳授的聲明或者國文教授、各級學校的國文老師，都知道他這個說法從語意學上是講不通的。又譬如，有人告訴你說：惡人雖然每天在造惡，可是惡人的本性是清淨的。這在語意學上講不通的，但印順正是講這種話的假佛陀。

印順說「不離法性空，即是法性空」，這不是廢話嗎？既然從來不離法性空，本來就已是法性空，何必要再加上說即是法性空？印順這樣轉來轉去，目的只是轉移你的焦點，然後你就會承認說：**由於煩惱，所以這個本性清淨的空性心沒辦法顯現，因此說祂是被煩惱所染污的清淨心**。可是等你悟得自性清淨心時，就不會同意他的說法了！因爲自性清淨心，不管祂的種子有沒有被染污，祂都是時時刻刻分明顯現的，沒有過一剎那間是不顯現的。可是印順說被煩惱所染污了所以不得顯現，這跟實證者的現觀是完全不同的，可見他是用意識心來解釋如來藏，才會說「**當祂被染污的時候，祂的清淨性就不能顯現**」。但是他扭曲了經義以後，把不淨的意識心套上經文所說的第八識如來藏，而說**祂由於煩惱，所以本淨的心性不得顯現**。可是實證如來藏以後，你會發覺所有人的如來藏時時刻刻都在顯現，而且時時刻刻都是自性清淨的；所謂的如來藏有染污，是因爲含藏了七識相應的染污種子，使得祂流注出來的七識心不清淨；可是祂配合七識在運作時，祂自己仍然是清淨無染的。但印順卻把如來藏本來清淨的自性，套在意識頭上；而《勝鬘經》中的說法與實證者的這種現觀，都與印順的說法完全不同。所以親證者與未證者之間的差異非常大，距離非常遠，使二者所說的法全然不同。

印順接著說：「**瑜伽學者，也約此義說。**」瑜伽學者眞的如印順所說這樣講的嗎？他又再度扭曲法義的大是大非了。瑜伽學者最有名的人是誰？是彌勒菩薩，接下來是 無著菩薩、世親菩薩、玄奘菩薩、窺基菩薩，後來的克勤圓悟也是，到今天我們一樣是瑜伽學者。瑜伽學者講的是什麼法？是八識心王的三自性、二種無我。可是瑜伽學者從來不是以意識心來說法，從來都依如來藏心，來宣說如來藏的本來清淨自性，來說如來藏所生意根的遍計執性，來說如來藏所生前六識的依他起性；由於如來藏具足能圓滿成就諸法（圓滿成就自身一切世出世間萬法的功能，而且具有出生遍計執性的意根諸法，具有出生依他起性的前六識諸法的功能），所以祂能夠圓滿成就世間、出世間萬法。並且是在實際上這樣來顯示：藉著遍計執性的意根、依他起性的意識等諸法，來顯示如來藏具足圓滿成就諸法的眞實性。這才是瑜伽學的宗義，也是古今禪宗眞悟者的現觀。可是，印順竟然說：**瑜伽學者同樣認為意識心是空性**。這是全然不顧事實的橫加扭曲，我們只能夠說：**印順眞的無可救藥**。

譬如 世親菩薩寫的《攝大乘論釋》，裡面列舉了七、八個理由作證明，然後作出結論：所以證明有阿賴耶識。印順卻把這七、八個理由扭曲解釋了以後說：所以世親菩薩的意思是認為沒有阿賴耶識存在。你看：論中明說有阿賴耶識，又舉了很多理由證明實有，所以結論說有阿賴耶識。印順卻全面扭曲為：世親菩薩的結論是沒有阿賴耶識。可以這樣子解釋人家的論著嗎？所以我要破斥印順，因為只有破斥他以後才能救眾生。如果不破斥他，會有很多眾生被他繼續誤導下去，然後會跟他一起造下破法的大惡業。我們如果不知道這個事情，可以不講他，也可以不救眾生；可是我們已經知道了，就一定要講、一定要救。如果有人明知道印順在害眾生，也知道許多眾生被他害了，卻反對我辨正法義救大眾，我只能送這類人四個字：「麻木不仁」。

有一些人老是以為我寫書都在罵人，但我何曾罵人？我寫的書都在救人，內容也是法義辨正。我所宗奉的是玄奘菩薩的八個字：若不破邪，難以顯正。因為正法都被佛門外道混淆了，我必須把邪說與正法的差異一一提出來辨正；把邪說的錯誤破斥了以後，正法才能夠分明的被彰顯出來。否則，一堆的魚眼珠中只有一顆珍珠，而你不把珍珠、魚眼的差異說清楚，大家反而會把所有魚眼錯認為是珍珠，其中獨獨一顆跟魚眼不一樣的珍珠卻成為異類，愚癡人將會把它丟掉，這就像經濟學上講的「劣幣驅逐良幣」。

諸位要有這個正確的觀念，遇到有人指責我是在罵人的時候，請你反問他：「一整盤的魚目裡面只有一顆珍珠，而你沒有能力去辨別。當人家告訴你魚目與珍珠如何辨別時，你喜不喜歡聽？」如果他聽了你的話而不答腔，那就表示他其實已經知道問題的所在，只是因爲迷信與僧衣崇拜而故意亂講罷了。那你就告訴他：「你如果不想要那一顆唯一的珍珠，只想要那一堆魚目，那你可以不必聽人家作法義辨正。」這樣講就夠了！不必這樣說：「你怎麼那麼愚癡！人家告訴你怎麼找珍珠，你還不要。」千萬別說對方愚癡，因爲他被罵愚癡以後，心中不痛快，還眞的會故意愚癡到底，下地獄也沒關係。眾生往往是這樣的，所以你一定要顧慮到他的面子；當他面子顧慮到了，才會得到裡子。面子若沒有先幫他顧好，他是不想要裡子的。

印順接著說：「然鄰近大眾分別說的眞常唯心論，如本經，所說即略略不同。」眞的有略略不同嗎？大眾部分別說，所講的是有分識；這是因爲有分識在四阿含中早就講過了：識入胎、住胎，所以出生了名色。這個入胎、住胎而出生名色的識，當然不可能是第七識意根，更不可能是第六意識，當然是第八識。這個識既然是名色因、名色習、名色本，那不就是有分識嗎？

難道那個有分識會是入胎以後依五色根爲緣才出生的意識嗎？當然不是！所以印順又把大眾部分別說所說的眞常唯心又扭曲了！先扭曲了以後，用來配合自己的理論，是他一貫的手法。所以大眾部分別說的主張，其實是與本經的主張相同的，不是印順所說的不同。

印順又接著說：「心性本淨，或自性清淨心；當然約如來藏法性空說。」又扯上如來藏了：印順用一大堆意識的法性，把祂當作如來藏。他的意思是在告訴你：如來藏心不是眞實有，在佛教中沒有如來藏可證，如來藏只是一個方便說，是爲了接引那些恐怕落入斷滅空的人們而作的方便說，如來藏其實就是緣起性空。這就是他要告訴大家的理論，所以他講了一堆的意識自性以後就說：這個意識所生的諸法都是法性空，這法性空就是如來藏。所以回歸到我們在前面舉證他所寫的證據：什麼叫作如來藏？如來藏就是緣起性空。可是這樣一來，阿含完整的解脫道就被他割裂了，阿含法義就支離破碎了！太虛大師責備印順把佛法分割到支離破碎，一點點都沒有冤枉到他，因爲他確實是這樣的。

由此可知，末法時代，想要證悟如來藏非常困難，得要有很大的福德因緣：有的人是過去世種下了很大的福德因緣，有的人則是在這一世才開始作。但是，只要有開始作了，此世或來世就一定有機會可以證。重要的是四個字「趣法次法」，要趣向法與次法。法，在二乘法中來講，就是解脫之道；在大乘法來講，法就是成佛之道，函蓋了二乘的解脫道。可是單單學「法」，你就能成佛嗎？不行！單單學解脫道的法就能成羅漢嗎？也不行！還要有學法時所應配合的次法；所以，趣向法與次法，是很重要的。

那就是說，親教師給你的教導，你應該要奉行，不應虛應故事：你教我努力作功夫，我作了；教我努力去參禪，我作了；可是教我要修除五蓋，對不起！這個我不想作；教我要培植福德，我也不想作；叫我要廣結善緣，我一樣不想作。次法不肯同時修，如何能成就解脫道？次法不肯行，如何能發起菩薩性而證悟？不可能的！所以在大乘法中是與二乘法一樣的，在四阿含中佛陀常常講到：趣法次法。趣，就是趣向那一邊，要趣向正法與次要的法。大乘法也一樣要趣向正法與次法：能配合你修證正法所需要的其他諸法，都要去實行。必須要如實去作，你才能夠在解脫道或佛菩提道中有所親證，那麼你辛苦來人間一趟，就沒有白來了，因為眞實的大乘道很不容易遇到。一旦遇到了，你要怎麼樣去把握？是很重要的事。

有些人，我知道他心裡面其實是有些懈怠的，他的想法很簡單：「**我只要每一世都跟著老師您就好了，不必憂愁什麼。**」可是，我這一世出來弘法（我上一世沒有出來弘法，只度少數幾個人而已），若是因緣沒有成熟，未來世我不會出來弘法的。因爲我沒什麼企圖心，不會想要出來開創一番佛教的局面。今天卻是已經剪了頭髮，不得不要洗頭；既然這個擔子挑下來了，我當然不得不作。可是我不一定每一世都會出頭，也許我下一世再出生來人間時，會當你的徒弟（不曉得會當上誰的徒弟），就只是安安份份的自修，絕不會強出頭。那時，你要到哪裡去找我？你根本不知道我在哪裡。縱使知道了，也不一定能找得到我。

既然有因緣，我這一世不得不冒出頭了，那你們就好好用功去學，不要懈怠；因爲下一世你不一定碰得到我，我說的是老實話。當然我還是會在娑婆世界，但不一定同樣在這個星球。我會到哪裡去？我也不知道，（導師指著身後的佛像說）要問祂老人家，因爲我自己並沒有自己的打算。所以好的經典你遇到了，好的法你遇到了，並且已經有很多人爲你證實確實是可以親證的，你就應該要把握。能夠遇到明心又可以見性的禪師，在天竺及中土的佛教歷史上本來就很少的；你既遇到了，可得要好好把握，那就得要回歸到「趣法次法」。法與次法你都要兼顧，否則沒有辦法成就的。

【勝鬘夫人說是難解之法問於佛時，佛即隨喜：「如是！如是！自性清淨心而有染污，難可了知。有二法難可了知：謂自性清淨心難可了知，彼心為煩惱所染亦難了知。如此二法，汝及成就大法菩薩摩訶薩乃能聽受，諸餘聲聞唯信佛語。」】

講記：【勝鬘夫人說了這一些很難令人理解的法，來向佛請問的時候，佛就隨喜說：「就像妳講的這樣啊！就像妳講的這樣啊！這個自性清淨心而竟然有染污，眞的是很難使人能夠了知的。有兩個法很難了知：第一、是這個自性清淨心究竟在哪裡？很難了知；第二、這個自性清淨心竟然會被煩惱所染污，眞的也是很難了知。而這樣的兩種法，只有妳勝鬘夫人以及成就大法的大菩薩們，才能夠聽得懂而且能受持；至於其餘的人，譬如那些不迴心大乘法的聲聞人，只能相信佛所說的話而不能了知。」】

由這裡可以知道，這個第八識害人不淺：祂使古今禪宗求悟者如喪考妣。若不懂禪宗的禪即是般若，不懂禪宗的證悟即是證如來藏而現觀祂的眞如性，就無法證悟般若。可是祂很難實證，所以多少人參禪一生都悟不了，到老抱恨而終，因此說祂害人不淺。雖然害人，你卻不可以想要把祂丟掉；因爲你若丟掉祂，其實是滅盡自己而入無餘涅槃。可是你行的是菩薩道，當然不能捨棄祂而入涅槃，捨棄祂也就沒有道器來利益眾生了。而如來藏這個法確實很難了知，難了知的部分有二：第一、如來藏心到底在哪裡，很難找到；第二、這個如來藏心既然是自性清淨的，爲什麼卻有煩惱雜染？

這兩個問題，其實就像一張紙有兩面一樣，只要你這一面解決了，另一面也就解決了。你只要把這個自性清淨心找出來了，自然就可以看見是由祂含藏著我們，原來我們五陰都是在祂裡面，不曾離開過祂；我們五陰從來不曾在祂的外面運作，一直都在祂裡面；但是祂配合我們在運作時都是清淨的，而祂出生了的我們卻是染污的。原來我們都被含藏在祂裡面，我們是由祂的種子流注出來而成就的，而我們是染污的；祂分明是清淨性的，可是我證得這個清淨心而轉依祂，我決定現在不想打妄想了，妄想卻還是繼續生出來；我現在不想生氣、不想貪，可是貪心還是又生出來了！可是生氣、妄想、貪，都不跟如來藏相應，都是跟我們自己相應。只要你找到了祂，你就可以這樣現觀，親自證實祂的所在，也親自證實祂的自性清淨而又含藏著我們五陰相應的各類染污種子。所以，這個難可了知的二法其實就是一法，問題是很難找到祂。

大乘中的學佛人，如果學佛學到苦苦惱惱的，總覺得三藏法教浩瀚如海，不知從何下手，都是因爲找不到祂才會如此；找到了祂以後，自然是就路還家：知道浩瀚如海的三藏法教都是從祂而來的，都以祂爲根本，於是越學越高興、越快樂，不再有煩惱了。可是絕大部分的人都是找不到祂，所以有煩惱；譬如有人去問老趙州：「**如何是佛？**」參禪人當然要問：「**如何是佛心、眾生心、如來藏？**」老趙州就回答說：「**與一切人煩惱。**」還眞的是給人煩惱。那你也許說：「**老趙州爲什麼不答人家的話，還說佛是給人煩惱？**」但我告訴你：**他眞的答了，他已經告訴你如來藏在哪裡了**。會的人聽了自然會，不會的人還是不會；因爲這是諸佛世尊甚深密意，所以必須要隱覆而說。因此，這個自性清淨心的所在，如果你找到了——把祂找出來了，就沒有勝鬘菩薩所說的「**難可了知**」這回事了，剩下的是深入了知祂的別相以及祂所含藏的一切種子；但是至少這二個難可了知的妙法你已了知了，因為你可以現觀祂確實是自性清淨的，可是卻含藏著許多染污的種子，而染污種子是跟我們蘊處界相應，從來不跟祂相應，所以祂還是自性清淨的。

昭慧對如來藏心的信心不夠，有時信有、有時又不信，後來還是回到六識論中，所以有一年在香港演講時這樣批評：說什麼第八識**自性清淨又有染污，自性清淨的心怎麼會有染污**？她這樣提出質疑。可是 佛說了：「**這兩個法難可了知，誰能夠聽得懂而受持祂？只有妳勝鬘夫人以及成就了這個大法的菩薩摩訶薩。**」請問：你證得這個如來藏了，能夠聽懂而受持，那你是不是菩薩摩訶薩？是不是？（大眾答：是）對嘛！應該要敢答嘛！因為這是 佛說的，證得如來藏的人才能聽懂這個密意，能夠聽得懂才能受持，聽不懂就無法受持；只要聽懂了以後，遇到有人這樣問，你就能講出來，不必依靠記憶。我的記憶最差，可是我不必靠筆記來講經，我就是拿著經文直接宣講。如果是靠筆記，可得要一頁又一頁不停地翻；兩個鐘頭講下來，至少也要翻上十幾頁吧！但我兩個鐘頭講下來，不但沒有翻頁，而且還是在講同一段經文呢！

這意思就是說，聽懂了就能受持，聽不懂的人得要靠記憶，就常常會漏失、忘失。現在 佛說：能夠聽懂而受持，那就是成就了大法的菩薩摩訶薩。請問：菩薩摩訶薩是不是勝義僧？（大眾答：是）嗯！要像這樣答，才像菩薩摩訶薩嘛！一般人，如果指稱他們是勝義僧，他們都不敢應答的。他們不敢應答是正確的，因為應答了就會成為大妄語；可是你們應答更是正確的，因為確實能聽懂而受持。能聽懂而受持，就是已經成就大法的菩薩摩訶薩。

「可是諸餘聲聞，」就是指聲聞法中專修解脫道的初果到四果人，不管他們是信行、法行，乃至於信解脫、身證、俱解脫、慧解脫等等，不管是哪一種，「都只能夠仰信佛所說的話：確實有自性清淨心而有染污的第八識如來藏，而我不能證得。」

可是初果到四果的聖者雖然不能證得，他們卻是於內無恐怖，因為信佛語故。佛保證說：確實有這麼一個心，你將來入了無餘涅槃以後，祂是眞實存在的，永遠常住不滅的，所以你入了無餘涅槃不是斷滅。他們雖然不能證得，可是心中仍無恐怖，因為篤信 佛的教誨。可是有的比丘於內有恐怖，

聽聞　佛說「有這麼一個常住心」他想：「而我不能證得，是否眞實有？」這可不是大乘經講的，而是阿含中講的法義。所以，遇到那一些印順派的法師、居士們，我有很多道理可以堵他們的嘴，讓他們無法開口；他們沒辦法跟我講話的，因爲我會都用阿含跟他們說，而阿含所講的與他們所知的阿含完全不同。於內有恐怖，是他想要證這個心，可是證不到；他又想斷我見、進而證四果入涅槃，可是又想到說：「這個心到底是不是眞實有？萬一佛說的不是眞的，只是安慰我的話，那我把自己滅了，豈不變成斷滅空？」所以於內有恐怖。如果他對　佛所說的話具足信心而不懷疑：「佛既然告訴我眞的有這個心存在，祂是無餘涅槃的本際，那我入了涅槃把自己滅盡了，不是斷滅空。」正因爲他相信　佛的話，所以他雖然沒有證得這個本性清淨的如來藏，仍然於內無恐怖。換句話說，對　佛的聖教有所懷疑就會於內有恐怖，因此就斷不了我見與我執。這就是阿含中講的比丘於內有恐怖跟於內無恐怖的兩種差異所在。

可是你們來同修會學，一方面聽信佛語，一方面我們又幫你實證內心如來藏；你證到這個心以後，觀察祂分明存在而且永遠無法壞滅祂，於是不會再於內有恐怖了。因爲於內無恐怖，所以就於外無恐怖：「蘊處界雖然是虛妄的，但是如來藏眞實心存在而常住，我的大悲願也因此而存在及常住，我將會繼續受生而一再的證悟，世世繼續利樂有情，終究會成佛。」這樣就於外無恐怖了！所以臨命終要離開時，還能愉快的跟大家揮手說再見。對呀！我們一位同修就這樣，台中詹欣德老菩薩就是這樣啊！剩下最後一口氣，知道該走了，就跟大家揮手說再見，然後才走。他是愉快而無牽掛地走了。

豈有此理！死亡時還有高興的人？有呀！怎麼沒有高興的？這就是於內無恐怖，因此導致了於外無恐怖——對外法五陰自己的壞滅都無恐怖。這是緣於對內法如來藏的實證而產生於內無恐怖的智慧，因此他走的時候根本不牽掛外法五陰即將壞滅，也不牽掛我所，到了中陰境界時該如何入胎也都了然分明，確定自己下一世能繼續行菩薩道，才能心情愉快而離去。所以這個法眞的很勝妙，必須是已經成就這個法的人，才能稱爲菩薩摩訶薩；沒有證得這個法而自稱爲大菩薩，甚至於自稱成佛，都是大妄語人。

如果想要在這一世就成爲菩薩摩訶薩，正覺同修會就是現成的、最好的機會：從有中國佛教以來，沒有過這麼好的機會。我說的是眞的，因爲我往世雖然也度很多人，但是比起現在，眞是困頓很多、很多倍的。我們現在算是最好過的日子，往世不曾擁有這麼好的機會，這個機會要好好把握。怎麼把握呢？也許到我走的時候已經有一千個人明心，我在想，這是很可能的，因爲每年春秋兩季的禪三都固定有一些人能證悟如來藏而出生般若智慧；而各班親教師們教學又很認眞，並且又廣設了進階班，把可能不懂的地方再作補強，只要能到禪三去精進共修幾次，要說這一世悟不了，也是很難的。

你們未來世如果當佛教研究學者，你可能會去考證：**一百年前台灣有個正覺同修會怎麼樣復興了佛教，而我們都曾經是參與者。**你們都要自己有參與感，你如果沒有參與感，想要成爲菩薩摩訶薩是很困難的，因爲這表示你的菩薩性還沒有生起。所以如果身在會中，心卻是自外於同修會的，當你不能與所有同修齊心合力來荷擔如來家業，這表示這心態中還是屬於聲聞人，就是自了漢。聲聞自了漢，想要平白得到菩薩的根本大法，是沒什麼機會的，這一點諸位一定要記住。只有菩薩性生起了，你在參禪上面的證悟才不會有遮障，否則遮障會非常多的。因此諸位應該要發心，凡是還沒有破參的人，一定要發這個心：**「我從今日起，立志要當菩薩摩訶薩。」**當你勇猛的發了這個心，就會把大乘中的法與次法一體奉行；一體奉行以後，要證悟就容易了。因爲當你具足了菩薩種性時，你縱使心中這樣想：「沒關係啦！我等候第三次、第四次禪三再悟就好了。」但是菩薩還會盡力把你拉拔出來，因爲你的菩薩種性已經圓滿了，已經具足了，那就得要幫你證悟了，你是不求也會自得。所以諸位要記得這個發心，待會兒講經完了，就在佛前發發心。

這才是眞的發心，不是說：「拜託你發發心，幫忙把它吃完。」那不叫發心（大眾笑…），那叫作發四食。眞正的發心是在法上，要怎麼樣發起菩薩深心，這才叫作發菩提心：立誓要成爲菩薩摩訶薩。可是成爲菩薩摩訶薩的條件是什麼？是福德與智慧，這兩個最重要；福德與智慧是相依相倚、相輔相成的，這部分得要發起來。立志要成爲菩薩摩訶薩，不是爲自己成爲菩薩摩訶薩，而是爲眾生去成爲菩薩摩訶薩。如果這個觀念能正確建立起來，證悟並不是什麼難事；因爲你縱使不曾急著想開悟，佛菩薩還不願意讓你處在凡夫位中呢！事實確是這樣的。

這一段經文中，佛所講的二法難可了知，印順如此註解：【根本的無明住地煩惱等，也是難可了知的。而說「彼」自性清淨「心，為」無明住地等

「煩惱所染」，染淨二法的互相關係，更是「難可了知」。（落在意識心中，就無法了知）眾生的心自性，本是清淨的，但為煩惱所染，雖為煩惱所染，而自性還是清淨的。論到這真妄的根源，以及真妄相關處，真是難可了知！（證得第八識心就不難了知）賢首家說的『隨緣不變，不變隨緣』，即可為此義的說明。為煩惱所染是隨緣（這雖也是隨緣的一種，但隨緣眞義實不在此），雖隨緣而自性清淨不變；雖不失自性清淨，而確是隨染緣，為生死依，起一切虛妄法。矛盾而統一，統一中存有矛盾，真妄的相關處，是如此。（所以佛學研究者就弄出了「多、一、無」、「從矛盾到統一，再滅除統一而歸於無」等學說戲論。）】（《勝鬘經講記》p.255 ~ p.256）（編案：引號中的明體字，是平實導師附加的評論。）

印順法師對佛法認知的偏差如此地嚴重，都是因爲他否定七識、八識而產生的；否定的原因，最主要的還是由於無法親證，所以認同了密宗應成派中觀師的六識論邪見；於是就不會想要求證如來藏了，當然不可能親證如來藏。既未親證如來藏阿賴耶識心，而此經講的偏偏又是第八識如來藏心，他當然無法瞭解勝鬘夫人所說的法義，於是不得不加以曲解。

如來藏心是第八識，是出生名色的心，所以是名色的根本；若沒有如來藏心就不可能有名色，沒有名色就不可能有名色的緣起性空可說，就不可能有二乘涅槃可證了，所說的緣起性空也就全都屬於戲論而不可能實證聲聞解脫果了。至於這部經中所講的自性清淨心的所在很難了知，自性清淨心而有染污的實相也很難了知，當然更不是否定第八識自性清淨心的印順所能了知的了。因爲他從來不知道自性清淨心如來藏的所在，如何能了知祂在何處？既不知祂在何處，就更不可能知道祂的自性清淨，更不可能現觀祂自性清淨卻又含藏著七識心的染污種子，當然無法生起般若實相智慧。在全無般若實相智慧的情況下，卻又大膽的來評論諸宗、諸派的法義，連諸宗諸派的法義都無法弄懂的情況下來作出評斷，當然不免武斷，於是後來被證悟的菩薩評論時，也就不能回應而只能默然無言了。

在完全沒有實證的情況下，卻大膽的註解實證的佛菩薩所說的經論，譬如評論賢首宗的「不變隨緣、隨緣不變」，一定會讓家裡人笑掉大牙；然而「不變隨緣、隨緣不變」，對於禪宗實證如來藏的人而言，卻只是最基本的現觀境界，沒什麼希奇古怪可說；對於如來藏作爲生死的所依，乃至對於如來藏是三乘菩提根本依，也都可以親自現觀而證明無誤。這樣一來，貫通三乘菩提，了達不二的如來藏其實函蓋了二法、多法、無量法，也就不會有聖嚴法師的「多、一、無」等戲論禪的演說了，佛門四眾也就可以遠離戲論而進到眞見道位，實證根本無分別智；也就有能力轉進相見道位而增加後得無分別智，次第進修以後就可以轉入諸地中實修十度波羅蜜多，世世次第前進而邁向佛地。所以說，實證如來藏才是一切大乘佛法學人的首要之務；千萬別像印順一樣隨著密宗古時凡夫祖師一樣妄說法義，大膽否定如來藏，否則的話，乃至驢年到來時，還是會與大乘佛法的實證無緣的，這是佛教界所有人都應該注意的。

〈眞子章〉第十四

【「若我弟子隨信、增上者，依明信已，隨順法智而得究竟。隨順法智者，觀察施設根、意解、境界，觀察業報，觀察阿羅漢眼，觀察心自在樂、禪樂，觀察阿羅漢、辟支佛、大力菩薩聖自在通。此五種巧便觀成就，於我滅後未來世中，我弟子隨信增上，依於明信，隨順法智。自性清淨心，彼爲煩惱染污而得究竟；是究竟者入大乘道因，信如來者有是大利益，不謗深義。」】

講記：這一章講的是眞子，眞子兩個字意義深遠，怎樣才是 佛的眞子？怎樣是假子？既有眞，當然就有假；若不是因爲有假子，就不會講眞子。什麼人是 佛的假子？聲聞阿羅漢即是假子。爲什麼說阿羅漢不是 佛的眞子？因爲 佛來人間示現的本意，不是要人出家修行只求自己出離生死，佛來人間的本意是要度一切人，不論出家或不出家，除了要你證得解脫以外，還要將來能成佛；在成佛以前，一世一世繼續自利利他，永遠不入無餘涅槃，這樣的人才能夠把 如來的家業挑起來。能夠挑起 如來家業的重擔，才是佛的眞子。請問：阿羅漢能不能把 如來家業挑得起來？他們挑不起來，一方面他們不願意挑起這個重擔，因爲太辛苦、太累，也太長久了。阿羅漢們光想到這一世出生那麼苦，成長過程也很辛苦，長大以後生活也很辛苦，而且免不了病痛，免不了求不得、怨憎會等苦，最怕的是五陰熾盛，不斷地死了又生、生了又死，所以他們捨壽後無論如何都要入無餘涅槃。假使每一個人都只修解脫道而不修佛菩提道，大家都修成阿羅漢果，死後都入涅槃，你想阿羅漢的人數會越來越多嗎？只會越來越少，所以阿羅漢沒有辦法承擔如來家業，連自家解脫道的永續弘傳都隨著年代推移而產生後繼無人的現象。

　　接著來探討看看，如來的家當有什麼內涵需要他們來挑？因爲善知識們常常講：「**大家要荷擔如來家業，要把它挑起來。**」可是如來家業中到底有什麼家當？一定要先弄清楚。如來的家業主要是兩個：主要的是佛菩提**法**，其餘諸法是爲了使佛菩提法久存而應該維持的，即是**次法**。**法**又有兩個主要的內涵，第一是解脫道，第二是佛菩提道；**次法**則是人天善法所攝的五戒、十善，以及爲了完成解脫道而應該維持的聲聞戒，爲了完成佛菩提道而應該維持的菩薩戒及禪定……等法；這些都是如來家業的內涵。

再來看如來的這些家業，有誰能挑得起來？先從次法來說好了，說生生世世在人間教導眾生，持五戒保住人身，修十善可以得天道的果報，修禪定可以生到色界天、無色界天；這些是人天善法，是如來家業中的次法而不是主要的法。這個部分，阿羅漢在世時還是可以隨緣而說，但不能像菩薩一世又一世來人間為人解說。再談到主要的法——解脫道與佛菩提道；解脫道的法，阿羅漢捨報就入涅槃，所以人間的阿羅漢將會越來越少，到最後阿羅漢終於像現在一樣的消失不見了，又如何能紹繼羅漢法？

有好多南傳佛法的人堅持說南洋現在還有阿羅漢，可是那些最有名的、修證最高的人來到台灣弘法時，你們可以看得出來：他們沒有一個人是已斷我見的。譬如當代極有名的阿姜查、阿姜通，或者往前推溯到阿迦曼，從他們的開示中來判斷，都顯示他們還沒有斷我見；他們所說的法義，以及他們弘法過程中所說的開示，全都落在我所的除貪上面。再不然，繼續往前推溯五百年前的覺音（佛音）論師，他寫的《清淨道論》三巨冊，南傳佛法中的許多人都非常推崇，印順派的許多法師們也一樣推崇過這部論著。可是覺音的《清淨道論》能不能講到如何斷我見呢？講不到！都在我所上面講，可見他連初果都沒有實證，能夠說是阿羅漢嗎？不行！

現在且不管他，假設眞的有阿羅漢果好了，他能夠具足把阿含的眞實義講出來嗎？作不到！反而是我們在弘揚佛菩提道的菩薩，能把阿含的眞實義具足講出來，使阿含解脫道的法義得以久住於人間，而他們無法荷擔這個任務。有智慧的人看到《阿含正義》的目錄也就知道菩薩的智慧了，假使他們還想要講什麼，自己先打量一下，看自己有沒有能力講解那些法，自然知所進退了。所以你要寄望於聲聞阿羅漢們把解脫道具足的流傳下去，其實沒有希望；反而菩薩能夠世世再來人間，把佛的解脫道具足的流傳下去；只要經典還在，菩薩所說的解脫道就無法被否定、推翻，就可以繼續流傳。如果今天阿含部的經典不在了，我把《阿含正義》寫出來是沒有用處的，他們會罵：「**那都是你自創的一家之說！**」好在還有阿含諸經在。

由此看來，佛的家當中，即使淺如解脫道的法義，還是要靠菩薩來弘揚，才可能傳之久遠。人天善法我們講得很少，是因爲我們想：人天善法可以留給那些表相佛教的道場去弘揚，所以我們講得少。因爲我們把諸位看得很高，你們來正覺修行，就是要證初果斷三縛結，接著就是要明心，還要眼見佛性，那些初級佛法留給他們去弘揚就好。可是初級佛法中的人天善法十善業，我們有時也不得不講；因爲他們把十善業也亂修一場，把藏密的雙身法常常用在與異性徒弟合修上面，這樣當作是在利樂眾生，那還能叫作善法嗎？所以我們還得要出來辨正一下。而且人天善法的天法中，還有禪定的修持，他們誰能出來教人家證初禪、二禪、三禪、四禪？一個也沒有。以前曾經有號稱已經證得第四禪的人，追究之後竟然連初禪都沒有證得，可見聲聞人是無法荷擔如來家業的，而聲聞解脫道的法義能否久續弘傳？還是得要依靠菩薩常住人間代爲弘傳的。

再來看　佛的主要法——佛菩提道。佛菩提道實證的第一關就是明心證如來藏，而如來藏到底在哪裡，誰能眞的實證？誰都不行，還是要菩薩呀！阿羅漢根本就弄不清楚自性清淨心爲什麼有染污，所以佛菩提法還是要菩薩來弘揚。證得自性清淨心的所在，也能現觀自性清淨心而有種子染污，證得這二法以後，接下去就是要通達般若智慧，通達了才能進入初地，這還是要靠菩薩；到了初地以後如何地地增上？能使人成就佛菩提的十度波羅蜜，還是要靠菩薩來弘揚，因爲辟支佛作不到，阿羅漢更作不到，這樣看來，是誰能荷擔如來的家業呢？其實就是諸位嘛！所以聲聞阿羅漢不是 佛的眞子，只是從表面上看來似乎是佛子，其實不是眞的佛子。

不過「眞子」還有廣義與狹義的定義。廣義的定義是說，你只要證得如來藏，能夠隨信、能增上、能得究竟信，心中不再懷疑搖動，這就是眞子。如果是狹義的定義，那就得要入地了，地後才算眞子，這是狹義的定義，也是根據華嚴而作的定義。華嚴的定義是說，入了初地以後，不管你在家出家，只要入了初地就是生如來家、成眞佛子，因爲他一定可以荷擔如來家業；不論你把他派到娑婆世界中的哪一個星球去，他都可以從無到有，把佛教建立起來，這才是 佛的眞子。可是如果廣義的說法，你剛證悟而不退失了，可以開始隨分弘法，就已經是眞子了。而這一章所要講的，就是在說明如何才是 佛的眞正親子，而不只是一個表相。所以〈眞子章〉所說的內容，足以讓我們作爲根據，來楷定 佛陀眞子的定義。但是，諸位可以先作一個簡單的定義：只要證悟如來藏了，並且發起菩薩性而不會想要急著依如來藏去取涅槃，你就已經是眞子了。

我們接著講《勝鬘經》，上週把〈眞子章〉的眞子二字意思解釋過了，接下來進入經文。佛開示說：「如果我們佛門中的弟子們能夠隨於信而增上的人，也就是說，他從信根中已經生起了信力，所以信增上了。信增上以後，依於確實明白而不是無明所遮障的正信，之後隨順於法智而能夠究竟了知第一義諦。也就是說，由於增上的明信而能獲得見道的功德，這樣的隨順法智的人，他能夠觀察蘊處界的種種相，特別是在十八界的種種法相來了知眾生我的虛妄，也能觀察業報——也就是滅除因果上的異熟愚，還能觀察阿羅漢的慧眼能了知哪一些法，並且能觀察菩薩所證眞實心的自在性而有了眞心常住的喜樂，並且依於般若正理的靜慮而深入於法義中獲得禪思靜慮之樂，進而能觀察阿羅漢、辟支佛，以及三地以上——特別是八地菩薩的聖自在通。這五種善巧方便的現觀成就了，在我釋迦牟尼佛入滅後的未來世中，我的弟子們隨著實證而引生的信增上力，能夠依於正確而無愚癡遮障的信力，就能隨順於法智。由於隨順法智的緣故，所證的自性清淨心，祂有煩惱種子的染污，而能夠確實的了知自己已經完成所有見道的功德；當大乘見道的功德圓滿了，就是進入大乘法中修學諸地成佛之道的正因；所以說，信受有如來常住法的人，相信如來所說常住不變法的人，有這樣的大利益，由此緣故而不會毀謗甚深極甚深的成佛法道所依的如來藏妙義。」

我們再來把它作一個詳細的說明，因爲單從字句上來理解，還是會產生誤會的。這一段 佛的開示是說：如果 釋迦牟尼佛的弟子們能夠隨於信根而繼續多聞熏習，使他的信根經由多聞熏習而產生了信力，這樣繼續增上以後才能夠獲得**明信**。這意思是說，在如來藏妙法上面，各人可能都有少許的信心，但也有人是全然不信的，可是也有凡夫菩薩不斷的在如來藏聖法中繼續多聞熏習，經過一劫乃至一萬大劫，而對三寶（特別是對大乘三寶）起了增上信心。由於增上信心，所以有了無所遮障的絕對信力，從此以後他只要一聽聞到如來藏的妙法，或者聽聞到明心與見性的法，就會莫明其妙的歡喜起來，以後假使再聽聞任何人對第八識如來藏的法義加以否定，他也不會信受。

這就是說，他已經有了明信了，明信就表示他對大乘三寶及大乘如來藏妙法的聞熏已經具足了，不會再被否定如來藏妙法的假名大師所籠罩；也就是說，他的信力是依遠離無明的聞智、思智、修智而成就的，不是仍在迷信、仰信的階段。明信具足以後，他就可以增上了。增上的意思是說，他開始尋找自己的如來藏妙心究竟何在；如果沒有隨信以及增上，就無法生起明信。

沒有明信的人，他對如來藏的修證不會具足信心和企圖心，他根本不敢想要開悟明心。所以，假使有人說某某道場有法可以幫助學人證悟，他第一個念頭是：「我不是那一塊料，我沒有辦法開悟。」假使信根好一點，他心中想：「那個道場眞的能幫人開悟嗎？我的根基是很好的，但不知那位大師是不是眞的證悟者。」這兩種現象是在末法時代一直普遍存在的。

現在又有一個現象還存在著，就是信比較不具足的人，他們的想法是：「有許多新興宗教都是興盛十幾年以後就不見了，這個正覺道場會不會也這樣？」所以也有人在等著看：「再過五年，正覺就有二十年了！如果那時正覺還存在，我就去學。」這就是沒有明信，因爲我們同修會的書，局版書跟結緣書加起來也有七十幾本了（編案：這是二〇〇六年十月講的。本書出版時已經有八十餘本了）。譬如檢驗黃金一樣，這七十幾本書也足夠檢驗了；可是因爲明信不足，所以還要從事相上再來觀察五年後還會不會存在：「萬一五年後出了個『眞』菩薩把正覺同修會塌了台，那我就可以慶幸：還好當初沒有去學。」不過那都是癡人妄想啦！因爲我可以打包票，將來假使有上地菩薩來了，他們將會支持我，不會否定我。假使有這麼一位上地菩薩來，我將會退下來，逮個機會休息了。那麼我也跟諸位一樣坐在下邊聽法，因爲那是千載難逢的機會，爲什麼我不跟他學法？所以明信是很不容易得的，有了明信才能進入正覺同修會來。如果明信不夠，進了同修會，聽到親教師常常會穿插幾句話：某某大師錯在哪裡，又有某某大師錯在哪裡。上課半年下來：「所有大師都錯了，就只有你們正覺對？」哎呀！煩惱眞的是越來越濃，濃得化不開，最後只好走人。假使精進一點，禮拜二又來聽講經：「這蕭老師也是一樣，每一次講經都說別人不對，只有他對，眞是豈有此理，天下人都錯，就你一個人對。」可是問題正好是：天下就只有我一個人對。

明信具足的人，想法就不一樣，他會從另一個方向來探討：「假使魚目跟珍珠混在一起，那個好心的老闆如果不告訴我怎麼樣分別魚目與珍珠的差別，我可能會把一堆魚目當作珍珠，高價買回家還當作是寶貝。結果幾千萬元買了頂級珍珠回來，竟然是大鮪魚的魚目。」但因爲很大顆，所以買得很貴，可惜並不是稀世的珍珠。「正好有個好心的老闆舉出很多種假珍珠——從大鮪魚的特大號魚目到小魚的魚目，都教導我區別出魚目與珍珠的差別，所以從此以後，我不會再去買到魚目，我只會買到珍珠。原來這個老闆不斷的說別家賣的是魚目，還眞幫了我的大忙。」有智慧的人就會這樣想。沒有智慧的人就想：「你這個老闆，一天到晚都說別家賣的是魚目，只有你家是珍珠。」反而責怪那個老闆沒有口德。我想，有智慧的人倒是希望這個老闆的口德越來越壞：「因爲他的口德越來越壞，我就越能分辨出什麼是好珍珠、什麼是魚目混珠。」其實那個老闆不是口德不好，而是幫助大家別花大錢買了魚目，是幫助大家不再受騙。他一再說明珍珠與魚目的差別所在，譬喻辨正法義：眞正的佛法是珍珠，假相佛法是魚目；經由法義辨正而使大眾普遍地有能力區別眞佛法與假相佛法。

所以有明信的人，他的想法觀念跟一般人不一樣；一般人喜歡聽人家說好話，不喜歡聽人家辨正法義。所以，那些人有時候一捐二十七億元，有時候一捐就是三億、五億，也有人一捐就是五千萬元、一千萬元，結果所買到的都是佛法中的魚目。雖然它很大顆（寺院很大、住持和尚很有名），然而畢竟只是鮪魚的魚目，那三公分大的魚目其實是不值一文錢的；可是只有一點五公分的圓澄澄的珍珠（寺院不大，住持正法者名氣也不大），個頭兒雖小，但它才是珍寶。所以，有明信的人都希望善知識說明了義正法與表相正法之間的差異所在，詳細瞭解以後，自己就有能力分辨、檢擇，從此以後就不會走錯路，這就是明信。

而明信的獲得，只有個辦法，要靠多聞與熏習。不是從主觀的看法去作多聞熏習，當有別人在評論某某人的法有錯誤時，我們得要把雙方的說法全部加以閱讀、思惟、理解，就可以比對雙方之間有什麼差異；這樣不斷的多聞熏習，這就是增上；由於隨信而增上了，所以才會有明信。有明信時終於知道：原來佛教般若的證悟就是在求證如來藏。這時候才會知道，原來禪宗的明心正是大乘法的開悟見道，所以就會從教門的研討，或是從靜坐修定法門，轉入參禪的階段。這就是依明信之後而產生的慧力的增上，表示他已經摸到路頭了，知道成佛之道應該要從什麼地方下手，所以他走入正確的禪宗裡求悟，不再落入意識一念不生、離念靈知的境界中。

所以，古來有許多講經說法的座主（有的座主年輕就開始講經），一生講了三十幾座經，那最少要五十幾歲了；當他講經很有名以後，卻往往罷講，因為越講越覺得心虛：原來講了三十幾座下來，都是在說食數寶。所以他想要有自己實證的正法來講了，再也不要說食數寶了，所以罷講而進了叢林去參禪。可是進叢林參禪，有利也有弊；弊是可能遇到假名善知識，是野狐冒充大禪師；利，就是遇到某一個禪師可能沒什麼名氣，但他是眞悟者，就這樣跟隨下去三年五載學禪；有的人很幸運，十幾年、二十幾年之後終於悟了；雖然只是明心，但已經很不簡單了。我們同修會成立以來，還沒有人學到十年才開悟的，以後應該會有人打破記錄。古時香林遠禪師跟隨雲門文偃整整十八年，他當雲門禪師的侍者，每一次上來服侍和尚，和尚就叫：「遠侍者！」他就答：「有！」然後雲門禪師就問他：「是什麼？」他既然茫無頭緒，和尚就不管他，叫他作事去。第二天上來又叫：「遠侍者！」「有！」「是什麼？」就這樣，叫他十八年。最後有一天，他一答：「諾！」啊！終於知道了！十八年才悟入，雲門禪師就說：「我從今以後，再也不叫汝了。」

有些人來同修會學法才不過三年，當他悟不了時就袖子一甩，走人了！你說他有沒有資格可以證悟？可見我們沒有幫他悟，是正確的。祖師們總是日日夜夜奉事和尚，不敢有絲毫怨言，那香林禪師是被和尚叫喚了整整十八年才悟的。我還不曾叫他在我身邊每天奉事我，只不過每週請他來聽經一趟、共修一回；這樣共修三年而悟不了，他就拂袖而去，可見因緣還眞的不具足。以古時叢林的求悟規矩及禪師的奢儉來講，我算是既寬鬆又奢侈，不像古來禪師手頭一向都很儉，我算是手頭最寬鬆的禪師了。但我漸漸的開始轉爲要求品質了，所以要求大家都要有正知見；要這樣子具足了明信，進到講堂來以後才不會退轉，否則中途都會走人。有好些進階班的同修們知道這個道理，所以進來學法五年、六年、七年，從來不報禪三，這表示他是眞實在修行的人。然後終於報名禪三，第一次就被錄取，第一次禪三就破參回來了，這些人當然是有他的因緣。這就是說，他已經具足明信，才能夠安下心來，完全不浮躁。

這樣依明信而繼續修學，終於有一天找到了大家都喜愛的那個祂——那是你最心愛的，你一天都離不開祂。熱戀中的年輕男女說「一日不見如隔三秋」，但是你對那個祂，卻是一刹那都離不開，哪能讓你一日不見？如果你一刹那離開了祂，一定會哭爹喊娘，因爲你一刹那都離不開祂，依賴得緊。一日三秋，其實不算什麼！找到了祂以後，要有智慧而能對祂生起忍心，忍受祂就是眞如心而不懷疑，能忍就叫作法智忍。你找到了這個法如來藏，能確實接受了，才叫作得忍。如果不能接受祂，就表示你對祂還無法生起忍德，於如來藏不起忍，不起忍就不會有般若中的法智；所以先要有法智忍，然後才能有法智。

當你找到了祂，能接受祂，就是能忍：對祂能安忍。有的人找到祂以後不能安忍，老是懷疑：你真的是我的如來藏嗎？心中懷疑時就是無忍，不能安忍就沒有法智生起，真實法的智慧就不能出生。所以找到如來藏心以後，先要有法智忍，然後才有法智。有的人找到祂以後覺得很痛苦：「怎麼我身上有這個東西，為什麼我從來都不知道。」所以他覺得好陌生，很陌生就覺得恐怖，於是禪師就罵他：「是你屋裡底，怕什麼！」被罵了以後想一想：「也沒錯，如果沒有祂，我還真的就沒命了，不曉得要死到哪裡去呢！」想一想，確實不該怕祂，所以就接受了，接受就是有忍。

有了這個法智忍，法智就開始出現了，然後就有一些般若智慧開始生出來：原來般若講的不生不滅等中道義，都是在講祂；原來般若講的不一不異，就是講祂跟五陰的關係以及怎麼樣和合運作。於是終於有法智了。所以法智出現之前先要有法智忍，對如來藏心要能安忍，不能接受就是無忍；無忍，佛法智慧就不能出現，佛法智慧出現了就是得到法智的菩薩。有了這個法智以後，深入去觀察，能夠隨順這個法智，就表示他已經不退轉於七住位的般若證境。不退轉就能繼續隨順，能隨順於法智，就表示他將會在如來藏的妙法上面繼續去深入現觀，使得般若智慧越來越深細。

當他把這個心體的總相與別相都理解完成了，也在現觀上面完成了，他的相見道功德就圓滿了。相見道位的觀行圓滿而具足後得無分別智了，加上他努力修集的福德，也就是護持正法及努力修除性障，心性已經如同阿羅漢一般了，這時只要在佛像前生起進修佛道、努力度眾的增上心，這時生起歡喜心而發起十無盡願了，就是初地菩薩了。這時就稱爲「**生如來家，成眞佛子**」，因爲初地菩薩已經得到 佛陀的許多寶藏了，而且有意願、也有能力承擔如來的家業，這時就表示他的大乘般若見道已經通達了。

二乘法的見道只是斷三縛結，包括確定蘊處界虛妄以後而作的現觀，最多不會超過一天。可是大乘別教的見道，從你觸證到如來藏而能安忍，生起了法智忍，然後法智開始出現；這時候知道了總相，也還只是眞見道罷了。但這時只有根本無分別智，接下去在別相上深入的現觀與探討，都只是在如來藏心的別相上探討，而不是在祂含藏的種子方面來探討。當如來藏心體的別相探討到圓滿了、究竟了，就是相見道位已經完成了，這時具足了見道位的後得無分別智，這叫作通達位；表示眞見道與相見道的所有內容都已經通達了，這就是初地菩薩。

所以見道的通達，從七住位眞見道開始，修到十迴向位圓滿而發起增上意樂，進入初地的入地心中，是很漫長的路。大乘菩薩斷除我見而現觀能取的覺知心自己與所取的六塵都虛妄時，相當於聲聞法中的初果位，這時只是第一大阿僧祇劫走完了三十分之六。悟了如來藏而能起忍不退，成爲眞見道位的第七住菩薩，接下來是第一大阿僧祇劫剩餘的三十分之二十三，全都屬於見道位——相見道位。由此可知，大乘法的見道眞的很不容易圓滿。人家聲聞初果的見道不過幾個小時，大不了一天、二天就結束了！大乘法的見道圓滿，卻是要一大阿僧祇劫的三十分之二十三，那究竟是幾年？根本無法計算。想一想，摸摸自己的腳底，看有沒有涼冷起來？聲聞種性的人一聽，腳底都涼了。可是菩薩並不怕，菩薩是從另一方面來觀察：假使大乘別教成佛之道的見道就要修這麼久，顯然修道位的法一定比見道位勝妙過無數倍，那麼大乘見道的法也一定比二乘法的見道勝妙過無數倍。菩薩想：「這就好像頂級的鑽石在跟黃金比較一樣，那我要拿鑽石，不要拿黃金。」這就是菩薩的想法。所以 佛的一切眞子，都必須完成這個過程，才能眞的成爲 佛陀的眞子；否則，自稱是佛子，都是空談。

接著就要說明什麼叫作「隨順法智」。隨順法智，一定是已經有了法智，你才能隨順。那又是什麼法的智慧呢？就是隨順於實相般若所依的如來藏心的智慧；有了這個法的智慧，將來能夠使你漸漸具備五個法，五法圓滿了才是隨順法智而**得究竟**。如果不具足這五個法，就是隨順法智而不能**得究竟**。他所隨順的法智，將會有五個功德：

第一、能夠「**觀察施設根、意解、境界**」。換句話說，初地的入地心一定能通達十八界法。假使他號稱已經入地了，簡單的十八界法竟然不能通達，還會把十八界法中的某一些法認定作眞實常住法，這就表示他無法「觀察施設**根**、**意解**、**境界**」。根，共有六根：前五根是有色根、是物質，後一根是無色根、是心。對六根一定要通達，如果連意根「是心、是無色根」都不懂，而說意根就是大腦或腦神經，那就表示他根本沒有入地，而且是未斷我見的凡夫。所以印順主張說意根就是腦神經，請問他有沒有入地？顯然沒有，連我見都還存在。

「根」是如此，對「意解」的部分也是一樣，**意解**就是講六識，只有六識能在所有境界上面產生意念而加以理解。假使把六識中的某一個識—譬如意識—細分成粗意識、細意識、極細意識，然後主張說其中的某一類意識是常住法。事實上，他是連我見都還沒有斷除的凡夫，連聲聞初果都無法取，何況能入地呢？此外，這識陰六識是怎麼出生的？要憑藉哪些條件為依才能存在及運作？他也得要懂。佛為什麼要施設這六識？他也要瞭解。然後再來談到**境界**，三界中的境界無非六塵境界，眾生心所能領納的都是六塵境界，所有境界都不離六塵。三界中的一切境界相又是怎麼生滅的？對於六根、六識、六塵等十八界的意涵，以及十八界法的生滅狀況，為什麼要這樣施設？必須都能夠有所瞭解。證得如來藏以後，能詳細通達十八界法的施設目的，就是悟後隨順法智應生起的第一項功德。

接下來是第二法：要能**觀察業報**。觀察業報，是說相信因果，對因果能夠深刻的信受。淨土經中也說，上品往生的人要能深信因果。為什麼要深信因果？表示他能夠在**無記愚**上面不懷疑——對於無記法能信受。一般人不能信受無覆無記法，他們只能信受有覆法、有記法。有覆法就是世間執著的法，有記法是有關善惡性的法。可是無記法，祂不理會善惡性；所有的善惡業種子，祂都不加以了別，一體收存。七轉識不論是造了善業或惡業，所有的業種，如來藏一體收存，都不曾了別之後再決定要不要收存；這個無記性的法，叫作阿賴耶識——如來藏心。祂對一切善惡業種都不分別，一體收存；只要七轉識造了業，祂就收存起來，從來不作利與害的分別，所以從來都不作取捨。哪怕七轉識造了必須下墮無間地獄的大惡業種子，祂也一樣收存，都不拒絕。

眞正要學成佛之道的人，對於這個無記性心的眞實存在，必須能絕對信受。假使不能信受有這樣一個無記性的心存在，就表示他無法觀察業報，顯示他有具足而圓滿的異熟愚、無記愚。對於無記性的異熟心完全不知或完全不信受的人，或者尚未實證無記心的人，都無法觀察業報，他會打妄想：「我去詐欺別人的錢財，殺人放火，誹謗賢聖；到時候我死了，那惡業境界現前時，我不理它，自己跑到天上去受生。」他會這樣想，不曉得到那時候由不得他了，因爲有一個無記性的心從來不作取捨；那些大惡業極重極大，所以先報；這時他想要生到天界去，根本看不到天界在哪裡，他所看到的就是惡業的環境，逼使他不斷地逃竄；終於找到一個可以躲藏的地方，沒想到原來是豬的肚子、牛的肚子，他進了豬、狗、牛的子宮去了。

往往有人在世間存著僥倖的心態，正是因爲他不能觀察業報，他有異熟愚（無記性的異熟法的愚癡）；可是異熟愚癡的由來，正是對於無記性心如來藏的眞實存在，抱著懷疑的心態，這就是無記愚。可是隨順法智而得究竟的人，也就是初地的入地心菩薩，能現前觀察自己所造一切業種，都不可能有所取捨；因爲自己無始以來都活在自己的如來藏境界中，沒有離開過自己的如來藏以外，所以那些種子不會落到如來藏外，都在自己的如來藏中：生也在如來藏中生，死時也在如來藏中死；投胎是在如來藏中投胎，成佛還是在如來藏中成佛。一切都離不開自己的如來藏，從來沒有離開過如來藏；所以他沒有異熟愚，也沒有無記愚，因此他能眞實觀察業報。這是眞悟者悟後漸漸會生起的現觀，不是思惟想像，這是第二種的功德。

到了大乘見道的究竟位——初地心，還有第三種功德：**觀察阿羅漢眼**。阿羅漢都說他們有法眼，可是菩薩卻說他們只有慧眼，因爲他們所謂的法眼是在蘊處界及心所法上具有法眼，但那都是生忍的部分，不屬於大乘無生法忍，所以菩薩不承認他們有法眼。阿羅漢的所見、所知與所證，入地心的菩薩沒有不能觀察的。假使有人不能觀察阿羅漢的所見與所證，而說他入地或成佛了，這是不可信的。所以有個法師捨報前同意人家把他的傳記取個副書名「看見佛陀在人間」，表示他是以佛自居的；可是他根本沒有能力觀察業報，異熟愚具足存在著，所以他把如來藏勝法否定以後，根本不怕下墮地獄，因為他認為如來藏只是施設，實際上沒有這個無記性的異熟心存在。

當印順把意識認定為常住不壞法，與　佛公然唱反調時，他心中根本不怕成就謗佛的惡業；所以他顯然還有異熟愚，當然更有無記愚。他把解脫道誤會了，認為阿羅漢入了無餘涅槃中，是意識細心還存在著。可是阿羅漢入無餘涅槃時是十八界全都滅盡的，沒有一絲一毫的意識存在；一切意識不論粗細，全部滅盡，這才是無餘涅槃，這才是阿羅漢的所知、所見以及所證。假使意識的細心可以存在無餘涅槃中，那絕對必須還要有兩個法：第一、無餘涅槃中必須還要有意識所依的法塵，第二、無餘涅槃中必須還要有腦神經，因為意識存在時意根一定還在，而他說意根是腦神經。你說荒謬不荒謬？

那麼，在這樣的無餘涅槃中，顯然是還有色法，也有法塵，才能使意識繼續存在。因此他的說法是全不可信的，可是那些愚癡人竟然會信受奉行。這在基礎佛法的阿含聲聞道中就已經講不通了，可是那些法師、居士們竟然信受奉行，能不能只用愚癡兩個字來形容他們？我認爲不足以形容，應該還要再加兩個字：極度。顯然，觀察阿羅漢證境的慧眼或法眼，古今所有應成派中觀師都是絕對沒有的。證嚴法師前幾年也在她的書上暗示說她是幾地的菩薩；可是入地的菩薩竟然還沒有斷我見，還在書中公然主張意識是常住的，這是連初果的慧眼都沒有的，顯然她對阿羅漢的所證也是完全不知的，顯示她完全沒有觀察阿羅漢的慧眼或法眼。入地菩薩每一個人都有能力觀察阿羅漢，一定有慧眼、法眼來觀察阿羅漢的所知、所證，這是隨順法智而到究竟位的地上菩薩一定具有的第三個功德。

另外，還有第四個功德：**觀察心自在樂、禪樂**。入地菩薩一定能現前觀察自己以及一切有情都有一個心是時時自在的，這個心的時時刻刻都自在，是悟前已經如此，悟後也永遠如此；是無量劫以前如此，未來成佛以後乃至成佛後無量無數劫時也仍然如此，永遠都是自在的。這樣的觀察就產生了心樂：原來一切有情都是唯我獨尊，都是永遠不會滅盡的，原來一切有情的法界都是不增不減的。由於如此的現觀而獲得自在，所以有**心自在樂**存在。

眾生也有少分這種快樂，只是不知不證這個眞實義而已，所以南傳的佛法中也說四種阿賴耶：愛阿賴耶、樂阿賴耶、欣阿賴耶、喜阿賴耶。並不是在大乘法中才這樣說的，而是南傳的二乘法中就已經如此說了：眾生都貪愛自己的阿賴耶識，對於阿賴耶識的存在，心中覺得很快樂。到了臨命終時心中覺得欣慰：「因爲我還有阿賴耶識常住，所以我死了不會斷滅。」因此而生起歡喜心：「我有這個阿賴耶識常住，所以我死後可以重新投胎受生而不會斷滅。」所以說眾生對阿賴耶識都是愛樂欣喜的：活著時愛、樂阿賴耶識，死的時候欣、喜仍有阿賴耶識。這可是南傳佛法《尼柯耶》說的。既然有這個心存在而他們證不到，沒有把握自己一定有這個心，恐怕死後斷滅，所以於內有恐怖：「佛說有這個內心，而我證不到。」所以茫茫然、渺渺然，無所入處而處在欣阿賴耶、喜阿賴耶的心境下死亡捨報了。

有的人根據這個道理就自以爲悟：「我只要離開了語言妄想、妄念，就是證得阿賴耶識而開悟了。」然後就期望要永遠無念，以爲無念時就是無餘涅槃；所以他準備在臨死時保持無念而成爲離念靈知，妄想離念靈知可以永遠存在而成爲涅槃，只因爲他的師父是這樣爲他印證的。等到命終時呼吸斷了、心跳停了以後，他就保持無念而想要入涅槃，卻發現自己越來越昏沉、越來越昏沉……。看來好像離念靈知是要斷滅了，這時才發覺說：「原來我被師父騙了！」可是已經來不及滅除大妄語業了，那時他想要趕快告訴他的師兄弟們，也是沒辦法開口了！這時只好抱憾而終，去領受大妄語的果報。這意思就是說，想要能**觀察心自在樂**，必須要先親證心，才能現前觀察如來藏心的本來自在、永遠自在，才有心自在樂；如果還沒有證得這個心，如何能夠觀察這個心的自在？就沒有這個**心自在樂**。

菩薩悟後繼續深入這個自性清淨心中觀察祂的種種別相，這叫作靜慮，靜慮就稱爲禪。禪，一般都只是在參禪中去找到祂，認爲找到如來藏心就參禪事畢了。可是眞悟的祖師們都不這樣認爲，反而主張說：你悟後還有許多法要學，一直到通達了，過了牢關，才告訴你「參禪事畢」。所以有好多祖師悟了以後，還跟著他的師父繼續學下去。甚至有人寧願一世都當首座而跟著師父學，不願意當住持，爲的只是想要跟他學法；古時也有這樣的禪師，因為這樣永續的修學下去，才能得到眞正的**禪樂**。所以禪門三關若可以具足證得，想要入地就很容易了。因為禪宗裡面雖然都在如來藏的總相與別相上用心，通常不涉及種智；然而單是如來藏的總相智與別相智圓滿，就足夠你入地了。

所以悟了以後並不是沒事的，一般人只知悟前如喪考妣，可是悟得徹底的祖師還會告訴你：「**悟後也是如喪考妣**。」因為你要如何把禪宗的修證在一生中完成，讓和尚向你恭喜一句說：「**你已經參禪事畢**。」這可不容易呀！因為禪宗的參禪事畢，講的是你已經能夠了生及脫死了，有能力不會再受生於三界中，才算是參禪事畢。有這樣的功德時才能夠獲得禪樂，所以有的祖師一天到晚喊著：「**快活！快活！**」不論遇到誰，都說：「**快活！快活！**」因為他有**禪樂**，他能**觀察心自在樂**。等到捨壽時，不為自己而為別人，卻反過來說：「**苦呀！苦呀！閻王老子來抓我了。**」徒弟們奇怪說：「**師父！您一生都喊快活，現在為什麼說苦？**」所以就問：「**師父！您當年被大官丟進水中時，都能神色自如。如今為何卻變成這樣子？**」禪師就提起枕頭說：「**你說：是當時的才對？或是現在的才對？**」然後就捨報了。這就是《金剛經》宗通。

可是他最後一著，終究還是沒有多度得一個弟子。爲什麼這些祖師可以有**觀察心自在樂**以及**禪樂**？因爲這一類祖師已經是入地了，才能這樣。這就是隨順法智而得究竟的第四個功德。

悟後入地以前還要生起第五個功德：**觀察阿羅漢、辟支佛、大力菩薩**等人的**聖自在通**。自在通就是漏盡通。一切入地菩薩都有能力取證無餘涅槃，只是他們都不想取證而已。入地菩薩，不但是要通達大乘的見道，而且是要同時通達二乘菩提的。假使有人宣稱他成佛了，或是宣稱他入地了，可是阿含的眞實義卻還是弄不懂，那就表示他所謂的成佛與入地都是因中說果：他根本還沒有到達那個果位，還在因地就說他已經到果地了，當然是自欺欺人，也是大妄語。

一切入地菩薩都是隨順法智而得究竟的，既然已到見道位的究竟地了，所以能觀察阿羅漢的自在通是什麼境界。阿羅漢之所以能夠捨棄世間的一切享樂，一定是有自在通，而他的自在通就是已經把蘊處界的自我執著全部斷盡了！所以他根本不計較生死，這就是阿羅漢的自在通；因爲他希望捨壽後能入無餘涅槃，他是決定這一世過完時就要捨壽入涅槃，是永遠不再出生於三界中，死後是要把自我全部滅盡的，所以能心得自在。入地菩薩在解脫果上面至少要證得極品三果——擁有心解脫的功德。心解脫的功德圓滿了，只要思惟一下五上分結，剩下的只是他想不想把這五個上分結斷除，只是這樣而已。

可是菩薩不想斷除五上分結，把它保留著，就以三果圓滿親證者的身分，或是以阿羅漢位而特地生起一分思惑，留惑潤生而世世受生於人間，不斷地修學佛菩提一直到六地滿心，這時不能不證滅盡定，所以只好證了；可是證了滅盡定以後，卻還是繼續留著一分思惑。這眞的很奇怪，可是菩薩本來就是這麼怪，所以人家罵菩薩說：「你眞不是人！」菩薩卻說：「我本來就不是人，因為我是菩薩；我如果是人，早就入涅槃去了。」因為三地滿心是可以取證滅盡定的，是可以取證俱解脫果的，他都不想取證（他可以花個半天進入滅盡定中住一住）；他就是不願意證滅盡定，只想要在佛法上繼續進修。六地證得滅盡定時已經可以成為俱解脫了，卻又留著一分思惑。七地念念入滅盡定，那是不得不證的，可是佛還來把他留著不許入涅槃。這就是菩薩：有能力證無餘涅槃而全都不證。因此初地心到七地滿心前，都是有能力取證無餘涅槃的，可是都不取證。

有無生法忍的智慧，當然更能夠去觀察阿羅漢的證境，了知他們爲什麼能得自在通，菩薩對此了然於胸。同樣的，辟支佛爲什麼於世間能得自在？入地心的菩薩都能觀察他們的因緣觀是如何修證的。假使因緣觀不能修好——不懂正確的因緣觀，而說他的證境超過辟支佛而且已經成佛了，那都是騙人的。騙別人騙久了以後，連自己都會相信自己所說的都是事實。剛開始知道自己在騙別人時，對自己所說是不相信的；可是騙別人一百次時，自己也有些相信了；若是已經騙別人一千次了，自己也會完全相信的，那時就相信自己眞的成佛了！其實是連我見都沒有斷除，眞的可憐！這些人，我們眞的需要救他們。

可是入地心菩薩對辟支佛的證境是可以如實瞭解的，知道他們是怎麼樣修證因緣觀，而能夠使他們捨報之前於世間得自在；不論在世間時是怎麼樣困苦的境界，辟支佛都自在。入地菩薩也能瞭解八地菩薩的聖自在通：爲什麼叫作聖自在通？因爲八地菩薩的自在與阿羅漢、辟支佛不相同，八地菩薩的自在，不但是已經具足有餘涅槃、無餘涅槃的實證能力，並且進而斷除很多的習氣種子，並且還有非常深厚的無生法忍的證量，所以八地菩薩能以定果色的功德隨意變現——於相自在、於土自在。這就是八地菩薩的聖自在通，不是阿羅漢、辟支佛所能想像的。但是入地心菩薩對這一點也能夠瞭解，只是作不到罷了。

悟後進修而成就了這樣五個法：第一、觀察施設根、意解、境界；第二、觀察業報；第三、觀察阿羅漢眼；第四、觀察心自在樂、禪樂；第五、觀察阿羅漢、辟支佛、大力菩薩聖自在通。悟後要漸修而具足這五個法，才能說他依明信之後隨順於法智而**得究竟**——究竟通達大乘見道功德。所以能究竟隨順法智的菩薩就是入地菩薩，他要有這五種智慧。當這五種善巧方便成就了，在 釋迦如來滅度後的未來世中，當然包括我們現在，也包括我們都離開以後下一輩子再來，「我釋迦如來的弟子能夠隨信增上而轉依於明信，接著隨順於法智，像這樣來修行。隨順於法智修行以後所證的自性清淨心如來藏，雖然仍然有七識相應的種子染污，可是畢竟已能究竟大乘的見道；能這樣到達大乘見道的通達位的人，就是得到了隨順法智而到達見道的究竟位了。」

這還不是大乘法中的修道，只是隨順法智而已。「這樣隨順法智而且已經到達見道究竟位的佛弟子，就以這個隨順法智的究竟功德作爲進入大乘修道位的正因。」所以在大乘法中五十二個階位，每一個階位都不是混到的，絕對是一個蘿蔔一個坑，你要一個一個去拔。如果漏掉一顆蘿蔔還沒有拔，就表示你還沒有走過那一步，一會兒就得回頭再去拔，使那個應有的坑成就。在大乘法中無法投機取巧，假使投機取巧讓某一個人知道密意了，他終究不會有一念相應的功德，也將無法承擔這個就是如來藏——不能生忍；沒有這個法智忍，法智就生不起來。所以佛菩提道很公平，投機取巧以後還是要回去從頭再來一遍。可是這會很痛苦，因爲已經知道如來藏或佛性是什麼了，卻還要起疑情再參，眞的非常痛苦。

一直到有一天終於一念相應——原來眞的是祂，除了祂以外再沒有別的了。這終於才有忍，有了這個忍，法智才能生起，然後才能隨順法智。能隨順法智，就是不退轉菩薩了。可是這個位不退後面還有行不退在等著你，還有念不退等著你，然後才能成爲究竟不退的佛。可是位不退只是七住位，而這個位不退一直向上延伸到十迴向位滿心，都仍然是位不退；這樣算一算，眞見道後面還有八住、九住、十住，初行位到十行位，初迴向位到十迴向位。我的媽呀！第一大阿僧祇劫還有三十分之二十三的相見道過程要走，眞的不容易！但卻都要一步一步去作，沒辦法跳過去。想要入地，福德是要更大，那就要努力爲眾生作更多的事。

這就是告訴了我們：眞見道位以前的大乘法修行，一定要不斷的多聞熏習，不要用自己的主觀去決定該學什麼、要走哪一條路，而應該不斷的多聞熏習。即使人家罵說那是邪說，也要去把它瞭解看看。如果人家誣謗的邪說，碰巧正好是正法，而罵人家邪說的人正好是賊，那你將來要怎麼辦？正覺同修會弘法十幾年來正好是如此，那些用外道法來取代佛法的大法師們，自己正是邪魔外道，卻在罵我們是邪魔外道，若是沒智慧而隨便相信了，豈不是自己的障道因緣？還能作爲將來**入大乘道因**嗎？所以一定要多聞熏習。不斷的多聞熏習，長時間加以思惟理解，才能夠**隨信**。經由**隨信**而不斷增上以後才能有明信，有了明信就表示對大乘三寶都無所疑了。

一般人都是在表相三寶上面去信——**隨信**於表相三寶。不巧的是這些表相三寶又正好是聲聞人與聲聞法，那麼他想要修學成佛之道就變成空談了。

可是有多少人知道這個眞相呢？非常非常少。因此說，一定要不斷的多聞熏習，然後隨信正理而增上知見與信心以後，才能獲得明信，獲得明信時就是走進正覺講堂的時候了。如果你沒有獲得明信，很難走進正覺來，因為聽完一堂講經的法會以後：「我不要再去聽講了，都在罵人！好自大，眞猖狂，再也不去聽蕭平實講經了。」這表示他還沒有明信，還住在迷信位中。有明信的人都會詳細去理解：「這種說法到底是正確的？還是錯誤的？」他願意深入思惟而加以抉擇。因此說，有了明信的人，後來才有機會能夠證悟。

證悟以後有了法智忍，所以能隨順法智；隨順於法智之後，知道怎麼修行了：「原來悟了以後不是由你所悟得的眞心去修，而是能證悟的那個心自己要去修。」結果悟了以後只是證實說：「原來修行是要修自己，不是在修如來藏。」本來是想：「我要是悟了以後，把如來藏抓來叫祂替我修行。」結果是：找到祂以後仍然要由自己來修行，要辛苦修行的還是自己，不是祂。可是自己修行清淨以後，祂所含藏的七識種子自己就變清淨了。這樣看來，原來是自己修行而祂清淨，祂的種子清淨了就是我們清淨了，原來還是不一不異。這樣確定了，終於肯安下心來，來修正自己的身口意行，而不是去修正如來藏的身口意行；原來是自己身口意行修清淨以後，如來藏中含藏的種子就清淨了；而如來藏中的種子清淨了以後，我們就可以入地了，這叫作**永伏性障如阿羅漢**。

換句話說，如果想要入地，至少要有極品三果的心解脫境界；若沒有極品三果人的心解脫境界，這性障就使你無法入地；因爲性障的修除也是福德的一種，不單在利益眾生上面，也不單在護持正法上面。所以到這個時候看清楚了：這個自性清淨心被煩惱種子所染污，可是我們修行是依祂而修正自己，生忍而確實進修以後終於能夠到達見道的究竟位了，這個見道的究竟位就是佛菩提道的**修道正因**。佛菩提道中，從七住開始到初地的入地心位，全都屬於見道位；從什麼時候起才算是開始修道呢？當你離開了入地心而轉入住地心以後開始修道。

也許有人會因此大失所望：「悟後起修不是悟了就開始修道嗎？怎麼我現在悟了還不是修道位？還只在見道位？」可是有的人卻因此而歡喜：「這表示成佛一定是非常勝妙而不可言喻的，因爲光是一個見道，就得要修這麼長的時劫。二乘法的見道，在半天、一天之中就解決了，可是大乘法的見道竟然是阿羅漢都無法想像的長遠。」這樣一想：「那麼佛地一定是更不得了的，那我爲什麼不求這個法？若是將這個法來跟二乘法的黃金比較，顯然不是用鑽石可以比喻的。」看來鑽石譬喻還是不夠瞧的，那麼該用什麼比喻呢？用金剛。金剛並不是物質，所以祂永遠不可壞；只有金剛才能比喻祂，所以講解實相般若的經才會叫作《金剛經》。這樣子完成了見道位而得通達，這就是隨順法智的究竟位，這個究竟位就是進入大乘法修道的正因，從此開始就是走入修道位。

所以大乘法確實不容易修，最初的十信位，有人要修一個大劫，有人要修一萬大劫。十信位之後的十住位，只是第一大阿僧祇劫的三分之一；在這個階段中，要斷我見、要明心、要眼見佛性。十行以及十迴向位，同樣各是第一大阿僧祇劫的三分之一。這樣走完第一大阿僧祇劫，才只是完成見道而已，卻被叫作遠波羅蜜多，距離佛地還很遙遠；接下去修道位要二大阿僧祇劫修行，從初地修到七地滿心，是第二大阿僧祇劫，叫作近波羅蜜多，因爲波羅蜜多已經接近了，修成的時間比較近了——接近究竟到彼岸的境界了。到了八地初心開始進入第三大阿僧祇劫，從此改名爲大波羅蜜多，因爲沒有什麼眾生是他不能降伏的，降伏了以後學不學法則是另一回事，但至少能降伏難調伏的有情了。

八地菩薩既然於相於土自在，他只要起作意，不必加行就能完成想要作的工作。譬如有某一個惡人在人間破壞正法，但沒有別人能降伏，時機卻又必須趕快加以降伏，八地菩薩就每天定中或夢中去打他一巴掌，只要一開口謗法就打他一巴掌，打上三天也就降伏了，至少他嘴上不敢再罵了。八地菩薩只要起作意就可以隨時隨地完成這些事，不像七地菩薩還要打坐然後加行才能完成。這就是說，他這時候有大威德力，能降伏一切眾生；至於對方能不能在被降伏以後信佛學佛，那是另一回事了；但降伏難調眾生是絕對作得到的，因此說八地菩薩有大威德力。從這時開始，要到達十地滿心位，也不過是三個階位而已，卻要修滿一大阿僧祇劫，但是這時已經改名叫作大波羅蜜多了。可是十地滿心完成了，還得要百劫修相好；那一百劫中不斷受生而取得人身，目的都是爲了布施內財；去投胎而辛辛苦苦取得一個身體，就只是爲了要布施身體。同理，辛辛苦苦賺得的錢財就是爲了布施，沒有別的事；這樣百劫專修福德，你想，成佛有那麼好成的嗎？諸佛都是這樣成佛的，從來沒有即身成佛的歪理。

有的人想：「我每天晚上看電視、唱卡拉ＯＫ，禮拜二去聽一堂經，最多再撥出一天晚上去共修，這樣我就可以成佛了。」有好多人是這樣想的，可是人家成佛是那樣成的嗎？不是！所以修道是很不容易的，而且修道的過程是見道的兩倍以上。可是見道也不容易，你把那些大善知識的錄音帶、光碟、書籍都拿來檢查一下，有誰證得如來藏了？有誰斷我見了？都沒有！所以說，想要在大乘法中可以實證而非想像，一定要能多聞熏習，這才是當前學佛人最重要的事情；可是大多數的佛弟子都沒有這個正見，因爲他們的堂頭和尚說：「那蕭平實是邪魔外道！你讀了他的書就會中毒！」可是他們若因此而不讀，就喪失了多聞熏習的機會，就沒有辦法隨信，增上就更別提了。

如果有人問你：「蕭老師的書是不是有毒？」你要告訴他：「有！」他問：「有什麼毒？」「他會害死你，會使你死掉！」他一聽：「原來你認同我們大師的說法。」你說：「對！可是你們大師少說了一句話。」「哪一句話？」你就告訴他：「你死掉了，法身慧命才能活過來。」「喔！原來如此！」他就有興趣了，你可別一開始就跟他爭辯：「蕭老師的法沒有毒啦！你要好好讀他的書啦！」那他就不讀了，你要告訴他：「眞的有毒，你把它讀完了，你會死掉；死得五蘊身，才能活得法身。」你要補上這一句話。你要告訴他：「你們大師少說了一句話。」他當然要問你是哪一句話，你就告訴他：「死得五蘊身才能活得法身，而蕭老師的書就是要你死掉五蘊身。他這個毒太妙了，你如果有這個毒可以喝，你早該喝了！」

問題都出在哪裡呢？都出在對於如來藏常住的正法不信受，根結就出在這裡。那一些人因爲信受表相大師所說：「如來常住是外道思想，如來藏是梵我思想、是神我思想。」因此就不信，所以他們常常有一句話說：「如來這個名詞本來是外道法，後來佛教出現以後就沿用下來。」對治這一點，你們也要告訴他們說：「那些表相大師都只講一半，因爲阿羅漢本來也是外道法，可是佛教也沿用下來。請問：『你們大師教導你的解脫道可以成就阿羅漢，那你們大師是否也是外道？』」他回去就得要把這個問題不斷的在腦筋轉來轉去的思惟，搞不好他轉到晚上都還會睡不著。

他們眞的要探討：如來常住是外道講過的法，有佛教之前，外道已經這樣講了！阿羅漢也是外道早就講的法了，譬如迦葉三兄弟，他們遇見 佛陀以前都自稱是阿羅漢，顯然阿羅漢也是外道法。問題是外道說的如來是弄錯了的如來，他們從來不曾眞的證得自心如來，也沒有成就究竟位的如來功德，連明心都沒有。外道說的阿羅漢也是誤會後的阿羅漢，他們從來都沒有眞的證得阿羅漢。可是他們所說的理論是正確的：如來常住、阿羅漢解脫三界生死。

後來佛教出現以後，眞的可以證得阿羅漢，眞的可以成就如來，但不能因此就說：「如來常住是外道法，阿羅漢出離生死也是外道法。」然後就說佛法中所說的阿羅漢也是外道法。譬如有人一直在賣假黃金，他們從來不曾見過眞黃金，也不知道如何取得眞黃金，因此他們主張說他們所賣的黃銅就是黃金；後來有一個人出來說：「我這個才是黃金。」並且教導別人取得眞黃金，可是無智的人就說：「黃金本來是賣假貨的人所賣的物品，你爲什麼說黃金是眞的？」就是這樣的道理。所以有許多似是而非的說法，都是佛弟子們沒有去注意到的地方；今天我們就是要藉《阿含正義》把這些道理說出來，不但說出來而且是有道理的，要讓他們啞口無言：法義上沒有他們說話的餘地。因爲這是佛法弘傳中眞實經歷過的史實，但這個眞實出現過的歷史已被他們扭曲了。（編案：《阿含正義》總共七輯，已經出版完畢。）

所以修學佛法，而不是修學阿羅漢法，就必須相信如來常住。如果不相信有如來常住，像應成派中觀所說的：「**如來滅後已經灰身永滅了，已經沒有如來。**」就說：「**釋迦如來現在是不在了。**」那就是謗法以及謗佛。他們因為心中想著：「**反正釋迦世尊已經走了、不在了，管不著我了，現在我出家披著僧服了，我就代表佛教，我要怎麼講都由著我。**」所以就敢大膽的否定如來常住，可是他們不知道如來還是在的：**他的自心如來仍在，而釋迦如來也是仍在。**只是他們不知道，無緣感應到，所以就敢大膽的否定如來常住。我們的體驗則是自心如來常住，釋迦如來也常住，祂並且不只是關心我們地球這些人的道業，整個娑婆世界那麼多的星球，凡是有佛弟子的地方，祂都關照到，祂不是不管的。

所以，正因為他們不信如來常住，才敢否定如來常住。但是你如果相信如來常住，就會信受八識論而不信六識論；這樣子，學法的方向正確了就能得到大利益，能得大利益是說你一定可以見道，乃至可以入道。見道是把如來藏的總相、如來常住的總相，以及這二種智慧的別相都通達了，這是完成見道位的所有功德了。入道就是進入修道位，開始往自心如來的種子上面去參究了；這就是你相信如來藏的存在以後，可以付之於實行，並且實際上可以證得，而能夠漸次轉入修道位中發起了聖性，就能進入諸地去修成佛之道。能這樣信如來常住的人，就不會去誹謗非常深妙的佛法大意。正因爲不信如來常住，才會落入六識論的邪見中，所以會對極爲勝妙的法義加以否定誹謗。所以，凡是信如來常住的人，即使還在凡夫位中，他也不會誹謗深妙的正義。譬如密宗的自續派中觀，雖然是把意識當作自心如來，但是至少他不會否定如來藏；可是應成派中觀不信如來常住，所以就極力否定，成就一闡提業。因此建立正確知見，讓佛教界的學人都信受如來的常住，是非常重要的一件事，這就需要諸位來共同完成。

接下來要看印順對這一段經文怎麼註解了，請看補充資料，印順說：【一乘道果中的一乘、一諦、一依，歸結於一切眾生**本有如來藏心**，這是趣入大乘的因依；以此為依，才能發心、修行、證果。即如來果德，為眾生入道真因，**為真常妙有者的唯一特色。**】（正聞出版社．印順法師著《勝鬘經講記》p.256～p.257）

印順這一段話充滿了矛盾，可是他竟然不知道自己的話中有什麼矛盾。

他說：「一乘、一諦、一依，」這當然都是前面那幾章講過的道理，都「歸結於一切眾生本有如來藏心。」印順在這裡特地加了一個字：心。這表示他在註解這部經時，有時相信如來藏是心，不單是名言施設。至少他註解這一段經文時是這樣相信的，可是註解完了又不信了，又否定有如來藏了，就說：**如來藏只是名言施設，不是心**。現在就從他這一段註解的字句來請問他：「**如來藏既然是心，請問是哪一個心？是六識中的哪一個心呢？或者是六識以外的另一個心？**」他如果有機會聽到你這一問，就可以離開密宗應成派中觀的邪見了！因為他一定會去探討如來藏的自性是什麼？如果他探討到如來藏的自性是離見聞覺知的、不思量的、不作主的、不自知我的，是無記性的，是無覆性的，是本來清淨性的，本來就是涅槃性。如果他探討到這一點，就不會再建立**意識細心常住說**。「**所以如來藏是趣入大乘的因依，以這個正因作為所依，才能夠趣入大乘。**」至少他在註解這段經文時是相信這一點的，可是註解完後又不信了，他的見解是尚未決定的：對於是否有第八識心常住，心中尚未生起定心所。這就是他的問題所在。

印順說：「**歸結於一切眾生本有如來藏心，這是趣入大乘的因依；**」這句話是很正確的，他不是講**緣依**而是講**因依**，可見他其實是知道《勝鬘經》的主旨所在；問題只是他不信受，因爲大乘法的所依，同樣都是如來藏心。他在前面固然說如來藏是指緣起性空，這樣扭曲來連結他所說的**緣起性空就是成佛之道**。可是到這個地方，經文中明說如來藏是「**自性清淨心**」，既然明白地說是心，實在是沒有辦法再扭曲了，所以他就跟著說如來藏是心，不再說是緣起性空了；但卻與他前面註解所說的**如來藏是緣起性空**不同，這是在同一部經的註解中就已經前後矛盾了。

爲什麼如來藏是大乘的**因**以及大乘的所**依**？又如來藏同時也是二乘菩提的**因**以及所**依**，並且也是世間一切法的**因**以及所**依**。這是法界中的事實，不管誰怎樣設法加以扭曲，設法加以否定，都無法使這個法界中的事實被改變。我們先從世間法來說，爲什麼如來藏是世間一切法的**因**及**依**？世間一切法被我們所認知、所接觸，這世間的一切法都是由意識來認知，也由意識作助緣而間接的生起。但是世間人在學習諸法，譬如在人間生存的道理，就是各級學校教的法，學習那些法的人就叫作學生，所以去學校入學以後被叫作學生，不叫作學死。他們學的是將來成年之後要如何在社會上生活，到了社會上各憑所學自己去發展：有人當藝術家，有人當科學家，有人當物理學家、化學家，現在還有生活家專門教人如何講究生活。但是這些法都是從很原始的狀態去發展出來的，由誰來發展的呢？由意識來發展。

可是意識覺知心是靠什麼而存在？靠什麼助緣而能夠這樣發展？這就必須探究意識生起及存在時的各種所依了！譬如你在人間的意識，必須有五色根—眼耳鼻舌身等五根—爲依，若是壞了一根，大家就說他是身障人士。如果頭腦五勝義根壞了，就說這個人叫作死人。植物人是勝義根還沒有壞盡，如果全壞了就一定是死人，所以五色根也是意識的所依。意識還要以六塵作爲所依，至少要有定境中的法塵，意識才能存在；在一般世俗生活中，意識一定要有六塵作爲俱有依；俱有依的意思是，與意識同時同處而被意識依止；若沒有俱有依的六塵，意識就不可能生起及存在。

這樣，五色根加上六塵以外，意識還要有意根作俱有依；如果沒有處處在作主宰的意根同時存在配合，六塵與五根也無法運作，所以意識必須以六根六塵作俱有依。在六根、六塵同時運作的當下，意識才能運作；意識能生起、存在、運作以後，才會有科學家、藝術家、種種專家。但是意識所依的六根與六塵，卻跟意識自己一樣都要從如來藏心中出生；並且要如來藏時時刻刻配合著，意識才能運作，所以如來藏第八識心同時也是意識的俱有依。但如來藏同時又是意識出生的因，因爲意識種子都含藏在如來藏心中，要從祂出生；包括意識所依的六根與六塵也都從如來藏中出生，所以意識要依靠如來藏爲因，也要以如來藏及六根、六塵爲俱有依，意識才能生起及存在。這樣推溯一下：萬法從意識而來，包括原子彈、潛水艇、天上飛的飛機；幾千年後、幾萬年後也許有太空梭，可以讓你前往冥王星作一日遊，但這些都是由意識發明出來的。可是意識自己以及意識的一切所依，卻都同樣要從如來藏而來，所以如來藏既是意識的**所依**，也是意識的**生起因**。所以，我說印順這句話說得非常好：如來藏心是大乘的**因**、**依**。因爲從世間法來看，祂已經是世間法的**因**，也是世間法的**依**。

世間法如是，再來看二乘法；二乘法的實證，是要意識去了知六根、六塵以及六識自己虛妄。既然十八界都虛妄，把自己滅了也就離苦了。可是滅了以後難道是斷滅空嗎？不是！因爲　佛在阿含講得很清楚：**阿羅漢取證了**涅槃時是**眞實**、是清涼，**並且是常住不變**。如果意識捨報時把自己十八界都滅盡了，還有一個法存在，而祂是眞實的、是常住不變的，顯然那就是如來藏心，因爲祂是出生十八界的最初心，也是入涅槃後的常住心。所以，二乘菩提一樣是依如來藏爲依，才有二乘菩提出世間法可說。二乘菩提所證的涅槃，也是依如來藏常住爲因才能實證，否則阿羅漢把自己十八界滅盡而入無餘涅槃，就變成斷滅空了，所以如來藏心也是二乘涅槃的因。若沒有如來藏爲因，而有阿羅漢的蘊處界出現，使他能修二乘菩提，這二乘菩提也將變成戲論，所以如來藏心還眞的是二乘法的**因**與**依**。

不單如此，大乘法三賢位講的是實證般若，般若實相中道的觀行境界是依什麼而說的呢？般若智慧，是依親證如來藏以後來現觀祂的常住性、涅槃性、清淨性、中道性，才能出生的；如來藏心不離兩邊又不即於兩邊，所以不即也不離，這樣來成就中道義。所以般若也是依如來藏而說，不是依意識心離二邊的境界來說的，因爲意識自始至終都無法離二邊；若有人自稱意識可以離二邊，都只是戲論而非實證中道。所以如來藏心是般若**因**。意識心在修習般若、實證般若的過程中，也是時時刻刻都要有如來藏心支援，才能參禪、體驗、現觀法界實相，所以如來藏也是大乘般若智慧的所**依**。

並且，三賢位後進修一切種智乃至成佛，都是在一切種智的範圍內來修證的；而這些修證，所證的都是如來藏所含藏的一切種子。如果如來藏不在了，還能有祂的一切種子可以實證嗎？當然是不可能有，所以大乘菩提同樣是依如來藏爲**因**。而且你在修證大乘菩提的過程中，也得要如來藏爲依，才能參禪，才能證如來藏，然後你才能證得道種智乃至一切種智；所以，如來藏還眞的是大乘的**因**與**依**。印順這句話講得眞好，可惜的是他從來沒有說服自己，所以他有時依文解義把這部經註解完了，回頭又用自己的邪見來主張說沒有如來藏心存在。在還沒離開這段經文之前，他說：「**以此爲依，才能發心、修行、證果。**」你們破參的人現前觀照一下，是不是如此？假使沒有如來藏，你根本連發心都不可能，何況能修行、還能證果呢！所以他這句話，我們眞的要讚歎，而不是一昧的否定他。

但是印順接著說：「**即如來果德，爲眾生入道眞因，爲眞常妙有者的唯一特色。**」這句話就很不妙了，我們又不得不要斥責他；因爲他在前幾句註解中已經說明**如來藏爲萬法與三乘菩提的因與依**，這不只是「**爲眞常妙有者的唯一特色**」，而且更是法界中的事實，所以顯現在四阿含解脫道中的理趣，也同樣是如此而無改變的（編案：詳見《阿含正義》七輯的舉證與闡述）。所以，印順在不得不依文解義之後，總是會處處留下一些暗示性的語氣告訴你：「我前面告訴你的這些道理好像是正確的，但那只是經文表面的意思，其實不對，還是要依我所說的為準：如來藏心是主張眞常妙有的瑜伽行派彌勒、無著、玄奘等人的特色，不是眞佛法。」這就是他的意思。

接下來請看補充資料，印順說：【學佛本有二類根性：（一）是隨信的，重於信心，隨信而入於佛法；（二）是隨智的，重於法智，隨智而深入佛法。】（正聞出版社．印順法師著《勝鬘經講記》p.257）

隨信與隨順法智，是次第，不是印順所說的二類，因為這段經文中所講的並不是七種聲聞解脫道的根性，而在講大乘法的二種次第。如果你是從阿含道來講，說有信行者、法行者、信解脫、見到、慧解脫、俱解脫、身證等七種，把它分類為二類，是可以講得通的。但是這裡講的是大乘法，是經由起信然後證悟而隨順於法智，這絕對是次第，因為若不能隨信而得明信，就不可能隨順法智，所以是先後次第而不是二種類別的分類。勝鬘夫人這一段也說得很清楚：隨信之後而增上，增上之後終於證悟了，才能有明信，這樣的人才可能隨順法智。所以，印順把它定位爲兩種人，是錯誤的說法。

印順隨後接著說：【**隨信如信根，信增上如信力，這是信位菩薩，「依於上來「明信」，進而「隨順法智」。**】在上一段話中，印順把隨信與增上，把明信與隨順法智，分爲二類；但是這一段話中卻又說是前後的次第，自相矛盾，所以他用這幾句話把前面自己那兩句話推翻了！用後面兩句來推翻前面兩句，或是以後面一段話來推翻自己的前一段話，是他的書中常常出現的現象，也是他所說法義的特色。他的《妙雲集》《華雨集》《如來藏之研究》……等，都有這個毛病，可是他並不知道自己的後兩句已經推翻了自己的前兩句主張。假使不知道他的書籍中處處都有這種特色，就讀不懂他的說法，於是覺得他很高深，當然更不敢懷疑他。如果敢懷疑，並看出他前面兩句與後面兩句是自相衝突的，就不會再迷信他了。所以說，他把隨信與增上定位爲兩類人是錯誤的註解，應該定位爲前後順序，因爲經文裡面也是這麼說的。

再來看補充資料，印順說：【本經重在菩薩大行，如來果德；而於**眾生生死虛妄法的因果緣起，略而不詳。**】（正聞出版社．印順法師著《勝鬘經講記》p.258）

然而，《勝鬘經》只說到如來的果德嗎？對於「眾生生死虛妄法的因果緣起」，眞的是「略而不詳」嗎？單是在〈眞子章〉中就已經不是只講如來的果德，而是已經在宣講「眾生生死虛妄法的因果緣起」了，並且是講到眾生如何經由隨信如來藏，增上而正信如來藏，實證如來藏而發起明信、隨順法智，方能遠離毀謗佛法深義的大惡業。不但如此，大家來看看前面的〈一乘章〉，難道不是從因地講到如來地嗎？再看看〈無邊聖諦章〉，請回憶一下：宣講無邊聖諦時，不都是從因地的第一義聖諦來說的嗎？那當然不是只講如來果德。再來說〈法身章〉，說眾生也有這個法身，那不是講因地嗎？再來看看〈自性清淨章〉，這難道會是講果地的事嗎？既然說自性清淨心而極爲隱覆，非聲聞緣覺所能修證，那當然是講菩薩因地的事；而且說凡夫眾生都有這樣的一個自性清淨心，卻有客塵煩惱所染污；又說**客塵煩惱所染污**的自性清淨心，不是二乘聖人及凡夫所知，當然都不是講佛地果德的事。而且又說還有一個法——因地眾生身中各有如來藏心，這個自性清淨心的所在，不是二乘聖人及凡夫所能知道，當然是在講因地，印順怎麼可以無根毀謗說「這部經中對因果緣起略而不詳」呢？勝鬘夫人明明已經在講整個佛道的因果緣起了，印順怎能如此指鹿爲馬？再來看這個第十四章〈眞子章〉，也很清楚說是菩薩境界，不是講如來果地的境界，都是在講解「眾生生死虛妄法的因果緣起」：依如來藏心才有這些因果緣起。所以我們只能說印順的註解是胡說八道，因爲明明經上不是這樣講的，印順卻強行扭曲來講，藉以附合他所主張的：如來藏是成佛時的所證，因地證悟時不必證如來藏。這種扭曲說法的現象，在印順的書中處處可見，所以印順的註解完全錯誤。

【爾時勝鬘白佛言：「更有餘大利益，我當承佛威神復說斯義。」佛言：「更說。」勝鬘白佛言：「三種善男子、善女人於甚深義，離自毀傷，生大功德，入大乘道。何等爲三？謂若善男子、善女人，自成就甚深法智；若善男子、善女人，成就隨順法智；若善男子、善女人，於諸深法不自了知，仰惟世尊：『非我境界，唯佛所知。』是名善男子、善女人仰惟如來。」】

講記：這一段是〈眞子章〉的第二段，當勝鬘夫人把前面的法義說完了，她又向 佛稟白說：「還有其他的大利益，我應當秉承佛陀的威神之力，繼續把這些大利益演說出來。」請諸位看看這一段內容，是在講因地的修行？或是在講佛地的果德？所以印順上面所說這一部經對於因果緣起略而不詳，其實勝鬘夫人是講得非常詳細的，他怎麼可以說是略而不詳呢？他的問題出在哪裡？出在他認爲證如來藏是成佛的事，因地是不可能證得如來藏的，所以他才會這麼說。所以他就認爲說《勝鬘經》講的都是在親證如來藏，可是證如來藏是佛果地的事，因爲了知緣起性空而窮究到底、已無絲毫不知的智慧，是到達佛地才能辦到的，而如來藏就是緣起性空的究竟境界。

如果印順這個說法是眞實的，顯然大乘經典得要全面大翻修了，四阿含也得要全面大翻修了！因爲阿羅漢已經窮究蘊處界自我終必滅盡，故認同一切我緣起性空而證得解脫道的極果了，因爲印順主張解脫道的究竟成就即是成佛了，因爲印順認爲並無別的佛菩提道，阿羅漢修證的解脫道即是成佛之道。可是大乘經中說：七住菩薩親證如來藏了，此如來藏名阿梨耶識，與七識俱。然而證阿梨耶識不可能是佛果地的事，佛果地所證的第八識叫作無垢識，但同樣是這個阿賴耶識心體。七地以下一直到七住位所證的，也都是如來藏心，名爲阿賴耶識。即使是凡夫位的六住未滿，我見未斷，或者說加行位滿足的菩薩已經雙證能取、所取空而斷我見乃至成阿羅漢，仍然是未證如來藏；或如初果到三果，仍未證得如來藏，但菩薩明心入七住位時所證的如來藏仍然是阿賴耶識。乃至說還沒有進入六住位，還在三賢位的凡夫位中（也就是前五住位中），仍然是有阿賴耶識心實存。乃至說不學佛的凡夫，不繼續修學的學佛人，也仍是阿賴耶識實存的。可是阿賴耶識就名為如來藏，這是聖教量，是不可改變的。所以，印順認定說**如來藏是佛果地才有，如來藏是佛地所證**，是錯誤的說法。

於是，同樣是自打嘴巴的現象又出現了！因為印順在很多地方說：如來藏是外道的梵我、神我，當然如來藏不可能是如來果地所證，除非印順想要指控如來即是外道，或者指控佛弟子成佛時將全部變成外道。寫作前後不同書籍時的印順所說的如來藏是不同的，那我們到底要相信哪一個時期的印順所說的？沒有人能知道！老實說，連印順自己也是不知道的。因此他的信徒很難決定到底要信受第一本書中的印順說的，或是應該信受下一本書中的印順所說；也不知道應該信受這一本書的前半部印順所說的，或是要信受後半部書中的印順所說，眞的很難作決定，因爲印順常常前後矛盾、自相衝突。所以大家對印順的說法往往抓不到中心思想，因爲印順有時這麼說，有時又那麼說，常常自相矛盾。

抓不到印順的中心思想，又不敢懷疑他，就會覺得他的學問好深喔！可是當你弄清楚印順的時候，就會發覺印順其實是處處自打嘴巴，沒有所謂深妙可說，而印順的中心思想說穿了就只是六識論罷了。至於印順的法義難以理解，只是因爲處處扭曲前後矛盾，而信徒不敢懷疑他，這就是眞正的原因。這就是爲什麼我們從《楞伽經詳解》的第三輯開始對印順指名道姓以後，向來極強勢而且有評必應的印順，卻都不敢對我所說的法義寫出一個字回辯，原因就在這裡。印順其實很清楚，自己的落處都被我們看得明明白白。若說印順的法義可以成爲一門顯學，老實說，我比印順本人更有資格當印順顯學專家，因爲我比印順更瞭解印順的思想，這是無法推翻的事實。但是如果說《勝鬘經》是印順說的**只是在講如來果德**，或者**都不講如來果德**，不管印順講的是哪一邊，都錯了！因爲這部經是函蓋因地修學佛法的因果關聯以及緣起，也函蓋成佛的果地。

勝鬘夫人說，她想要秉承　佛的威神之力繼續宣說修學如來藏法的其餘大利益。佛就說：「**那妳就繼續說吧！**」假使是你成佛以後，你的徒弟有人要這樣說，你當然也會樂得說：「**那你就繼續說吧！**」有事弟子服其勞嘛！

弟子願意主動幫你去作，你就讓他去作，就怕這種弟子不夠多。所以你如果希望自己將來成佛時，當佛陀是當得很愉快的，而且很輕鬆的，那時是身心快樂，色身康強，遊步輕利，少病少惱，那你就要多度一些弟子，讓他們能力更好一些。佛陀就有這麼一個弟子叫作勝鬘夫人，才初見了 佛陀就能說出這麼妙的法。

佛允許了，勝鬘夫人就向 佛稟白說：「三種善男子、善女人，對於非常深的義理，離開對自己的毀傷，而出生了大功德，進入大乘道。有哪三種人呢？也就是說，第一、譬如有善男子、善女人，自己能夠成就甚深的法智；第二種人、譬如有善男子、善女人，能夠成就隨順於法智；第三種人，譬如有善男子、善女人，對於大乘法的種種甚深法不能自己了知，他只能向上仰望說：『只有世尊才能有這種智慧，這如來藏不是我所知的境界，只有佛才能知道。』這就是我所說的三種人，而最後這一種善男子、善女人，他們只能仰推於如來。」

勝鬘夫人講的這段話，還得要解說一遍。這三種善男子、善女人到底是誰呢？就是諸位呀！你們應該敢於承擔呀！絕對不是會外那些大法師們，也不是仍在迷信表相大師的學佛人，那些人還沒辦法成爲勝鬘夫人口中所說的善男子、善女人。外面那一些人，未來會有一部分人將成爲勝鬘夫人說的第三種善男子、善女人。諸位眼下可以瞭解看看，你是這三種中的哪一種？這件事很重要；修學佛法不能夠漫無目標，漫無目標的原因都是對自己的定位無所知。眞正修學佛法的人，對於自己的定位要能夠很清楚：把經典讀過以後，就會知道自己現在是在三住位、五住位等。如果是還在十信位中的人，就沒智慧來確定自己是在五十二個菩薩位階中的哪一個地位。若是已經修到了三住位、四住位時，如果遇到我們這個法，後來證悟明心了，他就可以依據我的書中法義來衡量自己，確定是在哪一個位階。

譬如說慈濟功德會有幾百萬會員，他們如果有機會讀到我的書，有智慧能夠如理作意讀完了，也把書後〈佛菩提二主要道〉詳細研究過，就會知道自己已經進入三賢位而成爲初住菩薩，也知道某些人是尚未進入初住位。如果還在十信位中，就沒有智慧讀懂我的書，無法定位自己正在什麼階段。如果他們有人能確定自己是個初住菩薩，深信自己是進入三賢位中了，接著就會想：「我什麼時候該去受戒？」一定會注意到這一點。當他注意到了就會去受戒，受戒以後就不再飲酒吃肉了；那就不會像某些慈濟會員讀過證嚴的《心靈十境》以後，依證嚴所說認定是初地、三地菩薩了，卻還是喝酒吃肉、打麻將，而且連我見都還具足存在。當他受了戒，精進不犯，到後來變成愉快的持戒，就好像調皮的猿猴綁在柱子上，經過了半年、一年、兩年就調伏下來一樣，不再喜歡攀緣了。這表示他持戒成功了，接著會想：「對於生忍，我已經修過了；所以去利樂眾生時還被眾生罵，我也能安忍；可是在法上，對於深妙法，我還沒有辦法生忍，那該怎麼辦？」這時就該修法忍了。

對勝妙法能不能安忍，是很重要的關卡。一般人修忍辱時都只能修生忍，而且總是修不成功：仍無法接受眾生的惡行與愚癡。所以他有一天想起來：「我應該在法上修忍，我要試試自己對於勝妙法能不能安忍。」這時他就會走入正覺同修會來了，這一進來就開始精進修學般若了。所以，十住位中的第三住，說長也很長，說快卻也很快。說長，是因爲他根本沒有想要瞭解自己在佛菩提道上的定位，就會繼續迷迷糊糊地在十信位中繼續修布施，所以會向外布施。一個很有名大公司的董事長夫人，擁有幾十億台幣的資財，願意去爲一個生病而沒有涵養的世俗人服務，被罵得很高興；可是剛回到家見了兒子：「你今天怎麼這個事情沒有幫我作好？你真不孝！」就罵起來了。在外面慈眉善目，回到家呢？閻羅王一個！這就是說，她還不會去探討佛法到底是什麼，什麼是真正的學佛。等到她探討出這個事實，瞭解到要能對深妙法安忍，她就會開始尋找了義正法，就會開始四處去逛道場，尋找有了義正法的道場。所以說，學佛人最困難的就是如何為自己定位：到底自己現在是處於什麼階位。

勝鬘夫人說的三種人中，第一種人是最難得的，世間少見；這是說他於甚深法的真實義，能夠離開對自己的毀敗及傷害—所作所行都不會對自己產生毀敗與傷害—當他在未離胎昧的狀況下進入佛門，凡是沒有把握的事與法，絕對不會評論；若是他確定而極有把握的，就一定會破斥到底，一定會設法救護眾生；在悟前就已經這樣了，這就是對於甚深義能夠離自毀傷。當他聽到有人在毀謗如來藏時，他不會跟著毀謗，反而會自己去弄清楚。由於這個關係，所以他生起大功德，可以自己修行、自己參禪而可以自行悟入；悟了以後還能自己悟後起修，真正的進入大乘道中，這就是他的大功德。這個大功德指的是，他可以貫通三乘法義。

阿羅漢不知大乘法，辟支佛也不知大乘法，可是這一位善男子或善女人，不但知道阿羅漢、辟支佛所不知道的大乘法，也能知道阿羅漢、辟支佛所知道的二乘菩提，這就是第一等的善男子、善女人。如果有人自認爲是這種善男子、善女人，卻仍不知道阿羅漢、辟支佛的法義—四阿含的眞實義仍不能如實瞭解—那他顯然是大妄語人。第一種人不必依靠別人幫助，自己就可以達到這樣的境界。這一種善男子、善女人，是什麼樣的人？這個不簡單哦！這最少得要初地，甚至是三地滿心。因爲三地滿心對於阿羅漢、辟支佛所證的滅盡定，他也都通達，他既沒有煩惱障也沒有定障，所以都能通達，三明六通的大阿羅漢來到他面前還是開不了口，因爲如果要講六通，三地滿心菩薩也可以講六通，並且是大阿羅漢所不懂的六通，這就是第一種人——地上菩薩。這第一種人是善男子、善女人，既已成就了甚深法智，表示他已經有道種智了；這個道種智不是世間人能想像，因爲連二乘無學聖人都無法猜測。這就是說，他至少是初地的入地心，所以才有甚深法智了，三賢位的法智還不能稱爲甚深。

第二種善男子、善女人，則是能隨順法智。既說是隨順法智，表示這第二種菩薩有智慧能隨順法智，那就是已經證得佛菩提道的法智了！這可得要說一說法智的意義了。譬如上一段經文中我們有說過，菩薩見道後不久就有四種智慧：法智忍、法智、類智忍、類智。法智忍先，法智後；類智忍先，類智後。換句話說，所有證悟的菩薩，當他找到了如來藏，知道這個心是一切法的根源，他也可以現見蘊處界都從祂而生，因爲看見了這一點，所以才有法智忍——能安忍於這個心是宇宙及一切有情的根本，也是諸佛的根本。如果不能現觀自己蘊處界是從這個如來藏出生的，就不能安忍。這就是二〇〇三年開始的精進禪三中，你們若找到了如來藏，我仍然不爲你印證開悟，得要你找到了祂以後，再由你來爲我證明：你找到的這個心，能出生你的五色根、意根、六塵、六識。要由你來爲我證明完成了，我才會爲你印證爲開悟。若是由我爲你們說明，往往是言者諄諄、聽者藐藐。若是由你來爲我證明，我一定肅然而聽，絕對不會輕佻地隨便聽一聽；所以當你自己爲我證明五色根、意根以及法塵、五塵、六識，全都從祂而生，那你就已經爲自己寫下一張不會退轉的保證書，所以我蓋了金剛印給你。你必須要有能力這樣現觀，才能生起忍法；並不是找到如來藏就算了，還要有能力這樣現觀，那你對這個法智就能生忍；生忍以後，你的見地就不會偏差，不會再退轉，就是法智忍。不會退轉了，才有眞正的法智不斷生起；這就是先有法智忍，才能有法智的道理。得要有這個過程與智慧，才能在悟後永遠隨順法智而不會遠離法智。

既然已經能得忍，法智跟著生起了，具足法智忍與法智；接著再來觀察別人：原來別人的法界實相也跟自己一樣。能夠這樣現觀而接受了，就有類智忍了。有了類智忍（忍這個法，是接受而不再改變了）便不會退轉了，那就一定有類智了！這時可以確信一切有情，上自三界諸天下至地獄眾生，乃至人間最下賤的細菌、螞蟻，同樣都是由這種心來成就，那麼自己就貫通了華嚴所說三界唯心的眞實義。你可以現觀三界唯心了，這就是類智。但這只是三賢位菩薩見道後不久就要完成的，一般而言是見道後幾年中就必須完成的。在我們同修會中的見道，則是在禪三的四天三夜中就必須完成，否則你得不到我的金剛印。能夠這樣的人，才能夠隨順於法智；能夠隨順於法智的人，他就會有類智忍，也會有類智。

我們舉辦的精進禪三，就是設法使你找到這個如來藏心，然後引導你生起法智忍。只要你能夠有法智忍，法智就自然隨後生起了！這時就已經不是凡夫位了，至少是菩薩初果，並且智慧遠勝於聲聞初果，而且同時也是十住位中的第七住菩薩。請問：這第二種善男子、善女人是誰呀？看你們笑得不亦樂乎，當然知道就是你們嘛！因爲你們已經親證如來藏而且得忍了，所以有了法智；然後觀察自他，就有了類智忍，所以接著就有了類智；所以法智忍、法智、類智忍、類智等四法是絕對具足的。這時再來觀察自己在勝鬘夫人所說的三種善男子、善女人中，你已經知道自己該怎麼定位了。接下來要如何往前邁進，就有個譜了。

第三種善男子、善女人，對於種種大乘法中的深妙法，自己是不能了知的；而你們屬於第二種人，已經能夠「隨順法智」，所以自己已經知道這個法的勝妙在何處了。可是第三種人並不會跟著愚癡人去否定如來藏—不會人云亦云而否定七、八識—但是他會說：「這不是我所能證的，所以我無法知道。」假使你遇到了這種法師，他可以說是大乘中的法師，但仍不是親證者，卻是個好師父。因爲他至少不會引導徒眾們走錯路，當弟子們想要求證如來藏時，他會說明：「證如來藏，是大菩薩的事，不是我所能知道的。」我以前被一位很有名的淨土宗法師這樣當面數落過：意思是他與我都沒有資格可以求證實相念佛境界。

當初我是要送法給他，他不但不接受，還要說我很傲慢：「證得實相念佛的境界，那是大菩薩的事，我們算什麼，你怎麼敢講實相念佛？」就這樣，所以他與了義正法就失之交臂了！那是多久以前的事？那時還拜託張老師幫我寫了一幅字，用鏡框裱起來；話不投機三句多，臨走前供養了一包紅包，再把那一幅字送給他：「師父！您什麼地方牆壁髒了，可以用來補壁。」前後談話只有二十分鐘，因爲他的姿態很高，難以再談下去。但是還好，他並不否定如來藏；而這種法師其實很多，他們會這樣講：「開悟明心證如來藏，是大菩薩的事，那不是我們幹的，安心下來好好念佛就好啦！」大部分是這樣。但我說這樣也很好，怕的是你一談到證如來藏或明心開悟、實相念佛，他馬上就回嘴：「那如來藏是外道神我，你不要去搞那個外道法！」跟隨到這種師父的學人，只能自認倒楣！好在諸位都已經走進正覺了。

所以說，有善根的人總是會仰信而思惟以後，推崇給如來而說：「這是如來所證的，如來所受的智慧境界，而我現在遇不到如來，也遇不到大菩薩，所以我無法親證；所以說這個年代沒有人能開悟，只有如來才可以開悟。」那麼這樣也算是善男子、善女人。只要他不否定如來藏，只是看輕自己，就可以爲他冠個善字。如果否定了如來藏，要怎麼稱呼他？（有人回答：惡男子、惡女人）那樣講太強烈了吧？你只說他們是「男子、女人」就好，不要加上那一個字。所以，在三種善男子、善女人中，自己要懂得定位：自己目前是在大法中的什麼階段。進了正覺講堂，至少是這三種人中的一種；破參明心而不退轉了，就是第二種；如果能夠再發起道種智，那就是第一種人；會外那些毀謗如來藏勝法的人們，是不在這三種人之中的。

對於還沒有證悟的同修們而言：同修會給你們的長年熏習，你們所領受的，以及身旁的人所證的，已經能夠讓你確定如來藏是可證的。假使這樣你還沒有信心，至少從我所說的六十幾本書講的涅槃（編案：此書出版時已有八十餘本），有佛教史以來講涅槃講那麼多的，可能沒有第二個人，但是講了這麼多以後有沒有前後互相矛盾衝突呢？都沒有。我每次隨意而說，卻都正確。爲什麼能這樣呢？因爲是親證而說的，不是想像而說的。從這裡，你也可以確定如來藏法是可以實證的，如來藏不是想像的法，更不是印順說的外道神我；因爲外道神我是意識心，如來藏是出生意識的入胎識、住胎識，又名阿賴耶識，祂怎麼會是被生的外道神我意識呢？所以學佛的人如果會被菩薩們稱爲善男子、善女人，而不是只稱爲男人、女人；這已顯示善字一定有它的意義，不是隨便就可以冠上去的。在大乘法中，至少要能夠「**仰惟世尊，非我境界，唯佛所知**」，至少不能否定如來藏——不因爲自己無法實證就把祂否定——這樣就可以成爲大乘法中的善男子、善女人。

這一段經文中說的「離自毀傷」，且看印順法師怎麼說。請看補充資料，印順說：【「離自毀傷」，**不信佛法，毀謗佛法**；或者不知而自以為了知，起錯誤的見解，作顛倒的解說，都是謗法重業。三種善人，是不會如此毀傷自己的。】（正聞出版社．印順法師著《勝鬘經講記》p.261 ~ p.262）

你們都知道印順的問題出在哪裡了，所以我還沒解釋，你們都哂笑了！印順這個說法不正是在罵自己嗎？「不信佛法、毀謗佛法」的定義，印順還是沒有弄清楚，因爲：**法有佛法、阿羅漢法、辟支佛法**，而印順講的佛法是不是佛法呢？顯然不是，他講的解脫道是不是阿羅漢道、辟支佛道？顯然也不是。印順在書中這麼講：**如來或如來常住，本是外道法，所以大乘法中說**

有如來，是聲聞部派佛教發展了幾百年以後才慢慢出現的，也是從外道法中攝取來的。印順有很多本書中是這樣說的，這樣聽起來，他好像很有份量，好像能夠取信於人；因爲考證的結果，確實在佛教出現以前，外道也有說他們已證得如來。可是他忘了一點，或者他故意遺忘了一點：在佛教出現之前，許多外道也自稱是阿羅漢、已證阿羅漢果，而後來佛教也說有阿羅漢可證，那麼證得阿羅漢果的阿羅漢們是否一樣是外道了？依照印順的邏輯，顯然佛陀座下的阿羅漢們也都是外道了。也許有人說：「蕭老師！你這樣講，有什麼根據？」我說：「我不用考證就有根據了。」

譬如 佛陀剛開始弘法，度了五比丘以後，祂又去度迦葉三兄弟，第一位所度的是大迦葉。佛度大迦葉時是很辛苦的，每天要扮神頭鬼臉，而不是幫他開悟聲聞菩提，是要每天作種種神通來降伏他。佛陀初到時提出要求說：「你這邊能不能讓我借宿一下？」大迦葉說：「我這邊沒有多餘的地方可讓你過夜。」佛陀說：「你不是有個石洞空著嗎？那個石洞借我住。」大迦葉說：「我不能借你。因爲裡面有不好的東西。」佛陀當然早就知道有一條惡龍住在那邊，故意要借住。大迦葉就說：「我其實是愛惜你，我怕你被那個惡龍害了。」佛陀說：「沒關係！你只要願意借我就好了。」佛陀當晚就住進石洞去。住進去以後，當晚惡龍噴火想要燒死佛陀，佛陀就回報更大的火焰給惡龍；一個晚上你來我往，無所不至，所以整個晚上石洞裡面都是紅通通的大火。大迦葉整個晚上耽心佛陀，第二天想：「好可憐！一個修道人，這樣被惡龍燒死了。」

第二天快到過午之前，佛陀卻從石洞中走了出來，似乎什麼事也沒有；大迦葉心想：「這位大沙門雖然有大神力降伏了毒龍，但他還沒有如我一般證得阿羅漢果。」他認爲自己是阿羅漢，認爲佛陀還不是阿羅漢。可是他覺得很奇怪：「你怎麼沒事呀？」佛說：「我把惡龍降伏了。」大迦葉心想：「我這個阿羅漢都無法降伏牠，這個人竟然能降伏牠。」心中又想：「可是我不該把他降伏惡龍的事講出去，免得人家都不供養我這個阿羅漢了。」他自認爲是阿羅漢，卻還在爲飲食供養著想。後來世尊百般神變，大迦葉終於願意供養，前來請佛；佛陀知道他在想什麼，便教大迦葉先行，大迦葉離去以後，佛就先飛往閻浮洲取了滿滿一缽香美的閻浮果，反而比大迦葉先到食堂，大迦葉就問：「請問你的食物是從哪裡來的？」佛說：「我剛才去須彌山取回的。」大迦葉心想：「這個人在我之後離開，又去閻浮洲取勝妙果，卻比我先到，有大神通，但他仍然不如我證得阿羅漢果。」

單看本緣部經中如此明白的記載大迦葉被 佛陀度化之前也自認為是阿羅漢，也可以證明當時許多外道被 佛度化以前都自認為阿羅漢。不單大迦葉如此，他的二弟、三弟也都是如此，其餘的外道也就不必一一舉例了。那時外道自稱阿羅漢的人太多了。如果依照印順法師的邏輯，如來本是外道法，後來佛教把它攝取來，轉變成為佛法，所以如來是外道法。那就應該也如此說：**阿羅漢本是外道法，佛教攝取來—而且是佛陀親自攝取來—成為佛法的**。那麼外道是否應該也有羅漢法？或者羅漢法也是外道所能親證的？然而事實並非如此，所以印順的說法依舊是胡扯妄言。

因此，什麼叫作佛法？能使人成佛之法才叫作佛法。阿含中所說的法只能使人成為阿羅漢或辟支佛，不能使人成佛，所以不是佛法，只能叫作阿羅漢法、辟支佛法。但是從菩薩的立場來說，卻又說那也是佛法，因為二乘菩提是大乘佛法所含攝的。所以，我們通了大乘法，就能把四阿含的正義寫出來，讓他們沒辦法開口反駁。這個月底又要印出第三輯了，我寫書速度很快的，你們如果不努力讀，未來書房裡堆了一百冊我的書，可能你還沒讀完三分之一。要多用功一點，否則縱使找到了如來藏，精進禪三時你還是考不過去的，因爲我們的勘驗標準很高。

所以，眞想學佛的人一定要知道佛法正確的定義，如果不知道佛法的正確定義是什麼，往往說法時謗了佛法還不知道。所以他們把如來藏否定了以後，佛法便不能成就了！而他們正在否定如來藏時，他們各自的如來藏卻仍然繼續在支援他們否定如來藏。因爲如來藏是不住於三界六塵中的，祂從來不管善惡、是非，祂是無記性的；當他們在否定自己的如來藏、在毀謗佛法時，他們的如來藏仍然繼續支援他們造口業去誹謗如來藏。這就是洞山禪師說的「**如愚如魯**」，所以人家問禪師：「**如何是佛？**」「**我也不知道。**」他就只答覆「**我也不知道**」，禪師講的就是如來藏**如愚如魯**。所以如來藏是佛法的根本，否定如來藏時就是否定佛法了。

這樣看來，印順顯然是不信佛法、毀謗佛法的人。因爲：否定如來藏以後就沒有佛法可證了，所以他自己不信以及誹謗，並且不自知而自以爲了知，才敢以究竟佛位自居，所以印順允許把他的傳記副書名叫作「看見佛陀在人間」，這證明印順晚年是以佛陀自居的。這就是不知而自以爲知，生起了錯誤的見解，所以你們可以看到《空之探究》、《如來藏之研究》、《妙雲集》、《華雨集》，《攝大乘論講記》等等，全部都是顚倒的解說。他曲解佛意、菩薩意來附和藏密的六識論邪說，作得太明顯了！譬如世親菩薩的《攝大乘論釋》中，舉出好幾種理由證明有阿賴耶識，結果印順解釋一番以後卻變成說：**世親菩薩以好幾種理由證明沒有阿賴耶識**。這眞是全面顚倒的解說，依照印順自己定義的謗法意涵，他自己這些行爲都是謗法重業。三種善人都不會如此毀傷自己，號稱導師的印順卻公然毀傷自己，可憐的是還有許多人繼續跟著他的腳步在毀傷自己。目前我們在作的法義辨正，就是拯救他們。

可是因爲印順的門人心性很剛強，用平和婉轉的方式很難拯救他們，如今必須用金剛手段把他們所有的名聲都剝奪完畢，讓他們一點善名都沒有了，才肯死心塌地回頭探究自己是不是走錯路了。心性剛強的人，你沒有把他的所有名聲都剝奪淨盡，只要還有一絲的名聲殘留，他們就不會改變。這就是我們現階段應該作的事。但是有些人實在太剛強，接受不了我直來直往的方式，在佛法上又沒辦法與我對談（不論是阿羅漢法、辟支佛法，都沒辦法談），就只剩下一條路，用世間法，藉律師誣告我（編案：是指釋昭慧，詳見〈正覺電子報〉第 33、34 期及 54~58 期）。可是就算告得成，我還是會把被起訴的公文書，找一個適合的時間公佈出來，讓天下都知道那個人已經走到窮途末路了，只好用世間法濫告，這就是我的回應，也是他們的最後一步。

我剝奪他們剩下的最後一絲一毫名氣，看對方會不會因此而改變心態。但是印順很聰明，懂得閉嘴不談，絕不回應；這樣看來，印順顯然不在他所說的三種善人中，不在我們說的第三種不謗正法的善人中。諸位倒是屬於這三種善人中至少某一種，乃至將來可以推進到第二種；這是有可能的，就看諸位怎麼走。

〈勝鬘章〉第十五

【「除此諸善男子善女人已，諸餘眾生於諸甚深法，堅著妄說，違背正法，習諸外道腐敗種子者，當以王力及天、龍、鬼神力而調伏之。」爾時勝鬘與諸眷屬頂禮佛足，佛言：「善哉！善哉！勝鬘！於甚深法方便守護，降伏非法，善得其宜，汝已親近百千億佛，能說此義。」】

講記：接下來的最後一章是〈勝鬘章〉。這就是說，從法上演說了許多以後，還是要再回到勝鬘夫人身上來，因為她是這部經的緣起：由她開始，最後還是要由她來結束。所以勝鬘夫人接著又說：「除了這三種善男子、善女人以外，其餘的眾生們，對於勝義諦、第一義諦的種種甚深法，總是很堅固的執著錯誤的說法，違背了正法，並且是不斷的熏習種種外道腐敗種子的人，應當以國王的力量─以官方的力量─以及天人、天龍、摩睺羅伽等鬼神之力來調伏他。」這時候勝鬘夫人與她的眷屬們就一起頂禮 佛陀足下，準備把這部經典作一個結束。佛就開示說：「說得很好呀！說得很好呀！勝鬘啊！妳能對這個非常深妙的法，具有種種方便來守護、來降伏種種非法之說，並且能把握其中的分寸。妳應當知道，其實妳往劫以來已經親近過百千億佛了，這樣世世轉生修行到今天，才能夠說出這樣的深妙義理來。」

這意思是說，除了前面三種善男子、善女人以外，其餘的很多眾生對於甚深法都是堅固執著於錯誤的說法；這種現象在正法時代就已經如此了，更何況是末法時代的今天。所以我們寫了那麼多的書，我們會中的同修們也在網站上講了那麼多，卻仍然還有許多人繼續落在四倒之中，並且繼續否定如來藏，這是很常見的現象；他們總是落在四倒中，總是以意識當作如來藏。譬如顯教中，常常有大師主張離念靈知就是眞如心、就是如來藏，這一類人就是落在四倒裡面。顯教中這一種自認爲已經證悟明心而出來弘法的法師、居士，數量眞的不少。

密教中有沒有這種人？更多！西藏密宗自續派中觀的紅教、白教、花教都如此。他們是從古時天竺的清辨開始，就已經是如此了，一直都認爲意識心就是常住法，他們都是六識論者。有沒有另外一種六識論者呢？有！就是顯教中否定如來藏的印順派法師們，他們否定了如來藏以後，不免同時具有四倒。西藏密宗有沒有印順這種人？有！代表者就是黃教的宗喀巴、阿底峽。他們否定了如來藏以後，回頭把意識建立為常住不壞心，所以仍然不離四倒，這就叫作堅著妄說。堅著妄說的人，一定會違背正法；所以他們把意識心認定為如來藏，或者在密宗裡面把觀想中脈裡面的明點當作證如來藏，不是以親證第八識心作為證悟明心，至今仍不願改變，就是堅著妄說。因為落在意識心上的結果，就不免習諸外道法腐敗種子，最具體的代表就是西藏密宗，從天竺密宗傳到西藏來，都是如此。所以他們有許多人，譬如馬爾巴帶了好多黃金去印度，找到那洛巴學成回來以後，仍然都是外道法，然後冠上佛法的名相說是佛法。

所以，末法時代種種外道法混到佛法中而公開宣稱為佛法，是有原因的；因為凡是落到意識心的人，都會對意識相應的境界產生喜樂；他們既然認定意識是常住法，當然會在六塵中修學種種法，都不離六塵法，因為意識是永遠無法離開六塵的，這正是印順的落處。既然從來都不離六塵，當然就不離苦樂；除非是不落於六塵的法，才能夠離開苦樂。凡是六塵中的法都不能離苦樂，不幸的是，密宗應成派與自續派一切人所證的意識是要依六塵才能存在的，至少也要依法塵。所以不免會在六塵境界中執取觸覺上的樂觸，所以就落到外道的雙身法中，沒有一個人能倖免，這就是習諸外道腐敗種子。

所習的種種外道種子，爲什麼被稱爲腐敗？第一、會破壞正法，第二、會下墮於欲界最深沉、最卑賤的境界中，第三、會成就惡慧，因爲無法避免會師徒亂倫。很多人剛走進密宗時並沒有發覺到師徒亂倫的嚴重性，可是進了密宗久修以後，一旦進入密灌壇時就必須師徒亂倫了，這是不可避免的，若不亂倫便無法成就密灌。密宗的第三灌慧灌，第四灌密灌，都要師徒亂倫，否則不能成就密宗的灌頂法。修學佛法的結果竟然是一定要師徒亂倫，將來死後要下墮三惡道中，那當然是腐敗種子。他們學密時間久了以後其實都心知肚明，可是都不願講出來，好像是要留給我來講。這擺明了是：惡人你來當，好人我來當；好處我來得，壞處讓你得。沒關係！我們就當惡人也好，有壞處也沒關係，只要能把學人救回來就行。

這一些習諸外道腐敗種子的人，背後的原因就是落在意識上；既然落在意識上，就不免與六塵相應。對於這些堅固執著而不肯回轉於正法的惡見者，勝鬘夫人說：「應該以王力」，就是以官方的力量制止。但我們不可以這樣作，因爲她的丈夫當國王，當然可以如此。如果我有個太太當女王，那也可以，問題是沒有。而且我們現在也不想涉入政治，所以不管泛藍、泛綠等政治勢力，我絕對不涉入，我們整個同修會也不許涉入政治，所以我們不以王力。但我們可以用「人力」來「加以調伏」。勝鬘夫人又說：「對某一些修習外道腐敗種子的鬼神等，要用天神、龍神、鬼神的力量去調伏。」當然這是由天人與鬼神暗中去作的事。但針對那一些修習外道腐敗種子的佛弟子，則是我們的責任，由我們人力來調伏之；不能一天到晚想當老好人，明知道那些人以邪見在戕害眾生，卻不肯出面去破斥，老是推卸責任說：「韋陀菩薩！護法是您的事，全都由您去破斥吧！」凡是在人間調伏破法者的事，應該我們自己來作。這不但是承擔責任，也是一個成就大功德的好機會。

想想看：你能有多少機會可以作這種大功德？譬如將來往生極樂世界去了，這件事情輪得到你嗎？還是輪不到你。因爲凡是有邪見種子的人，即使發願生極樂世界，只能下品往生在蓮花苞中，不斷的熏習苦、空、無我、無常、六波羅蜜、八正道等等，熏習幾劫那就看他們的因緣了，不是由你來救他們。所以這一種救護眾生的機會不多，特別是全面性的作救護工作，機會是很少的。諸位算是有幸可以參與，雖然作起來會很辛苦，但是你要想：責任越重越辛苦，功德越大。所以，去極樂世界修行一百年的功德，不如在這裡修行一天；那邊的一百年，等於這裡是多久？那邊的一天是這裡一大劫，而去那邊修行一百年不如在這裡具足淨修一天。這還只是個人的修行，如果你能在娑婆世界救護眾生，把邪法邪行趕出佛門，讓佛門的法義及行門純淨，救回好多眾生離開惡業，你的功德顯然是無量大，千萬別小看這件救護眾生的事。也許你在作的時候，覺得自己只不過救了十個人遠離邪道，看起來好像沒什麼，其實功德無量無邊。

所以，勝鬘夫人說的「當以王力調伏」，我們不用王力，而用人力—以我們在人間的人類身分去作—不要什麼事情都推給護法菩薩，該我們作的我們就去作。但是我們在作的過程當中，外道或佛門外道召請許多鬼神來破壞我們的工作，那就是護法菩薩該應付的事了。有許多密宗喇嘛、法王，修誅法想要誅殺蕭平實，有沒有用呢？都沒有用，因爲護法菩薩們都處理掉了。你們知道他們修誅法來對付我，是怎麼修的嗎？那些儀軌就不談，他們會先捏一個麵人代表蕭平實，那個麵人橫躺在一個木盤上面；那個麵人，當然不可能把我雕得很莊嚴，當然要把我雕得笨笨的模樣，並且還要把我的身體染成藍色的，表示我蕭平實是邪魔外道，然後就開始修誅法；最後那個主法的喇嘛拿起一把劍，把麵人的脖子一刀兩斷，這樣就是誅法完成了。

問題是那個麵人不是蕭平實，所以他們修了好多誅法，我都沒有感覺到。又因爲修誅法所派遣的鬼神，層次都很低，都只是一些山精鬼魅來假冒佛菩薩。你們若看過他們法會時跳的金剛舞，都是一些牛頭鬼面！聰明人一看就知道那些面目猙獰的鬼神都是層次很低的。那些牛鬼蛇神爲什麼要被他們派遣？因爲貪他們的供養，而且都是以不淨物供養，那表示他們本身的福德很薄。在佛門了義正法中當護法神的，有許多是威神力極大；若如 韋陀菩薩，據說是賢劫的最後一尊佛（我還沒有考證它），密宗那些牛鬼蛇神怎麼能夠靠近？所以救護那一些修習外道腐敗種子的人間佛弟子，是該由我們來作，不該是護法菩薩們作的。可是冥界的眾生被喇嘛們派遣來幹惡事的，就是護法菩薩們的事，我們也不用去干預，祂們都知道該怎麼作。我們要在人間設法把眾生救回來，讓他們離開邪見邪行，不再修習外道腐敗種子，這樣就夠了。所以調伏這些眾生是我們的責任，我們得要剛柔並濟。

這樣說完了，勝鬘夫人與她的眷屬頂禮佛足，意思是說：我要代替　佛陀說的法都已經說完了。所以　佛就讚歎她說：「對於這個甚深法，要如何能夠方便守護呢？妳勝鬘眞的是很瞭解，也懂得如何降伏非法，能夠把握其中的分寸。這表示妳勝鬘確實是已經親近過百千億佛，修行到今天才有這種智慧與能力。」

【爾時世尊放勝光明普照大衆，身昇虛空高七多羅樹，足步虛空還舍衛國。時勝鬘夫人與諸眷屬，合掌向佛，觀無厭足，目不暫捨。過眼境已，踊躍歡喜，各各稱歎如來功德，具足念佛；還入城中，向友稱王稱歎大乘；城中女人七歲已上，化以大乘；友稱大王亦以大乘化諸男子七歲已上，舉國人民皆向大乘。】

講記：這時候　世尊向勝鬘慰勉完了，就放出很殊勝的光明普照大眾，這就是加持。然後身昇虛空高七多羅樹，那顯然是很高，當然比大樓還高，因爲多羅樹至少也有兩層樓高，通常長到具足了，可以到五樓高、六樓高。那七多羅樹多高？自己想一想就知道了。這樣足步虛空回到舍衛國。這時候勝鬘夫人與她的眷屬們，大家合掌面向 佛陀的方向，觀無厭足，目不暫捨。這四個字是眞實的形容，假使你遇到了 佛陀召見，你的眼光不會一剎那離開 佛陀。因爲我體驗過，只要召見過一次，你就會永生難忘。等到 佛已經離去很遠了，超過眼睛所能看到的範圍（超過眼所見的境界，就是過眼境），超過眼睛所能見的境界之後，心中依舊非常踴躍、非常歡喜。大家各都稱揚讚歎如來的功德，並且心中一直都在想著 佛的種種事，然後還入城中。爲什麼還入城中？因爲她本來是住在王宮中，不是在國王治理的大城中，所以這時就進入城中，向她的丈夫友稱王來稱讚、讚歎大乘法。由於這個緣故，凡是城中的女人只要滿七歲了，就由勝鬘夫人去度化她們，全都用大乘法來教導；凡是城中男子滿七歲以上，就由友稱王來度化。所以因爲這個緣故，舉國人民都修學大乘，沒有一個人修學二乘法。

這眞的很不容易，想想看，如今大乘法地區，大家口說大乘，修的卻都是小乘—聲聞乘—的解脫道。並且很悲哀的是，所修的小乘法還是錯誤的小乘法。所以我們要把這些法廣傳，使二乘法回到正確的二乘法；也要讓所有的大乘法地區中，二乘法信徒不再增長，大乘法信徒繼續廣大增長，這就是我們要作的事。我們之所以要那麼辛苦寫《阿含正義》，目的就在這裡，讓他們看看：他們自稱是阿含專家，他們自豪的阿含二乘法，其實他們仍然不懂。我們修證大乘法的菩薩，倒比他們聲聞人更懂二乘法解脫道。假使他們把七輯詳細讀完了，就會瞭解而這樣想：「我們以前對二乘法的瞭解，其實都是疏疏落落、零零散散的了知。現在這《阿含正義》讀完了，整個二乘菩提的脈絡分明，並且怎樣證初果也有入手處；一直到成爲阿羅漢，該如何實證，其中都有了。」當他們瞭解到這一點，就會發覺：「原來我們只願意受學二乘法的人，根器眞是太低劣了！而人家菩薩都知道我們的二乘法，可是我們完全不知道菩薩的大乘法是什麼，並且對自己所修二乘法的了知也是偏邪的。」希望這樣可以使他們生起對第一義的信心，轉入勝義諦中修學大乘道，這就是我寫《阿含正義》的目的。

我希望可以達成這個目標，到時候：「舉國人民皆向大乘。」(大眾鼓掌⋯⋯)鼓這個掌，也是爲你們自己，因爲獨木難成大廈；一定要有許多人配合，我一個人作不了多少事情。所以這個功德的成就，其實也是諸位的成就，應該覺得與有榮焉。這個事情如果能夠成就，將來你們佛道的進程，都會很順利而且很快速。想想看：有的人因為廣弘大乘如來藏妙義，二、三十世便能走到初地，有的人繼續修上一、二千世還是在十信位中，到底你要當哪一種人？這就要看你怎麼樣判斷。

【爾時世尊入祇桓林，告長老阿難，及念天帝釋。應時帝釋與諸眷屬忽然而至，住於佛前。爾時世尊向天帝釋及長老阿難廣說此經，說已告帝釋言：「汝當受持、讀誦此經。憍尸迦！善男子、善女人，於恒沙劫修菩提行，行六波羅蜜。若復善男子、善女人聽受讀誦，乃至執持經卷，福多於彼，何況廣為人說？是故，憍尸迦！當讀誦此經，為三十三天分別廣說。」復告阿難：「汝亦受持讀誦，為四眾廣說。」】

講記：世尊離開勝鬘夫人的王宮以後，進入祇桓林中，想要吩咐長老阿難；並且 世尊心中也想起了忉利天的天主釋提桓因（釋提桓因就是道教中的中天玉皇大帝，他管的是欲界六天中的第二天，第二天中共有三十三天，中天是玉皇大帝所管；東南西北各有八天，加上中天，總共三十三天。所以，諸位可以看見道教中有許多上帝，譬如保生大帝、玄天上帝等等，因為總共有三十三天的緣故；但是都歸中天玉皇大帝所管，玉皇大帝就是天帝釋）。佛想起天帝釋的時候，天帝釋感應到了，所以就與諸天眷屬忽然下來人間。只要 佛想到誰，誰就得趕快去，千萬不要說：「今天我沒空，明天再去。」可不要這樣想，即使你現在正在談一筆一百億元的生意，你也甭管，交給手下繼續作，你趕快就去，這是求之不得的機會。所以，釋提桓因立刻率領他的眷屬來了，因爲天帝釋會隨即憶念諸眷屬，他所想到的眷屬們馬上會知道天帝釋在想他。譬如天帝釋有一頭大白象，是他的坐騎，他只要一想到，那頭白象立刻就來了！同樣的道理，他與眷屬來到 佛前停了下來；那時 世尊就向釋提桓因以及長老阿難廣說此經，不是像勝鬘菩薩講的這麼簡略，而是廣說。我們是爲了讓這經中的道理使佛弟子都瞭解，所以我們也把它加以廣說。佛爲他們所講的，當然更是廣說。這麼好的機會，特地把你叫來說法；打著燈籠，還眞的天下難找。所以 佛想到你的時候，你知道 佛想念你了，就趕快去。

解說完了此經，佛就向釋提桓因說：「你應當要受持、讀誦這一部經典。」又稱呼他的名字說：「憍尸迦！善男子、善女人，於恆河沙數劫中修菩提行，努力精勤的修學六波羅蜜。這樣的善男子、善女人的功德可以拿來比較一下：假使有善男子或善女人，只是聽受這部《勝鬘經》，或者讀誦這一部《勝鬘經》，或者既不聽受也不讀誦，他只是時時刻刻把這個《勝鬘經》的經卷帶在身上，這福德都超過前面講的那個善男子、善女人於無量數劫中修菩提行、修六波羅蜜。」想一想，哪一種功德大？前面的善男子、善女人於恆河沙數劫中修六波羅蜜，都是在外門打轉，轉不進內門來；因爲他們根本不知道有如來藏可證，也不曉得修學佛菩提就是要從證如來藏開始，而最後成佛也靠如來藏。如果不聽受此經，也不讀誦此經，只是每天拿著此經，請問你：拿著、拿著，有一天會不會把它讀一讀？一定會嘛！哪一天把它讀了說：「原來成佛之道要這樣走的。好！我要去證祂。」

或許哪一天遇到一位菩薩問你：「你爲什麼每天帶著這一部經？你想不想知道經中的眞義？」於是他就會教導你。這時只要一念想要證如來藏，這就是眞發菩提心。以前都是口發菩提心，不是心中發菩提心，所以都在外圍修六波羅蜜；老是外圍修，當然要修恆河沙數的無量數劫，卻還是在外圍。可是如果知道要證這個法，就會去尋找：到底哪個道場可以幫我證如來藏？如果有人這樣做了，就表示他已經成爲第三種善男子、善女人了。因爲等他找到了能教他證如來藏的道場，今生就可以實證了；證了如來藏就成爲第二種善男子、善女人，就開始內門廣修六度萬行，成爲三賢位的菩薩了！三賢位的菩薩，在二乘法中至少是初果聖人了。那你想一想：自己到底要當哪一種人？在證悟之前，當然要當執持經卷的人，不當否定如來藏的愚人。

時時執持經卷在身上，有時閒著覺得無聊，請出來讀一讀；每天都讀一二段，讀久了就會越讀越有味道；時間久了，自然就會想要求證如來藏心；只要證了如來藏心，就是三賢位的菩薩了。所以說，乃至執持經卷，福德都勝過前面那位恆河沙劫修六度萬行的人。那個恆河沙劫廣修六度萬行而不知道應該證如來藏的人，再怎麼修學大乘法，都是只能在六住位前廣修六度萬行，永遠進不了內門廣修六度萬行的。假使親證了，有一天並且能夠爲人廣說，當知福德更不得了，所以想想看：我們這些親教師們，福德大不大？（大眾答：大）想一下就知道了。光是執持經卷就已經福德夠多了，還能爲人廣說整整兩年半的如來藏妙義，一點一滴幫大眾把知見建立起來，福德當然更大。正因爲這個緣故，佛告訴釋提桓因說：「憍尸迦啊！你應當要讀誦此經，還要爲三十三天的眾天主以及眾天人，詳細的加以分別，讓大家了知正理。」

佛陀向天界的佛教人物吩咐完了，再告訴阿難說：「你也得要受持讀誦，並且要爲四眾廣說。」四眾就是出家二眾、在家二眾。這樣，想想看：能夠聽受讀誦乃至執持經卷，爲什麼福多於彼？因爲讀了《勝鬘經》以後，心中相信有如來藏，也開始理解如來藏的體性了，正知見建立了！然後有一天因緣成熟就可以觸證到如來藏；這樣一來，遠勝於外門盲修瞎練六度。一般人號稱六度萬行，行的都是外門行；如果你想要出三界家，是應該在寺院外面一直繞？或是進到寺院中去實證？當然要進去。在外面繞上一百年，不如去裡面住上一夜，因爲在佛法大道場中睡大覺，都勝過在外面經行一百年。

叢林有一句話說得很好：「寧在大廟睡覺，不在小廟辦道。」如何是大廟？有法就是大廟，法大就是大廟。若是沒有法，建得像金鑾殿一樣，蓋上幾百公頃規模，金碧輝煌一大片都還是小廟，在那邊辦道完全沒有用。有法的地方，在那裡面睡一覺，不小心聽到一句話，都可能使你證悟。所以叢林這一句話，說得很有道理；假使觸證的因緣還沒有到，在大廟中依止，至少不會違背正道。不違背正道就不會破壞正法、毀謗正法，而且總是會有因緣可以親證；所以證如來藏才是重要的法，但一定要認清楚：哪裡才是大廟？哪

【時天帝釋白佛言：「世尊！當何名斯經？云何奉持？」佛告帝釋：「此經成就無量無邊功德，一切聲聞、緣覺不能究竟觀察知見。憍尸迦！當知此經甚深微妙，大功德聚，今當爲汝略說其名；諦聽！諦聽！善思念之。」時天帝釋及長老阿難白佛言：「善哉！世尊！唯然受教。」佛言：「此經歎如來眞實第一義功德，如是受持。不思議大受，如是受持。一切願攝大願，如是受持。說不思議攝受正法，如是受持。說入一乘，如是受持。說無邊聖諦，如是受持。說如來藏，如是受持。說法身，如是受持。說空義隱覆眞實，如是受持。說一諦，如是受持。說常住安隱一依，如是受持。說顚倒眞實，如是受持。說自性清淨心隱覆，如是受持。說如來眞子，如是受持。說勝鬘夫人師子吼，如是受持。復次，憍尸迦！此經所說斷一切疑，決定了義，入一乘道。憍尸迦！今以此《說勝鬘夫人師子吼經》付囑於汝乃至法住，受持讀誦，廣分別說。」帝釋白佛言：「善哉！世尊！頂受尊教。」時天帝釋、長老阿難及諸大會天、人、阿修羅、乾闥婆等，聞佛所說，歡喜奉行。】

講記：這時釋提桓因向 佛稟白說：「世尊啊！我既然要受持這一部經，就應該有經名來受持。我該把它稱呼爲什麼經呢？又應當如何奉持呢？」佛陀告訴釋提桓因說：「這一部經成就了無量無邊的功德，」這個功德，諸位從一開頭聽到現在，當然已經瞭解很多了。「這不是一切聲聞、緣覺所能知道的，所以一切不迴心的聲聞、緣覺等聖人，都不能夠觀察知見，何況能夠究竟呢？憍尸迦啊！應當要知道，這部經非常的深奧，而且法義非常的深妙。如今你應當知道，這部經是非常大的功德所聚集而成就的，我就為你大約說明這部經的經名，你要詳細的聽著，並且要善於思惟憶念而不要忘記。」釋提桓因以及長老阿難就向 佛稟白說：「太好了！世尊！我們一心聽受您的教導。」

佛陀於是開示說：「這一部《勝鬘經》，是讚歎如來眞實第一義的功德，應當如是受持，所以這部經也可以稱為《歎如來眞實第一義功德經》。」意思就是說，這部經是在讚歎如來所證的功德。這個功德有兩個部分：一是眞實功德，二是第一義功德。眞實功德是在表顯一般人錯會佛法為一切法緣起性空，不知應該求證法界實相；第一義功德是在表顯二乘聖人所證菩提非究竟。而這部經主要是在讚歎如來有這兩種功德，所以應當如是受持。

第二個經名叫作《不思議大受經》。因為眞實法是常住法，而常住法又異於外道的神我、梵我，也異於二乘法所說的緣起性空，所以說：「對於這個法的證悟而且能安忍所以生起了智慧，對於這種無所得空而不是斷滅的眞實境界生起了智慧，這樣安住下來，正受如是智慧境界、解脫境界，就叫作《不思議大受經》，應當如是受持。」

「第三、《一切願攝大願經》，應當如是受持此經。」也就是說，諸佛如來、一切菩薩所發的一切願，都是在幫助眾生取證不可思議的佛地功德，而不只是停留在因地的證悟境界中，更不是只幫助眾生證得二乘菩提小果。所以要發起這樣的願：救度眾生同證佛果永無窮盡。這樣的願是應該以〈三願章〉的三個大願來受持，所以這部經也可以稱爲《一切願攝大願經》。

「第四個受持法，《說不思議攝受正法經》，如是受持。」也就是說，一切人不論修哪一乘的菩提，都應以 佛爲究竟歸依，因爲攝受正法是將所有的願匯歸於一個願，那個願就是攝受正法。而攝受正法必須以 佛爲依歸，才有攝受正法可說；不能離於 佛陀的聖教而可以說他在攝受正法，所以不思議攝受正法，也就是這部經的另一個經名。

「第五個經名爲《說入一乘經》。」也就是說：二乘法解脫道，只是個方便法，是從佛菩提中方便分析出來利樂急求解脫生死的人，不是究竟的解脫生死；所以讓他們實證解脫以後，就必須要迴向大乘法的取證，迴向究竟佛果，所以攝一切法歸於三乘菩提，攝三乘菩提歸於一乘道，就是唯一佛乘，來函蓋三乘菩提。《勝鬘經》也說這個道理，所以又名《說入一乘經》。

「第六個受持法，叫作《說無邊聖諦經》。」因爲一般人對佛法其實無所知，只知道：苦、空、無我、無常、一切緣起性空，所以要修八正道、十二因緣。認爲這就是全部的佛法了，但其實都只是二乘法；而在菩薩所修六度波羅蜜、十度波羅蜜中，其實聖諦無量無邊，所以才有五十二個階位的修行。而這部經就點出了這個道理，讓眞正的學佛人可以瞭解開悟的時候並不是究竟佛地，仍然還有無量無邊的佛菩提聖諦需要繼續修學，所以這部經又名《說無邊聖諦經》。

「第七個經名爲《說如來藏經》，應當如是受持。」因爲這部經主要在闡明如來藏的體性。自性清淨心而有染污，是眾生乃至不迴心的二乘大阿羅漢所無法想像的；當你親證了，你才能瞭解原來如此。可是這個自性清淨心在哪裡？仍然是無法了知的，必須要悟了才會知道。而這個自性清淨心說的就是如來藏心，所以這部經名，又叫作《說如來藏經》。

「第八個經名是《說法身經》。」因爲這部經談到一切諸法的緣起都從如來藏來，如來藏爲諸法之根源，所以稱爲法身。因此這部經又稱爲《說法身經》，應當如是受持。

「第九個名稱，《說空義隱覆眞實經》。」空的道理很難理解，進入佛法就是在學佛，所以假使有人在世間法上不如意，然後進入佛門修行了，社會大眾就說：「他在十幾年前就遁入空門了。」這樣的空門聽起來好像是很灰色、很消極的，好像是已經心灰意懶了，就像是油盡燈枯的狀況；但其實不然，只有二乘人才是這樣的。眞正的佛法不是如此，而是越修越奮發、越精進，越發的積極。這是因爲空的眞實義是隱覆密意而說的，這個隱覆密意而說的空，其實卻是眞實的，是常住不變的，不是消極性的緣起性空；因爲《勝鬘經》說出了這個道理，於是就另外有一個經名：《說空義隱覆眞實經》，應當如是受持。

「第十個經名，《說一諦經》。」一諦當然不是在講四聖諦，而是在講大乘滅諦；是說眞實的聖諦都從 佛而來，然而 佛的所證、所知、所見，都是這個如來藏法身的境界。所有的諸諦歸納到後來，就只有一個大乘滅諦，而大乘滅諦的實行卻都是大乘的道聖諦。可是大乘的道聖諦所說的，卻純然是依如來藏空性而說，因此這部經又名《說一諦經》，應當如是受持。

「第十一個經名，《說常住安隱一依經》。」換句話說，進入佛門或者乾脆說進入空門，學空修空時根本不必恐懼，因爲空性是很光明的、很清涼的，而且是眞實、常住不變。所以進入佛門而成爲消極的、負面的觀念是錯誤的，因爲那不是眞正的佛菩提。眞正的佛菩提是修如來藏法，由如來藏的實證而證得常住法，證得常住法以後心中就很安隱，絕對不消極，反而會很安隱；其中的原因是因爲有一個常住法實證以後作爲所依，而這個所依是眞實法，也是一切法的根源。所以有許多人來到同修會，證得如來藏以後，第一個感覺就是眞實、腳踏實地；以前覺得佛法是空空蕩蕩的、渺渺茫茫的，是灰色消極的，也不知應該何去何從。可是證得如來藏以後，發覺原來佛法是眞實的，不是想像的，不是思惟的，是可以實證的，所以心中就覺得很實在。這個實在就是從如來藏作爲你的所依而來的，而《勝鬘經》正是在說明這個道理，所以它又有個經名：《說常住安隱一依經》，應當如是受持。

「第十二個經名，《說顚倒眞實經》。」爲什麼這部經稱爲《說顚倒眞實經》呢？因爲這部經中說明了眾生是如何的顚倒，但是眾生正在顚倒之中，卻又有個眞實法同時存在著，可以讓眾生在緣熟時親自取證；取證之後就不再有顚倒，就是眞實的常住法，離開了四倒，進入眞實法中；所以這部經又名《說顚倒眞實經》，應當如是受持。

「第十三個經名，《說自性清淨心隱覆經》。」因爲這部經中特別說明有這個如來藏心，祂是自性清淨的，是修行之前就已經本來清淨的，修行之後祂還是一樣清淨。可是這個自性清淨心的行相－祂運作時對萬法的了知相－極微細，所以很難找到祂；祂就如同躲藏起來一樣，因此自古以來有許多的學佛人窮盡畢生的精力找尋祂，卻始終找不到，能找到這個自性清淨心的人永遠是極少數。一定要等到你悟了以後，你才會反過來說：這個心從來都不曾躲過我，一直都很清楚的在顯現給我看，只是我愚癡無明，沒有找到祂。可是對一般人來說，這個自性清淨心眞的是很幽隱難尋，而這部經說的正是這個道理，所以它又有個經名：《說自性清淨心隱覆經》，應當如是受持。

「第十四個經名，《說如來眞子經》。」也就是說，親證如來藏以後才能說你是眞正的佛子。二乘聖人不是 佛的眞正兒子，只能稱爲弟子，稱爲學生，因爲二乘聖人不肯、不樂、也不能承擔如來的家業。如來的家業如是廣大、如是尊貴，可是二乘聖人無法承擔，他們各個捨報時都想要入涅槃。他們捨報之前也無法承擔大乘法道，因爲他們只能爲人宣說解脫道，不能爲眾生宣說佛菩提，所以他們沒有能力也不願意來荷擔如來家業，所以他們不是如來的眞子。可是菩薩一旦親證了如來藏，即使還沒有通達—還不到初地—就敢承擔，也有能力承擔，能把 佛的家業一肩挑起來。所以證得如來藏的人就是如來的眞子。如來看重這樣的人，遠勝過看重不迴心的二乘聖人；而這部經中也解說了這個道理，所以這部經又名爲《說如來眞子經》，應當如是受持。

「第十五個經名，《說勝鬘夫人師子吼經》。」想想看，從這部經一開始講，諸位聽到現在，勝鬘夫人貶斥了二乘法多少次，又貶斥到多麼深入，這就是師子吼。常常有人說：「阿羅漢就是佛，佛就是阿羅漢。」可是這話只有一半是對的：諸佛同時也是阿羅漢，但阿羅漢絕對不等於佛。因爲阿羅漢所斷的見惑與思惑，佛在二大無量數劫之前就已經斷盡了；可是佛所斷的煩惱障習氣種子，以及無始無明的上煩惱—塵沙惑—都不是阿羅漢之所能知，更何況能斷？因此佛可以是阿羅漢，但阿羅漢不可以是佛；因爲阿羅漢智慧粗淺，在七住菩薩面前就已經沒有開口的餘地了。勝鬘夫人把這個道理講了出來，正是師子吼，是針對聲聞法中的增上慢者（聲聞法中自以爲證果的凡夫們——如同今天的大法師們）高聲吶喊說阿羅漢就是佛，所以勝鬘夫人有這樣的師子吼。而這樣的人都是凡夫，阿羅漢絕對不會這樣說；因爲所有聲聞法中的初果到四果聖者都知道阿羅漢不可能與佛相提並論，可是二乘法中的凡夫卻常常會高聲吶喊說阿羅漢就是佛。這是在 佛陀時代已曾出現的現象，到現在仍然還存在著，所以勝鬘夫人出來師子吼，因此這部經又名《說勝鬘夫人師子吼經》，應當如是受持。

這部經典的十五個名稱說完了，佛又說：「憍尸迦啊！這部經所說的法義可以使人斷除一切疑惑。」換句話說，《勝鬘經》所說的法義，可以使人針對佛菩提與二乘菩提之間的異同所在加以釐清，不會再混淆不清了。三乘菩提匯歸於一佛乘，而二乘菩提之所以不能成就究竟的佛道，其原因所在，勝鬘夫人於這部經中已經很充分說明了，因此它可以斷一切疑，並且說明了二乘聖人連如來藏的所在也無法親證。接著說明：「這部經所說，證得如來藏以後，還有無量無邊的過恆河沙數上煩惱必須進而修斷，才能成爲究竟佛，所以說這部經是**決定說**，也是**了義說**。而這部經中又說明於佛法中修行都必須要匯歸於一佛乘：如果沒有如來就不可能有菩薩，也不可能會有二乘法；所以三乘法都要匯歸於一乘道，最後回歸究竟佛果，因此說這部經可以引導修學者進入唯一佛乘的法門中。」

佛接著又說：「憍尸迦！如今我以這些經名來解釋《說勝鬘夫人師子吼經》，並且吩咐給你，你要接受我的囑託：使大乘佛法存續流傳於人間，而且必須要受持此經，不讓它失傳；也必須要常常讀誦，因爲它可以使你不斷往前修進，並且你還得要爲一切有緣人廣作分別演說。」

佛吩咐完了，釋提桓因向 佛稟白說：「說得太好了！世尊！我一定以頂擁戴您這個教導，常常把它放在心中不會忘失。」當時釋提桓因、長老阿難以及所有參與 佛陀廣說此經時的一切天主、天人和人間的所有人，與來聽經的阿修羅以及音樂神等等，聽到了佛的所說，都很歡喜地奉行。

這一段經文中**【佛告帝釋：「此經成就無量無邊功德，一切聲聞、緣覺不**

能究竟觀察知見。」〕】我們來看印順法師怎麼註解的？請看補充資料，印順說：【「佛告」訴「帝釋」說：「此經」——法門，著重佛的果德，所以「成就」了「無量無邊」的「功德」。這樣的法門，「一切聲聞緣覺，不能」夠「究竟」的「觀察」，與如實「知見」的。】（正聞出版社．印順法師著《勝鬘經講記》p.271）

印順說：**佛告訴帝釋，此經著重的是佛地的果德，所以不是二乘聖人所能知見**。然而 佛陀告訴帝釋的，不只是佛地的果德，最重要的是說因地就可以實證如來藏了，而如來藏是萬法的根源，是出生名色、顯示三乘菩提的根本，主要是在介紹如來藏心的清淨而能出生萬法的功德。印順在結尾時把主旨轉移到「佛地的果德」，那麼迷信印順的人就會忽略了如來藏心實證的重要性，只專注在佛地果德的想像上，誤以爲因地證悟時不必親證如來藏心，印順轉移目標的目的便成功了。

但是諸位看看這最後一段，佛說這十五種經名，乃至最後所說的「**斷一切疑，決定了義，入一乘道**」，如果這個也把它算作經名的話，總共就有十六個經名了，這顯然不只是在說佛地的果德。因爲自性清淨心而有染污是二乘聖人所不知道的，而自性清淨心的所在也是二乘聖人所不知道的，只有菩薩知道；可是菩薩證了以後，卻發覺後面接著還有過恆河沙數的上煩惱—塵沙惑—等著菩薩修斷，這顯然不是純粹在說佛地的果德。所以印順把如來藏的親證推到佛地去，是嚴重錯誤的說法，也是要誤導大家都不必求證如來藏而永遠處在凡夫位或二乘位中，才能實行印順人間佛教所主張的**凡夫位的人菩薩行**。

在這部《勝鬘經》的講解中，我總共補充了一百點資料，接著還要來個一百增一（大眾笑…），因為許多人迫不及待的想要聽《金剛經宗通》了，咱們不妨吊一會兒大家胃口。但我的一百增一之言非常重要，因為這是 佛陀在世時的眞實典故；假使這一點不能突破，在末法時代出家了反而會跟正法絕緣。如果這一點能突破，不管你是在家或出家，正法的眞修實證，都能有機會。而且我所引述的這部經，是在聲聞律中引述出來的。既然要讓會外聲聞種性的法師們能夠生信、轉變而發起菩薩性，當然要用他們所信的聲聞律部經典來說明。假使我用大乘法的律經，他們不會接受，因為他們會誣說那是 佛滅後的弟子們創造的，所以我就用阿羅漢們結集出來的《摩訶僧祇律》來說。在《摩訶僧祇律》卷十二中有這樣的記載：

【佛告阿難：「汝莫令王舍城比丘尼僧來見我。」阿難言：「善哉！」禮佛即還，至比丘尼所告言：「諸姊！世尊有教，不聽汝前。」（阿難）第二、第三亦如是（前來求佛接見比丘尼眾）。佛告阿難：「汝何故爲王舍城比丘尼慇懃乃爾？」阿難白佛言：「世尊！我不作比丘尼想，何以故？世尊呼來不來、遣去不去故。但世尊語有餘理，言王舍城『比丘尼僧』，以僧故，是故慇懃。」佛言：「聽王舍城比丘尼僧前。」阿難即還比丘尼所，語言：「諸姊！大得善利。世尊聽汝等前。」諸比丘尼聞已，皆稱：「善哉！善哉！」阿難即前佛所，頭面禮足，卻住一面。白佛言：「世尊！我等不善，如小兒愚癡。不識福田，不知恩養，不受世尊教。我今自知見罪，唯願世尊受我悔過。」佛告王舍城比丘尼：「汝等不善，如小兒愚癡；不識福田，不知恩養。世尊呼來不來，遣去不去。汝今自見罪，聽汝悔過。於聖法中能悔過者，增長善根。自今已去，勿復更作。若比丘僧如法喚比丘尼僧，比丘尼僧法應即來；若不來者，得越毘尼罪；比丘僧應遮此比丘尼僧布薩自恣，若來時不聽入門。若比丘僧如法喚眾多比丘尼，呼一比丘尼亦如是。若眾多比丘如法喚比丘尼僧，法應即來；若不來者，得越毘尼罪，應遮此比丘尼布薩自恣，若來時不聽入門。若眾多比丘如法喚眾多比丘尼，喚一比丘尼亦如是。若一比丘如法喚比丘尼僧，喚眾多比丘尼、喚一比丘尼，比丘尼法應即來；若不來者，得越毘尼罪；應遮此比丘尼布薩自恣，若來時不聽入門。若尼僧、若眾多比丘尼、若一比丘尼，向比丘僧、向眾多比丘、向一比丘悔過，法如前向佛悔過法中廣說。」爾時世尊為王舍城比丘尼隨順說法，示教利喜，時一比丘尼得法眼淨。佛告諸比丘尼：「汝等可去，還案來時道；若五通居士若有所說，汝當受行。」爾時王舍城諸比丘尼即還趣五通聚落，時五通居士即入定，觀見此諸比丘尼已向佛懺悔，悉皆清淨，成就法器。時五通居士案如常法，乘白騲馬車，一由延迎；遙見諸比丘尼僧，便下車步進，徧袒右肩、右膝著地，合掌白言：「善來！阿姨！行道不疲極耶？」居士即請諸比丘尼在前行，從後而歸。到家中已，與好新房床褥臥具，與煖水洗足與塗足油，與非時漿。暮然燈火，安慰問訊言：「阿姨！安隱住。明旦供給齒木、澡水，與種種粥。」至時，與隨適飲食，食已偏袒右肩、右膝著地，合掌白言：「我今請阿姨，夏安居。我當供給所須衣食床臥病瘦醫藥，當教學受誦經偈，唯除布薩自恣。」爾時諸比丘尼作是念：「今已四月十二日，夏坐已逼。又世尊復敕：『當受五通居士語。』」思惟是已，即便受請夏安居。居士日日爲比丘尼說四念處，諸比丘尼聞此法已，初夜後夜精勤不懈，修習聖道成就得證。諸比丘尼受自恣竟：「我等當詣世尊，禮敬問訊，自說果證。」】

我還是得要稍微解釋一下，讓那些本質是聲聞僧而自稱爲菩薩僧的凡夫法師們懂得其中的道理。《摩訶僧祇律》，摩訶叫作大，也就是大僧祇律，這是戒律的律典。這部律典中有這樣記載：世尊告訴阿難尊者說：「你不要讓王舍城來的那些比丘尼僧來見我。」當然這前面還有一段因緣典故，我們就省略不說了。阿難就說：「善哉！」向 佛禮拜以後就回去比丘尼眾的所在，告訴她們說：「諸姊！世尊有教示，不讓妳們到世尊面前去禮拜或請法。」可是講完了，阿難又回來跟 世尊說：「王舍城來的比丘尼僧們想要見世尊。」世尊仍不允許。阿難回去向比丘尼眾說：「世尊仍不允許。」然後又主動回來再跟 世尊要求——第三遍來懇求，於是 世尊就問：「你爲什麼爲王舍城這些比丘尼們慇勤到這個地步呢？」

佛陀這樣問了以後，阿難尊者向 佛稟白說：「世尊！其實我並不是把她們當作比丘尼的，因爲她們有個壞處：世尊您呼喚她們前來，她們竟然不來；

後來　世尊派遣她們離開，她們竟然還不肯聽話離開，所以我不把她們當作比丘尼。可是世尊您話中有話，我有注意到了，因為您說王舍城的『比丘尼僧』，因為您加了這個『僧』字，所以我才會這麼慇勤，為她們三次來求世尊。」佛聽完了就說：「好！我就允許王舍城來的比丘尼僧們到我面前來。」阿難就回去跟那些比丘尼們說：「諸位姊妹啊！妳們真的好有福氣，世尊已經允許妳們到祂面前去了。」這些比丘尼眾聽了就說：「太好了！太好了！」然後就跟著阿難尊者來向　佛陀頭面禮足，禮拜完了就站在旁邊。沒有人可以大膽的站在　世尊正面，總是要稍微閃開而站在兩邊的。

那些比丘尼眾禮　佛完了就向　佛懺悔說：「世尊！我們這些人真的不是善類，就好像小兒一般的愚癡。不認識真正的福田，也不知道世尊的恩澤和養育，竟然不領受世尊的教誨，呼來不來，遣去不去。我們如今自己已經知道，也看見了自己真的有罪，但是我們很希望世尊接受我們的悔過。」世尊就告訴王舍城的比丘尼們：「妳們真的不是善心，就好像小兒一樣的愚癡；不認識什麼是真正的福田，也不知道我對妳們的恩德和養育。我身為世尊，呼妳們來而妳們不來，遣妳們去而妳們不去。可是妳們如今自己知道，也自己看見了是有過失的，我就接受妳們悔過。在聖法中，能夠悔過的人，就可以增長善根，從今天以後千萬不要再作這樣的事情。如果比丘僧如法呼喚比丘尼僧，比丘尼僧依照八敬法就應該立即前來。如果不來的話，就是超越戒律、不受戒律的拘束了，這就是得到了戒罪，從此以後比丘僧眾應該遮止這個比丘尼僧來參加誦戒。如果她故意前來參加的話，不應該讓她入門參加誦戒。如果比丘僧如法呼喚眾多比丘尼，或者呼喚一位比丘尼時，也應當如此遵行。如果眾多比丘如法呼喚比丘尼僧（比丘尼跟比丘尼僧層次不一樣，這就是在果證上面的問題）。即使是一位剃度後剛領受三壇大戒，戒疤還沒乾（古時候沒有戒疤，因為佛世並沒有燙戒疤的事，那是傳到中國以後才有）；以戒法的精神來講，即使他是剛才受完三壇大戒的比丘，當他呼喚比丘尼僧時，比丘尼僧依法應該要立即過來。如果不來的話，也是超越戒律，就得到戒罪，應該遮止她來參加誦戒。如果她特地前來要參加誦戒的話，就不許她入內誦戒。如果眾多比丘如法呼喚眾多比丘尼，或者呼喚一位比丘尼時，情況也是一樣的。如果一位比丘如法呼喚比丘尼僧（也就是被呼喚的比丘尼是證果的人，而比丘還是凡夫，可是一樣的規矩），或者呼喚眾多比丘尼、呼喚一比丘尼、或者呼喚眾多比丘尼僧，她們依八敬法都應該立即過來。如果不來，就是超越了戒律，便得到戒罪，應該遮止她來參加誦戒。如果她來了，要擋在門外，不許她入門參加誦戒。如果比丘尼僧或者眾多的比丘尼或者一位比丘尼，向比丘僧、向眾多比丘或者向一位比丘悔過，法應當如同前面向佛悔過的法中所廣說的一樣。」

這時 世尊為王舍城比丘尼們又隨順說法，說了一些二乘菩提法，所以這時有一位比丘尼得到法眼淨了，也就是斷我見，三縛結已經斷了。佛告訴比丘尼們說：「妳們現在可以離開了，但是離開時，還是按著來時的道路離開，」妳們從哪一條路來的，就從哪一條路回去，不許走別的路；「假使妳們遇到了五通居士，不管他說什麼，妳們都應該信受奉行。」這時王舍城來的諸比丘尼，就循著來時路回去，也就是走向五通聚落。五通聚落，就是五通居士所掌管的聚落。這時五通居士就入定中，觀見這些比丘尼們已經向 佛懺悔，心地已經清淨了，可以堪受二乘菩提了。這時五通居士就按照平常應行的方法，乘著一匹白色的驢子（騨馬就是驢子）所拉的車子；前進一由旬的路途去迎接（一由旬大約二十公里）。當他坐著驢車前進以後，遠遠看見眾比丘尼了，就下車步進（下車拉著驢車往前走），當他與比丘尼眾見面了，就很恭敬地偏袒右肩。

你們看到我說法時搭衣，這就是偏袒右肩的意思，表示我沒有覆藏。你如果遇到了佛，就是要偏袒右肩，表示沒有覆藏。這位五通居士也是一樣偏袒右肩，然後右膝著地合掌稟白說：「**來得好啊！諸位阿姨！這一路上走來，是不是累了呢？**」居士如此問訊過後（這才是問訊，作那個手勢並不是問訊。我們還在研究那個手印是不是從密宗來的，因爲這個手勢模樣很可疑），眞正的問訊是要口頭上去詢問說：**您這一路走來累不累、渴不渴等等**。這才是眞的問訊，不是那個手勢可以叫作問訊。不過我們目前會繼續沿用，以後我們會再詳細研究，看是否要廢止它。（編案：已經於二〇〇九年初廢除了）問訊完了，他就請諸位比丘尼走前面，他自己走後面，這也是表示恭敬的意思。

回到他的家中以後，他就供應好的新房、新床、新的被子、臥具床鋪，並且已經準備好暖水讓她們洗腳。如果腳有龜裂，就供給她們塗足油，並且供應非時漿。因爲聲聞人過午就不能吃食物了，可是一路走來那麼遠了，當然是很累、很疲乏也很渴了，所以五通居士就供應非時漿。譬如用米或者豆類、水果榨成汁（但是沒有顆粒，有顆粒就違戒了，這叫非時漿），供給她們非時漿。到了晚上，又把燈火燃起來，向她們安慰並且問訊說：「阿姨！請大家安心住下來，明天早上，我會供給齒木；」齒木通常是楊枝那一類，斬成一段一段，其中一頭搗碎，就有纖維可以剔牙齒；以前的人沒有牙刷，所以用齒木，有時又叫作楊枝，是用來刷牙用的。「我會供應洗澡水，也會供應種種粥。」到了明天早上，眞的隨著各人的需要，供應飲食等物。供應完了以後，五通居士就「偏袒右肩，右膝著地，合掌白言」。

你看他多麼恭敬，可是這個人大有來頭，這其實是以方便接引那些慢心的比丘尼眾，免得她們生瞋而不聞法。佛特地指定他來接引這五百比丘尼，當然他是大有來頭的。可是他早就是無我的，所以他無所謂面子的問題，於是很恭敬地偏袒右肩，右膝著地，合掌白言：「我如今邀請諸位阿姨，在我這裡結夏安居，我會供給所需要的衣食床臥以及診病用的種種醫藥。並且我會教導諸位學習領受誦經以及各種偈，但是只有一樣我不能作，就是你們半月、半月的誦戒，我不能參與（因爲這五百位比丘尼是出家人，她們誦出家戒時，居士不許參與的），其他我都可以來參與，幫助妳們大家。」這時諸位比丘尼這樣子想：「如今已經四月十二日了，四月十五日就要結夏安居了，我們再去準備也來不及了！既然時間已經逼近了，而且世尊又特別告誡我們說：『應當接受五通居士所說的話。』」想到這裡，就接受在那邊結夏安居。

這位五通居士就每天為這些比丘尼們說四念處法，所謂觀身不淨、觀受是苦、觀心無常、觀法無我等等，講二乘法的四念處觀，每天都努力宣講。到了晚上，初夜、後夜都精勤不懈，這些比丘尼們都很用心聽聞，也很用心觀行；後來她們修習聖道成就，至少得證初果了。這五百位比丘尼本來就有一個人已經在聞 佛說法時得法眼淨，早已證初果了；如今在五通居士的教導下，剩下的四百九十九人也全部都至少證得初果了。她們在結夏安居三個月完畢後，應該自恣了（自恣，就是大家在一起檢討有沒有犯過等等，有犯過就懺悔清淨，所以這一天就叫作佛歡喜日，佛最喜歡看到大家都身心清淨）。她們最後檢討完畢時，大家就想：「我們應當再前去面見世尊，向世尊禮敬，向世尊問訊。」要怎麼樣向 世尊問訊才如法呢？很多人都沒有聽過。問訊世尊，是要向 世尊頭面禮足，起來以後，要向 世尊開口請問：「很久一段時間沒有面見世尊了，不知道世尊這一段時間是否少病少惱，身心輕利，眾生易度？」要向 世尊請問這些，才是如法問訊，不是作一個動作叫作問訊。

有許多法師都犯了兩個很嚴重的錯誤觀念：第一、說出家人不可以跟在家人學法。聲聞法師有這種想法，都已經不該了，何況是大乘法中的法師們，更不該犯這種過失，因爲他們應該遵守菩薩戒。但我以上所舉的《摩訶僧祇律》，卻是聲聞律；在這個專講聲聞戒律的律典中，世尊特地命令這五百比丘尼去跟一個居士學法。所以在三乘菩提中學法時，都是只論果證而不論出家或在家的，而且這是聲聞出家戒的律典中講的。第二、台灣有一位比丘尼大聲疾呼、大力主張要廢除八敬法。八敬法究竟該不該廢？其實根本就不該廢。可是在場的妳們這些比丘尼們，都不用遵守八敬法。我這樣說是有道理的，不是胡扯。每一句話說出來都有因果的，我是早就看見往世許多因果的人，我最怕妄造惡因了，所以我這樣說當然是有根據的。

想要廢除八敬法的人都是愚癡人，因爲她們不懂佛法，才會想要廢除。她們只懂聲聞法，並且是一知半解。如果行的是聲聞道，學的是聲聞法，本來就不應該廢除八敬法，出來主張廢除八敬法要作什麼？難道 佛陀比她笨，才會施設這八敬法嗎？絕對不是這樣。可是，八敬法是在聲聞法中才存在的，在大乘法中本來就沒有八敬法的施設，何須要她出來廢除？所以妳們如果修的是大乘法，比丘僧喚妳們時，妳們不必立即來報到；要看他說的有沒有道理，有道理就接受；但是如果他找妳有事情，是爲了正事，妳可以接受。不必像聲聞法中「呼來即來，遣去即去」，因爲妳是大乘行者，妳也不是修聲聞道的出家人。既然不是修聲聞道，八敬法從來不曾礙著妳，妳爲什麼一定要去廢聲聞人的八敬法？廢或不廢八敬法，是聲聞出家二眾的事，妳是大乘菩薩，又有什麼資格去爲聲聞人廢除八敬法？根本沒有立場。既然妳承認自己是大乘比丘尼，爲什麼要去廢二乘聲聞人的八敬法？當然也沒有道理！人家聲聞法中，世尊規定是這樣，妳就遵守，妳何必以大乘僧人的身分去廢除二乘僧人應該遵守的戒律呢？這不是狗拿耗子嗎？所以那一些人的觀念是錯誤的，這表示他們對佛法與聲聞律都是一知半解的，因此廢除八敬法是沒有必要的。

禁止座下的出家人追隨在家人學法，也是錯誤的；因爲假使法目前不在寺院中，該怎麼辦？是不是應該把它再取回到寺院中來？或者只因爲身分表相的關係，就可以不要法，而保持寺院中永遠沒有可以實證的大乘法？這是一個很嚴肅的課題，藉著《勝鬘經》演說圓滿的今晚提出來說。勝鬘夫人是女眾，可是誰能像她這樣子師子吼？從佛世到現在找不到幾個。即使禪宗不講男女身分，可是你能夠找到幾個女眾可以像她這樣？最多就是一個凌行婆敢去捋趙州禪師的虎鬚，老趙州也奈何不了她。這意思是說，一切女人不應當自輕，證如來藏不是只有男人才能證，證如來藏跟男人、女人身分無關，當然更與出家、在家身分無關；只要你是人，有菩薩性，福德夠，就可以證。不該因爲自己是女人、在家，就妄自菲薄說自己不可能證得。也不該因爲是出家人，所以不願意追隨實證的在家菩薩修證。在大乘佛法中是完全平等的，只有二乘菩提中才有八敬法，這一點大家一定要建立正確的觀念。八敬法只存在於二乘菩提中，在大乘法中不存在八敬法，所以我們大乘菩薩四眾都不需要去廢八敬法。八敬法要不要廢，應當由聲聞人自己去決定；我們身爲菩薩，不必去干預，也沒有立場去干預。

在大乘法的戒律中還明明白白規定，假使你受菩薩戒了，並且你也出家了，若是遇到一個剛剛滿二十歲的人，也許他在十歲左右就已經受了菩薩戒了，到今天他受菩薩戒已經有十個戒臘了；可是你今天出家受菩薩戒只有九年，在誦戒時你這位出家人還得坐到他後面去，在大乘法中是這樣平等的。你說：「我是堂堂比丘僧！」對不起！即使前面那個人是個女性，而且是在家人，你也不能坐到她前面去，因爲你受戒比她晚，大乘法中就是這樣的。所以何必爲了與自己不相干的聲聞人的八敬法，要去把它廢掉，弄得佛教界沸沸揚揚。既然妳不是聲聞人，那八敬法就與妳無關，妳廢它幹什麼？根本沒有必要。所以在大乘法中，不論男人、女人，也不論國王、皇帝或者賤如乞丐，只管你受菩薩戒時間的前後；也只管你有沒有實證，不管表相身分。假使妳實證了，聲聞大比丘來到妳面前，還得要禮拜妳。

可是有一些阿羅漢眞的是迷糊，譬如大迦葉，結夏安居三個月中，文殊師利菩薩戴著寶冠，穿著天衣，還有好多的莊嚴，具足在家相；祂那三個月中在三處說法利樂眾生，等到結夏安居結束時，文殊菩薩回到寺院中，大迦葉就舉起揵椎，想要打雲板集眾，要當眾把 文殊趕出道場。文殊雖然也是出家人，但祂是菩薩，往往十方佛國到處去度眾生；這一次也是在王宮中爲宮女們說法，所以大菩薩們不一定得要跟著聲聞出家眾結夏安居。可是大迦葉不懂，竟然依聲聞律想要處罰祂。結果 文殊菩薩在 佛的授意下，就顯現一個境界：十方世界佛國都有 文殊，面前也都有一個大迦葉想要擯出 文殊。那時他到底要擯出哪一個 文殊才算數？又該如何擯？所以菩薩不接受聲聞戒，單以菩薩戒爲依止；兼受聲聞戒的菩薩，則是以菩薩戒爲正解脫戒，以聲聞戒爲別解脫戒。

所以，從你所修學的法來衡量，你應不應該受持什麼戒，應不應該受持什麼法，是要有智慧判斷的，不要人云亦云。你既然是菩薩，爲什麼要去廢人家聲聞人的八敬法？你既然是菩薩，那就不論世俗地位，也不論男相、女相、出家、在家，這在大乘經中是時常可以看到的。不但如此，初轉法輪的四阿含中就已經有記載了，否則 佛陀還沒入滅之前，爲什麼會有五百位比丘跟著迦葉童女遊行人間呢？所以妳們年輕的證悟女眾，如果妳哪一天當出家的菩薩：不受聲聞戒，出家保持童女身行，只要有高深的證量，一樣可以率領五百比丘乃至一千比丘遊行人間。這是在阿含部經中的記載，童女迦葉的事跡會被結集在阿含中，顯然是 佛陀在世時就已經如此的。所以大乘法絕對不是後來才創造的，而是 佛陀在世時就已經如此的，否則怎麼會在 佛入滅不久，馬上被記入四阿含中？這一點諸位一定要記住。所以，在我們大乘法中，不論身分；假使有人在碼頭當苦力，若是他證悟了，就是長老，就這樣認定。否則的話，大乘法就學不好，大乘法中非常平等，不像二乘菩提中男尊女卑，這是諸位要建立的觀念。

最後，說《華嚴經》中善財童子，以在家童貞之身，歷經五十二位善知識而成爲等覺菩薩。這五十二位善知識中，有二位是重複相見的：其中一位是 文殊，一開始就指導善財去參訪某些人，最後還由祂來結束；另外就是彌勒菩薩，兩度接見他。所以，這五十三參中的善知識只有六位出家法師，其餘都是在家的菩薩法師——在家的菩薩僧；或者像童貞之身的 彌勒比丘、文殊童子、普賢童子……等，有時是有家室的國王、宰官、士農工商……等菩薩，乃至也有淫女婆須蜜多，她卻也是即將入地的大修行者。這都是因爲大乘法從來不於在家或出家表相身分上面來著眼，所以善財童子才能夠迅速成就等覺位的功德。

這種大乘法中的事相，在歷史上也是常常存在的；譬如玄奘菩薩親到天竺，受學於在家菩薩勝軍論師……等人，所以才能夠證得三地心的無生法忍智慧，這些都是現成的事例。又譬如大慧宗杲，他一生都不嫌棄在家人，只要誰對他有恩，他就當作父親一樣來回報，甚至於願意去煎藥照顧對方病體。以一個很有名的證悟禪師的身分，去照顧一個在家人，爲他煮藥，照顧到他病好。等到病好了，他才剛回到寺院中，首座就責備他：「你是大禪師的身分，怎麼去照顧一個在家人，還像兒子照顧父親一樣。」大慧就說：「我接受你的責備。」笑一笑就結束了。可是他一生都這樣，罵歸罵，下回遇見了有恩於他的在家人，他還是照樣去照顧。要這樣，才能夠迅速成就道業，不要管他在家、出家，當他需要你照顧，而他對你曾經有恩，你就應該回報，這樣你的道業才能迅速成就，這是諸位應該要效法的。

如果他不是能夠這樣，今天佛教早就沒有臨濟禪、東山禪了，所以大家對這一些事相中的道理，都要有正確的認知。以這樣正確的觀念，純粹以正法爲歸，誓願攝受正法、弘揚正法，來拯救那些無明的眾生，用以迴轉他們二乘聲聞心性，同入大乘一乘正法之中，未來世大家共成佛道，才是《勝鬘經》的眞實義。如果能這樣作，才能算是眞實依法不依人的菩薩。依法的人，應該要依於法的眞假來決定依止，不應該依在家或出家身分的表相來依止。可是依人的人，往往口中高唱依法不依人，卻總是會依世俗表相，只看重世俗法蘊處界是否出家的身分，來決定他們的依止；這是不懂得大乘法的眞實義，更不知道大乘勝義僧的眞義，所以他們的依止就會出問題。依止出問題了，於法上就不可能有所實證了。這樣，《勝鬘經》講解圓滿了，希望大家對「師子吼，唯一佛乘，大方便方廣，無邊聖諦，如來藏，法身，空義隱覆眞實，一諦，常住安隱一依，說顚倒眞實，自性清淨心隱覆，如來眞子」等道理，都已經有深入理解；那麼以後就能遠離僧衣崇拜、聲聞崇拜的錯誤心態，將來就可以順利的實證佛法，也可以順利在內門中廣行菩薩道了。

佛菩提二主要道次第概要表——二道並修，以外無別佛法

佛菩提道——大菩提道

遠波羅蜜多

資糧位

十信位修集信心——一劫乃至一萬劫

初住位修集布施功德（以財施為主）。

二住位修集持戒功德。

三住位修集忍辱功德。

四住位修集精進功德。

五住位修集禪定功德。

六住位修集般若功德（熏習般若中觀及斷我見，加行位也）。

外門廣修六度萬行

見道位

七住位明心般若正觀現前，親證本來自性清淨涅槃。

八住位起於一切法現觀般若中道。漸除性障。

十住位眼見佛性，世界如幻觀成就。

一至十行位，於廣行六度萬行中，依般若中道慧，現觀陰處界猶如陽焰，至第十行滿心位，陽焰觀成就。

一至十迴向位熏習一切種智；修除性障，唯留最後一分思惑不斷。第十迴向滿心位成就菩薩道如夢觀。

內門廣修六度萬行

初地：第十迴向位滿心時，成就道種智一分（八識心王一一親證後，領受五法、三自性、七種第一義、七種性自性、二種無我法）復由勇發十無盡願，成通達位菩薩。復又永伏性障而不具斷，能證慧解脫而不取證，由大願故留惑潤生。此地主修法施波羅蜜多及百法明門。證「猶如鏡像」現觀，故滿初地心。

二地：初地功德滿足以後，再成就道種智一分而入二地；主修戒波羅蜜多及一切種智。

解脫道：二乘菩提

斷三縛結，成初果解脫

薄貪瞋癡，成二果解脫

斷五下分結，成三果解脫

入地前的四加行令煩惱障現行悉斷，成四果解脫，留惑潤生。分段生死已斷，煩惱障習氣種子開始斷除，兼斷無始無

近波羅蜜多

大波羅蜜多

圓滿波羅蜜多

修道位

究竟位

心、五神通。能成就俱解脫果而不取證，留惑潤生。滿心位成就「猶如谷響」現觀及無漏妙定意生身。

四地：由三地再證道種智一分故入四地。主修精進波羅蜜多，於此土及他方世界廣度有緣，無有疲倦。進修一切種智，滿心位成就「如水中月」現觀。

五地：由四地再證道種智一分故入五地。主修禪定波羅蜜多及一切種智，斷除下乘涅槃貪。滿心位成就「變化所成」現觀。

六地：由五地再證道種智一分故入六地。此地主修般若波羅蜜多——依道種智現觀十二因緣一一有支及意生身化身，皆自心眞如變化所現，「非有似有」，成就細相觀，不由加行而自然證得滅盡定，成俱解脫大乘無學。

七地：由六地「非有似有」現觀，再證道種智一分故入七地。此地主修一切種智及方便波羅蜜多，由重觀十二有支一一支中之流轉門及還滅門一切細相，成就方便善巧，念念隨入滅盡定。滿心位證得「如犍闥婆城」現觀。

八地：由七地極細相觀成就故再證道種智一分而入八地。此地主修一切種智及願波羅蜜多。至滿心位純無相觀任運恆起，故於相土自在，滿心位復證「如實覺知諸法相意生身」故。

九地：由八地再證道種智一分故入九地。主修力波羅蜜多及一切種智，成就四無礙，滿心位證得「種類俱生無行作意生身」。

十地：由九地再證道種智一分故入此地。此地主修一切種智——智波羅蜜多。滿心位起大法智雲，及現起大法智雲所含藏種種功德，成受職菩薩。

等覺：由十地道種智成就故入此地。此地應修一切種智，圓滿等覺地無生法忍；於百劫中修集極廣大福德，以之圓滿三十二大人相及無量隨形好。

妙覺：示現受生人間已斷盡煩惱障一切習氣種子，並斷盡所知障一切隨眠，永斷變易生死無明，成就大般涅槃，四智圓明。人間捨壽後，報身常住色究竟天利樂十方地上菩薩；以諸化身利樂有情，永無盡期，成就究竟佛道。

七地滿心斷除故意保留之最後一分思惑時，煩惱障所攝色、受、想三陰有漏習氣種子同時斷盡。

→ 煩惱障所攝行、識二陰無漏習氣種子任運漸斷，所知障所攝上煩惱任運漸斷。

→ 斷盡變易生死成就大般涅槃

圓滿成就究竟佛果

佛子蕭平實 謹製

（二〇〇九、〇二 修訂）

（二〇一二、〇二 增補）

佛教正覺同修會〈修學佛道次第表〉

第一階段

＊以憶佛及拜佛方式修習動中定力。
＊學第一義佛法及禪法知見。
＊無相拜佛功夫成就。
＊具備一念相續功夫—動靜中皆能看話頭。
＊努力培植福德資糧，勤修三福淨業。

第二階段

＊參話頭，參公案。
＊開悟明心，一片悟境。
＊鍛鍊功夫求見佛性。
＊眼見佛性〈餘五根亦如是〉親見世界如幻，成就如幻觀。
＊學習禪門差別智。
＊深入第一義經典。
＊修除性障及隨分修學禪定。
＊修證十行位陽焰觀。

第三階段

＊學一切種智眞實正理—楞伽經、解深密經、成唯識論…。
＊參究末後句。
＊解悟末後句。
＊透牢關—親自體驗所悟末後句境界，親見實相，無得無失。
＊救護一切衆生迴向正道。護持了義正法，修證十迴向位如夢觀。
＊發十無盡願，修習百法明門，親證猶如鏡像現觀。
＊修除五蓋，發起禪定。持一切善法戒。親證猶如光影現觀。
＊進修四禪八定、四無量心、五神通。進修大乘種智，求證猶如谷響現觀。

佛教正覺同修會 共修現況 及 招生公告　2014/09/26

一、共修現況：（請在共修時間來電，以免無人接聽。）

台北正覺講堂 103 台北市承德路三段 277 號九樓 捷運淡水線圓山站旁 Tel..總機 02-25957295（晚上）（**分機：九樓**辦公室 10、11；知客櫃檯 12、13。 **十樓**知客櫃檯 15、16；書局櫃檯 14。 **五樓**辦公室 18；知客櫃檯 19。**二樓**辦公室 20；知客櫃檯 21。） Fax..25954493

第一講堂 台北市承德路三段 277 號九樓

禪淨班：週一晚上班、週三晚上班、週四晚上班、週五晚上班、週六下午班、週六上午班（皆須報名建立學籍後始可參加共修，欲報名者詳見本公告末頁）

增上班：瑜伽師地論詳解：每月第一、三、五週之週末 17.50～20.50 平實導師講解（僅限已明心之會員參加）

禪門差別智：每月第一週日全天　平實導師主講（事冗暫停）。

佛藏經詳解　平實導師主講。已於 2013/12/17 開講，歡迎已發成佛大願的菩薩種性學人，攜眷共同參與此殊勝法會聽講。詳解 釋迦世尊於《佛藏經》中所開示的眞實義理，更爲今時後世佛子四眾，闡述佛陀演說此經的本懷。眞實尋求佛菩提道的有緣佛子，親承聽聞如是勝妙開示，當能如實理解經中義理，亦能了知於大乘法中：如何是諸法實相？善知識、惡知識要如何簡擇？如何才是清淨持戒？如何才能清淨說法？於此末法之世，眾生五濁益重，不知佛、不解法、不識僧，唯見表相，不信眞實，貪著五欲，諸方大師不淨說法，各各將導大量徒眾趣入三塗，如是師徒俱堪憐憫。是故，平實導師以大慈悲心，用淺白易懂之語句，佐以實例、譬喻而爲演說，普令聞者易解佛意，皆得契入佛法正道，如實了知佛法大藏。

此經中，對於實相念佛多所著墨，亦指出念佛要點：以實相爲依，念佛者應依止淨戒、依止清淨僧寶，捨離違犯重戒之師僧，應受學清淨之法，遠離邪見。本經是現代佛門大法師所厭惡之經典：一者由於大法師們已全都落入意識境界而無法親證實相，故於此經中所說實相全無所知，都不樂有人聞此經名，以免讀後提出問疑時無法回答；二者現代大乘佛法地區，已經普被藏密喇嘛教滲透，許多有名之大法師們大多已曾或繼續在修練雙身法，都已失去聲聞戒體及菩薩戒體，成爲地獄種姓人，已非眞正出家之人，本質只是身著僧衣而住在寺院中的世俗人。這些人對於此經都是讀不懂的，也是極爲厭惡的；他們尚不樂見此經之印行，何況流通與講解？今爲救護廣大學佛人，兼欲護持佛教血脈永續常傳，特選此經宣講之。每逢週二 18.50~20.50 開示，不限制聽講資格。會外人士需憑身分證件換證入內聽講（此是大樓管理處之安全規定，敬請見諒）。桃園、台中、台南、高雄等地講堂，亦於每週二晚上播放平實導師所講本經之 DVD，不必出示身分證件即可入內聽講，歡迎各地善信同霑法益。

第二講堂　台北市承德路三段 267 號十樓。

禪淨班：週一晚上班、週四晚上班、週六下午班。

進階班：週三晚上班、週五晚上班（禪淨班結業後轉入共修）。

佛藏經詳解：平實導師講解。每週二 18.50~20.50（影像音聲即時傳輸）。本會學員憑上課證進入聽講，會外學人請以身分證件換證進入聽講（此爲大樓管理處安全管理規定之要求，敬請諒解）。

第三講堂　台北市承德路三段 277 號五樓。

進階班：週一晚上班、週三晚上班、週四晚上班、週五晚上班、週六下午班。

佛藏經詳解：平實導師講解。每週二 18.50~20.50（影像音聲即時傳輸）。本會學員憑上課證進入聽講，會外學人請以身分證件換證進入聽講（此爲大樓管理處安全管理規定之要求，敬請諒解）。

第四講堂　台北市承德路三段 267 號二樓。

進階班：週三晚上班、週四晚上班（禪淨班結業後轉入共修）。

佛藏經詳解：平實導師講解。每週二 18.50~20.50（影像音聲即時傳輸）。本會學員憑上課證進入聽講，會外學人請以身分證件換證進入聽講（此爲大樓管理處安全管理規定之要求，敬請諒解）。

第五、第六講堂　爲**開放式講堂**，不需以身分證件換證即可進入聽講，台北市承德路三段 267 號地下一樓、地下二樓。已規劃整修完成，預定 2014 年十月起，每逢週二晚上講經時段開放給會外人士自由聽經，請由大樓側面梯階逕行進入聽講。**聽講者請尊重講者的著作權及肖像權，請勿錄音錄影，以免違法；若有錄音錄影被查獲者，將依法處理。**

正覺祖師堂　大溪鎮美華里信義路 650 巷坑底 5 之 6 號（台 3 號省道 34 公里處 妙法寺對面斜坡道進入）電話 03-3886110　傳眞 03-3881692 本堂供奉 克勤圓悟大師，專供會員每年四月、十月各二次精進禪三共修，兼作本會出家菩薩掛單常住之用。除禪三時間以外，每逢單月第一週之週日 9:00~17:00 開放會內、外人士參訪，當天並提供午齋結緣。教內共修團體或道場，得另申請其餘時間作團體參訪，務請事先與常住確定日期，以便安排常住菩薩接引導覽，亦免妨礙常住菩薩之日常作息及修行。

桃園正覺講堂（第一、第二講堂）：桃園市介壽路 286、288 號 10 樓（陽明運動公園對面）電話：03-3749363（請於共修時聯繫，或與台北聯繫）

禪淨班：週一晚上班、週三晚上班、週四晚上班、週五晚上班。

進階班：週六上午班。

佛藏經詳解：平實導師講解 每逢週二晚上，以台北正覺講堂所錄 DVD 放映；歡迎會外學人共同聽講，不需出示身分證件。

新竹正覺講堂 新竹市東光路 55 號二樓之一　電話 03-5724297（晚上）

第一講堂：

禪淨班：週一晚上班、週三晚上班、週五晚上班、週六上午班。

進階班：週四晚上班（由禪淨班結業後轉入共修）。

佛藏經詳解：平實導師講解，每週二晚上。以台北正覺講堂所錄 DVD 放映。歡迎會外學人共同聽講，不需出示身分證件。

第二講堂：

禪淨班：週四晚上班。

佛藏經詳解：每週二晚上與第一講堂同時播放佛藏經詳解 DVD。

台中正覺講堂 04-23816090（晚上）

第一講堂 台中市南屯區五權西路二段 666 號 13 樓之四（國泰世華銀行樓上。鄰近縣市經第一高速公路前來者，由五權西路交流道可以快速到達，大樓旁有停車場，對面有素食館）。

禪淨班：週三晚上班、週四晚上班、週五晚上班、週六早上班。

進階班：週一晚上班（由禪淨班結業後轉入共修）。

增上班：單週週末以台北增上班課程錄成 DVD 放映之，限已明心之會員參加。

佛藏經詳解：平實導師講解。以台北正覺講堂所錄 DVD 放映。每週二晚上放映，歡迎會外學人共同聽講，不需出示身分證件。

第二講堂 台中市南屯區五權西路二段 666 號 4 樓

禪淨班：週一晚上班。

進階班：週五晚上班、週六早上班（由禪淨班結業後轉入共修）。

佛藏經詳解：每週二晚上與第一講堂同時播放佛藏經詳解 DVD。

第三講堂、第四講堂：台中市南屯區五權西路二段 666 號 4 樓。

嘉義正覺講堂 嘉義市友愛路 288 號八樓之一　電話：05-2318228

第一講堂：

禪淨班：預定 2014 /10/23 週四開課，歡迎報名參加共修。

佛藏經詳解：自 2014/10/28 起每週二晚上 18:50～20:50 播放台北講堂錄製的講經 DVD。

第二講堂 嘉義市友愛路 288 號八樓之二。

台南正覺講堂

第一講堂 台南市西門路四段 15 號 4 樓。06-2820541（晚上）

佛藏經詳解：平實導師講解。以台北正覺講堂所錄 DVD 放映。每週二晚上放映，歡迎會外學人共同聽講，不需出示身分證件。

禪淨班：週一晚上班、週三晚上班、週六下午班。

進階班：雙週週末下午班（由禪淨班結業後轉入共修）。

增上班：單週週末下午，以台北增上班課程錄成 DVD 放映之，限已明心之會員參加。

第二講堂　台南市西門路四段 15 號 3 樓。

佛藏經詳解：每週二晚上與第一講堂同時播放佛藏經詳解 DVD。

第三講堂　台南市西門路四段 15 號 3 樓。

佛藏經詳解：每週二晚上與第一講堂同時播放佛藏經詳解 DVD。

禪淨班：週四晚上班、週六晚上班。

進階班：週五晚上班、週六早上班（由禪淨班結業後轉入共修）。

高雄正覺講堂　高雄市新興區中正三路 45 號五樓 07-2234248（晚上）

第一講堂（五樓）：

佛藏經詳解：平實導師講解。以台北正覺講堂所錄 DVD 放映。每週二晚上放映，歡迎會外學人共同聽講，不需出示身分證件

禪淨班：週三晚上班、週四晚上班、週末上午班。

進階班：週一晚上班（由禪淨班結業後轉入共修）。

增上班：單週週末下午，以台北增上班課程錄成 DVD 放映之，限已明心之會員參加。

第二講堂（四樓）：

佛藏經詳解：每週二晚上與第一講堂同時播放佛藏經詳解 DVD。

禪淨班：週三晚上班、週四晚上班。

進階班：週四晚上班（由禪淨班結業後轉入共修）。

第三講堂（三樓）：（尚未開放使用）。

香港正覺講堂　香港新界葵涌大連排道 21-23 號，宏達工業中心 7 樓 10 室（葵興地鐵站 A 出口步行約 10 分鐘）。電話：(852)23262231。英文地址：Unit 10, 7/F, Vanta Industrial Centre, No.21-23, Tai Lin Pai Road, Kwai Chung, New Territories）

禪淨班：週六班 14:30-17:30，已經額滿。
週日班 14:40-17:40，已經額滿。
新班開始報名，4 月底開課。

妙法蓮華經詳解：平實導師講解 以台北正覺講堂所錄 DVD，每逢週六 18:40-20:40、週日 19:00-21:00 放映；歡迎會外學人共同聽講，不需出示身分證件。

美國洛杉磯正覺講堂　**☆已遷移新址☆**

825 S. Lemon Ave Diamond Bar, CA 91798 U.S.A.
Tel. (909) 595-5222（請於週六 9:00~18:00 之間聯繫）
Cell. (626) 454-0607

禪淨班：每逢週末 15：30~17：30 上課。

進階班：每逢週末上午 10：00 上課。

佛藏經詳解：平實導師講解 以台北正覺講堂所錄 DVD，每週六下午放映(13：00~15：00)，歡迎各界人士共享第一義諦無上法益，不需報名。

二、招生公告　本會台北講堂及全省各講堂，每逢四月、十月中旬開新班，每週共修一次（每次二小時。開課日起三個月內仍可插班）；但美國洛杉磯共修處得隨時插班共修。各班共修期間皆爲二年半，欲參加者請向本會函索報名表（各共修處皆於共修時間方有人執事，非共修時間請勿電詢或前來洽詢、請書），或直接從成佛之道網站下載報名表。共修期滿時，若經報名禪三審核通過者，可參加四天三夜之禪三精進共修，有機會明心、取證如來藏，發起般若實相智慧，成爲實義菩薩，脫離凡夫菩薩位。

三、新春禮佛祈福 農曆年假期間停止共修：自農曆新年前七天起停止共修與弘法，正月 8 日起回復共修、弘法事務。新春期間正月初一～初七 9.00～17.00 開放台北講堂、大溪禪三道場（正覺祖師堂），方便會員供佛、祈福及會外人士請書。美國洛杉磯共修處之休假時間，請逕詢該共修處。

密宗四大派修雙身法，是外道性力派的邪法；又以生滅的識陰作為常住法，是常見外道，是假的藏傳佛教。

西藏覺囊巴以他空見弘揚第八識如來藏勝法，才是真藏傳佛教

佛教正覺同修會　弘法行事表

2014/08/19

1、**禪淨班**　以無相念佛及拜佛方式修習動中定力，實證一心不亂功夫。傳授解脫道正理及第一義諦佛法，以及參禪知見。共修期間：二年六個月。每逢四月、十月開新班，詳見招生公告表。

2、**《佛藏經》詳解**　平實導師主講。已於 2013/12/17 開講，歡迎已發成佛大願的菩薩種性學人，攜眷共同參與此殊勝法會聽講。詳解釋迦世尊於《佛藏經》中所開示的眞實義理，更爲今時後世佛子四眾，闡述 佛陀演說此經的本懷。眞實尋求佛菩提道的有緣佛子，親承聽聞如是勝妙開示，當能如實理解經中義理，亦能了知於大乘法中：如何是諸法實相？善知識、惡知識要如何簡擇？如何才是清淨持戒？如何才能清淨說法？於此末法之世，眾生五濁益重，不知佛、不解法、不識僧，唯見表相，不信眞實，貪著五欲，諸方大師不淨說法，各各將導大量徒眾趣入三塗，如是師徒俱堪憐憫。是故，平實導師以大慈悲心，用淺白易懂之語句，佐以實例、譬喻而爲演說，普令聞者易解佛意，皆得契入佛法正道，如實了知佛法大藏。每逢週二 18.50~20.50 開示，不限制聽講資格。會外人士需憑身分證件換證入內聽講（此是大樓管理處之安全規定，敬請見諒）。桃園、新竹、台中、台南、高雄等地講堂，亦於每週二晚上播放平實導師講經之 DVD，不必出示身分證件即可入內聽講，歡迎各地善信同霑法益。

有某道場專弘淨土法門數十年，於教導信徒研讀《佛藏經》時，往往告誡信徒曰：「後半部不許閱讀。」由此緣故坐令信徒失去提升念佛層次之機緣，師徒只能低品位往生淨土，令人深覺愚癡無智。由有多人建議故，平實導師開始宣講《佛藏經》，藉以轉易如是邪見，並提升念佛人之知見與往生品位。此經中，對於實相念佛多所著墨，亦指出念佛要點：以實相爲依，念佛者應依止淨戒、依止清淨僧寶，捨離違犯重戒之師僧，應受學清淨之法，遠離邪見。本經是現代佛門大法師所厭惡之經典：一者由於大法師們已全都落入意識境界而無法親證實相，故於此經中所說實相全無所知，都不樂有人聞此經名，以免讀後提出問疑時無法回答；二者現代大乘佛法地區，已經普被藏密喇嘛教滲透，許多有名之大法師們大多已曾或繼續在修練雙身法，都已失去聲聞戒體及菩薩戒體，成爲地獄種姓人，已非眞正出家之人，本質上只是身著僧衣而住在寺院中的世俗人。這些人對於此經都是讀不懂的，也是極爲厭惡的；他們尚不樂見此經之印行，何況流通與講解？今爲救護廣大學佛人，兼欲護持佛教血脈永續常傳，特選此經宣講之，主講者平實導師。

3、**瑜伽師地論**詳解　詳解論中所言凡夫地至佛地等 17 師之修證境界與理論，從凡夫地、聲聞地……宣演到諸地所證一切種智之眞實正理。由平實導師開講，每逢一、三、五週之週末晚上開示，僅限已明心之會員參加。

4、**精進禪三**　主三和尚：平實導師。於四天三夜中，以克勤圓悟大師及大慧宗杲之禪風，施設機鋒與小參、公案密意之開示，幫助會員剋期取證，親證不生不滅之眞實心——人人本有之如來藏。每年四月、十月各舉辦二個梯次；平實導師主持。僅限本會會員參加禪淨班共修期滿，報名審核通過者，方可參加。並選擇會中定力、慧力、福德三條件皆已具足之已明心會員，給以指引，令得眼見自己無形無相之佛性遍佈山河大地，眞實而無障礙，得以肉眼現觀世界身心悉皆如幻，具足成就如幻觀，圓滿十住菩薩之證境。

5、**阿含經**詳解　選擇重要之阿含部經典，依無餘涅槃之實際而加以詳解，令大眾得以現觀諸法緣起性空，亦復不墮斷滅見中，顯示經中所隱說之涅槃實際—如來藏—確實已於四阿含中隱說；令大眾得以聞後觀行，確實斷除我見乃至我執，證得**見到**眞現觀，乃至**身證**……等眞現觀；已得大乘或二乘見道者，亦可由此聞熏及聞後之觀行，除斷我所之貪著，成就慧解脫果。由平實導師詳解。不限制聽講資格。

6、**大法鼓經**詳解　詳解末法時代大乘佛法修行之道。佛教正法消毒妙藥塗於大鼓而以擊之，凡有眾生聞之者，一切邪見鉅毒悉皆消殞；此經即是大法鼓之正義，凡聞之者，所有邪見之毒悉皆滅除，見道不難；亦能發起菩薩無量功德，是故諸大菩薩遠從諸方佛土來此娑婆聞修此經。由平實導師詳解。不限制聽講資格。

7、**解深密經**詳解　重講本經之目的，在於令諸已悟之人明解大乘法道之成佛次第，以及悟後進修一切種智之內涵，確實證知三種自性性，並得據此證解七眞如、十眞如等正理。每逢週二 18.50~20.50 開示，由平實導師詳解。將於《大法鼓經》講畢後開講。不限制聽講資格。

8、**成唯識論**詳解　詳解一切種智眞實正理，詳細剖析一切種智之微細深妙廣大正理；並加以舉例說明，使已悟之會員深入體驗所證如來藏之微密行相；及證驗見分相分與所生一切法，皆由如來藏—阿賴耶識—直接或展轉而生，因此證知一切法無我，證知無餘涅槃之本際。將於增上班《瑜伽師地論》講畢後，由平實導師重講。僅限已明心之會員參加。

9、**精選如來藏系經典**詳解　精選如來藏系經典一部，詳細解說，以此完全印證會員所悟如來藏之眞實，得入不退轉住。另行擇期詳細解說之，由平實導師講解。僅限已明心之會員參加。

10、**禪門差別智**　藉禪宗公案之微細淆訛難知難解之處，加以宣說及剖析，以增進明心、見性之功德，啓發差別智，建立擇法眼。每月第一週日全天，由平實導師開示，僅限破參明心後，復又眼見佛性者參加（事冗暫停）。

11、**枯木禪**　先講智者大師的《小止觀》，後說《釋禪波羅蜜》，詳解四禪八定之修證理論與實修方法，細述一般學人修定之邪見與岔路，及對禪定證境之誤會，消除枉用功夫、浪費生命之現象。已悟般若者，可以藉此而實修初禪，進入大乘通教及聲聞教的三果心解脫境界，配合應有的大福德及後得無分別智、十無盡願，即可進入初地心中。親教師：平實導師。未來緣熟時將於大溪正覺寺開講。不限制聽講資格。

註：本會例行年假，自 2004 年起，改爲每年農曆新年前七天開始停息弘法事務及共修課程，農曆正月 8 日回復所有共修及弘法事務。新春期間（每日 9.00~17.00）開放台北講堂，方便會員禮佛祈福及會外人士請書。大溪鎮的正覺祖師堂，開放參訪時間，詳見〈正覺電子報〉或成佛之道網站。本表得因時節因緣需要而隨時修改之，不另作通知。

佛教正覺同修會　贈閱書籍 目錄　2014/05/14

1.**無相念佛**　平實導師著　回郵 10 元
2.**念佛三昧修學次第**　平實導師述著　回郵 25 元
3.**正法眼藏—護法集**　平實導師述著　回郵 35 元
4.**真假開悟簡易辨正法&佛子之省思**　平實導師著　回郵 3.5 元
5.**生命實相之辨正**　平實導師著　回郵 10 元
6.**如何契入念佛法門**（**附：印順法師否定極樂世界**）平實導師著　回郵 3.5 元
7.**平實書箋**—答元覽居士書　平實導師著　回郵 35 元
8.**三乘唯識**—如來藏系經律彙編　平實導師編　回郵 80 元
（精裝本　長 27 cm　寬 21 cm　高 7.5 cm　重 2.8 公斤）
9.**三時繫念全集**—修正本　回郵掛號 40 元（長 26.5 cm×寬 19 cm）
10.**明心與初地**　平實導師述　回郵 3.5 元
11.**邪見與佛法**　平實導師述著　回郵 20 元
12.**菩薩正道**—回應義雲高、釋性圓…等外道之邪見　正燦居士著　回郵 20 元
13.**甘露法雨**　平實導師述　回郵 20 元
14.**我與無我**　平實導師述　回郵 20 元
15.**學佛之心態**—修正錯誤之學佛心態始能與正法相應　孫正德老師著　回郵35元
附錄：平實導師著**《略說八、九識並存…等之過失》**
16.**大乘無我觀**—《悟前與悟後》別說　平實導師述著　回郵 20 元
17.**佛教之危機**—中國台灣地區現代佛教之真相（附錄：公案拈提六則）
平實導師著　回郵 25 元
18.**燈　影**—燈下黑（覆「求教後學」來函等）　平實導師著　回郵 35 元
19.**護法與毀法**—覆上平居士與徐恒志居士網站毀法二文
張正圜老師著　回郵 35 元
20.**淨土聖道**—兼評**選擇本願念佛**　正德老師著　**由正覺同修會購贈**　回郵 25 元
21.**辨唯識性相**—對「紫蓮心海《辯唯識性相》書中否定阿賴耶識」之回應
正覺同修會 台南共修處法義組 著　回郵 25 元
22.**假如來藏**—對法蓮法師《如來藏與阿賴耶識》書中否定阿賴耶識之回應
正覺同修會 台南共修處法義組 著　回郵 35 元
23.**入不二門**—公案拈提集錦 第一輯（於平實導師公案拈提諸書中選錄約二十則，
合輯爲一冊流通之）平實導師著　回郵 20 元
24.**真假邪說**—西藏密宗索達吉喇嘛《破除邪說論》真是邪說
釋正安法師著　回郵 35 元
25.**真假開悟**—真如、如來藏、阿賴耶識間之關係　平實導師述著　回郵 35 元
26.**真假禪和**—辨正釋傳聖之謗法謬說　孫正德老師著　回郵30元

27.**眼見佛性**—駁慧廣法師眼見佛性的含義文中謬說

游正光老師著　回郵 25 元

28.**普門自在**—公案拈提集錦 第二輯（於平實導師公案拈提諸書中選錄約二十則，合輯爲一冊流通之）平實導師著　回郵 25 元

29.**印順法師的悲哀**—以現代禪的質疑為線索　恒毓博士著　回郵 25 元

30.**識蘊真義**—現觀識蘊內涵、取證初果、親斷三縛結之具體行門。

—依《成唯識論》及《惟識述記》正義，略顯安慧《大乘廣五蘊論》之邪謬

平實導師著　回郵 35 元

31.**正覺電子報** 各期紙版本　免附回郵　每次最多函索三期或三本。

(已無存書之較早各期，不另增印贈閱)

32.**現代人應有的宗教觀**　蔡正禮老師 著　回郵 3.5 元

33.**遠惑趣道**—正覺電子報般若信箱問答錄　第一輯　回郵 20 元

34.**遠惑趣道**—正覺電子報般若信箱問答錄　第二輯　回郵 20 元

35.**確保您的權益**—器官捐贈應注意自我保護　游正光老師 著　回郵 10 元

36.**正覺教團電視弘法三乘菩提 DVD 光碟 (一)**

由正覺教團多位親教師共同講述錄製 DVD 8 片，MP3 一片，共 9 片。有二大講題：一爲「三乘菩提之意涵」，二爲「學佛的正知見」。內容精闢，深入淺出，精彩絕倫，幫助大眾快速建立三乘法道的正知見，免被外道邪見所誤導。有志修學三乘佛法之學人不可不看。(製作工本費 100 元，回郵 25 元)

37.**正覺教團電視弘法 DVD 專輯 (二)**

總有二大講題：一爲「三乘菩提之念佛法門」，一爲「學佛正知見(第二篇)」，由正覺教團多位親教師輪番講述，內容詳細闡述如何修學念佛法門、實證念佛三昧，以及學佛應具有的正確知見，可以幫助發願往生西方極樂淨土之學人，得以把握往生，更可令學人快速建立三乘法道的正知見，免於被外道邪見所誤導。有志修學三乘佛法之學人不可不看。(一套 17 片，工本費 160 元。回郵 35 元)

38.**佛藏經** 燙金精裝本 每冊回郵 20 元。正修佛法之道場欲大量索取者，請正式發函並蓋用大印寄來索取（2008.04.30 起開始敬贈）

39.**喇嘛性世界**—揭開假藏傳佛教譚崔瑜伽的面紗　張善思 等人合著

由正覺同修會購贈　回郵 20 元

40.**假藏傳佛教的神話**—性、謊言、喇嘛教　張正玄教授編著　回郵 20 元

由正覺同修會購贈　回郵 20 元

41.**隨 緣**—理隨緣與事隨緣　平實導師述　回郵 20 元。

42.**學佛的覺醒**　正枝居士 著　回郵 25 元

43.**導師之真實義**　蔡正禮老師 著　回郵 10 元

44.**淺談達賴喇嘛之雙身法**—兼論解讀「密續」之達文西密碼

吳明芷居士 著　回郵 10 元

45.**魔界轉世**　張正玄居士 著　回郵 10 元

46.**一貫道與開悟**　蔡正禮老師 著　回郵 10 元

47.**博愛**—愛盡天下女人　正覺教育基金會 編印　回郵 10 元

48.**意識虛妄經教彙編**—實證解脫道的關鍵經文　正覺同修會編印　回郵25元

49.**廣論三部曲**　郭正益老師著　　回郵 20 元

50.**邪箭囈語**—破斥藏密外道多識仁波切《破魔金剛箭雨論》之邪說
陸正元老師著　上、下冊回郵各 30 元，預定 2014/03 出版

51.**真假沙門**—依 佛聖教闡釋佛教僧寶之定義
蔡正禮老師著　俟正覺電子報連載後結集出版

52.**真假禪宗**—藉評論釋性廣《印順導師對變質禪法之批判
及對禪宗之肯定》以顯示真假禪宗
附論一：凡夫知見 無助於佛法之信解行證
附論二：世間與出世間一切法皆從如來藏實際而生而顯
余正偉老師著　俟正覺電子報連載後結集出版　回郵未定

53.**假鋒虛焰金剛乘**—揭示顯密正理，兼破索達吉師徒《般若鋒兮金剛焰》。
釋正安 法師著　俟正覺電子報連載後結集出版

★ 上列贈書之郵資，係台灣本島地區郵資，大陸、港、澳地區及外國地區，請另計酌增（大陸、港、澳、國外地區之郵票不許通用）。尚未出版之書，請勿先寄來郵資，以免增加作業煩擾。

★ 本目錄若有變動，唯於後印之書籍及「成佛之道」網站上修正公佈之，不另行個別通知。

函索書籍請寄：佛教正覺同修會　103 台北市承德路 3 段 277 號 9 樓
台灣地區函索書籍者請附寄郵票，無時間購買郵票者可以等值現金抵用，但不接受郵政劃撥、支票、匯票。大陸地區得以人民幣計算，國外地區請以美元計算（請勿寄來當地郵票，在台灣地區不能使用）。欲以掛號寄遞者，請另附掛號郵資。

親自索閱：正覺同修會各共修處。　★請於共修時間前往取書，餘時無人在道場，請勿前往索取；共修時間與地點，詳見書末正覺同修會共修現況表（以近期之共修現況表爲準）。

註：正智出版社發售之局版書，請向各大書局購閱。若書局之書架上已經售出而無陳列者，請向書局櫃台指定洽購；若書局不便代購者，請於正覺同修會共修時間前往各共修處請購，正智出版社已派人於共修時間送書前往各共修處流通。 郵政劃撥購書及 大陸地區 購書，請詳別頁正智出版社發售書籍目錄最後頁之說明。

成佛之道 網站：http://www.a202.idv.tw　正覺同修會已出版之結緣書籍，多已登載於 成佛之道 網站，若住外國、或住處遙遠，不便取得正覺同修會贈閱書籍者，可以從本網站閱讀及下載。　書局版之《宗通與說通》亦已上網，台灣讀者可向書局洽購，成本價 200 元。《狂密與眞密》第一輯~第四輯，亦於 2003.5.1.全部於本網站登載完畢；台灣地區讀者請向書局洽購，每輯約 400 頁，賠本流通價 140 元（網站下載紙張費用較貴，容易散失，難以保存，亦較不精美）。

＊＊假藏傳佛教修雙身法，非佛教＊＊

正智出版社 籌募弘法基金發售書籍目錄 2014/09/26

1.**宗門正眼**—公案拈提 第一輯 重拈　平實導師著　500 元

因重寫內容大幅度增加故，字體必須改小，並增為 576 頁 主文 546 頁。比初版更精彩、更有內容。初版《禪門摩尼寶聚》之讀者，可寄回本公司免費調換新版書。免附回郵，亦無截止期限。（2007 年起，每冊附贈本公司精製公案拈提〈超意境〉CD 一片。市售價格 280 元，多購多贈。）

2.**禪淨圓融**　平實導師著　200 元（第一版舊書可換新版書。）

3.**真實如來藏**　平實導師著　400 元

4.**禪—悟前與悟後**　平實導師著　上、下冊，每冊 250 元

5.**宗門法眼**—公案拈提 第二輯　平實導師著　500 元

（2007 年起，每冊附贈本公司精製公案拈提〈超意境〉CD 一片）

6.**楞伽經詳解**　平實導師著　全套共 10 輯　每輯 250 元

7.**宗門道眼**—公案拈提 第三輯　平實導師著　500 元

（2007 年起，每冊附贈本公司精製公案拈提〈超意境〉CD 一片）

8.**宗門血脈**—公案拈提 第四輯　平實導師著　500 元

（2007 年起，每冊附贈本公司精製公案拈提〈超意境〉CD 一片）

9.**宗通與說通**—成佛之道 平實導師著 主文 381 頁 全書 400 頁 成本價 200 元

10.**宗門正道**—公案拈提 第五輯　平實導師著　500 元

（2007 年起，每冊附贈本公司精製公案拈提〈超意境〉CD 一片）

11.**狂密與真密 一～四輯**　平實導師著　西藏密宗是人間最邪淫的宗教，本質不是佛教，只是披著佛教外衣的印度教性力派流毒的喇嘛教。此書中將西藏密宗密傳之男女雙身合修樂空雙運所有祕密與修法，毫無保留完全公開，並將全部喇嘛們所不知道的部分也一併公開。內容比大辣出版社喧騰一時的《西藏慾經》更詳細。並且函蓋藏密的所有祕密及其錯誤的中觀見、如來藏見……等，藏密的所有法義都在書中詳述、分析、辨正。每輯主文三百餘頁　每輯全書約 400 頁　售價每輯 140 元

12.**宗門正義**—公案拈提 第六輯　平實導師著　500 元

（2007 年起，每冊附贈本公司精製公案拈提〈超意境〉CD 一片）

13.**心經密意**—心經與解脫道、佛菩提道、祖師公案之關係與密意　平實導師述　300 元

14.**宗門密意**—公案拈提 第七輯　平實導師著　500 元

（2007 年起，每冊附贈本公司精製公案拈提〈超意境〉CD 一片）

15.**淨土聖道**—兼評「選擇本願念佛」　正德老師著　200 元

16.**起信論講記**　平實導師述著　共六輯　每輯三百餘頁　成本價各 200 元

17.**優婆塞戒經講記**　平實導師述著 共八輯 每輯三百餘頁 成本價各 200 元

18.**真假活佛**—略論附佛外道盧勝彥之邪說（對前岳靈犀網站主張「盧勝彥是證悟者」之修正）　正犀居士（岳靈犀）著　流通價 140 元

19.**阿含正義**—唯識學探源　平實導師著　共七輯　每輯 250 元

20.**超意境** CD 以平實導師公案拈提書中超越意境之頌詞，加上曲風優美的旋律，錄成令人嚮往的超意境歌曲，其中包括正覺發願文及平實導師親自譜成的黃梅調歌曲一首。詞曲雋永，殊堪翫味，可供學禪者吟詠，有助於見道。內附設計精美的彩色小冊，解說每一首詞的背景本事。每片 280 元。【每購買公案拈提書籍一冊，即贈送一片。】

21.**菩薩底憂鬱** CD 將菩薩情懷及禪宗公案寫成新詞，並製作成超越意境的優美歌曲。 1.主題曲〈菩薩底憂鬱〉，描述地後菩薩能離三界生死而迴向繼續生在人間，但因尚未斷盡習氣種子而有極深沈之憂鬱，非三賢位菩薩及二乘聖者所知，此憂鬱在七地滿心位方才斷盡；本曲之詞中所說義理極深，昔來所未曾見；此曲係以優美的情歌風格寫詞及作曲，聞者得以激發嚮往諸地菩薩境界之大心，詞、曲都非常優美，難得一見；其中勝妙義理之解說，已印在附贈之彩色小冊中。 2.以各輯公案拈提中直示禪門入處之頌文，作成各種不同曲風之超意境歌曲，值得玩味、參究；聆聽公案拈提之優美歌曲時，請同時閱讀內附之印刷精美說明小冊，可以領會超越三界的證悟境界；未悟者可以因此引發求悟之意向及疑情，眞發菩提心而邁向求悟之途，乃至因此眞實悟入般若，成眞菩薩。 3.正覺總持咒新曲，總持佛法大意；總持咒之義理，已加以解說並印在隨附之小冊中。本 CD 共有十首歌曲，長達 63 分鐘，請直接向各市縣鄉鎮之 CD 販售店購買，本公司及各講堂都不販售。每盒各附贈二張購書優惠券。

22.**禪意無限** CD 平實導師以公案拈提書中偈頌寫成不同風格曲子，與他人所寫不同風格曲子共同錄製出版，幫助參禪人進入禪門超越意識之境界。盒中附贈彩色印製的精美解說小冊，以供聆聽時閱讀，令參禪人得以發起參禪之疑情，即有機會證悟本來面目而發起實相智慧，實證大乘菩提般若，能如實證知般若經中的眞實意。本 CD 共有十首歌曲，長達 69 分鐘，於 2012 年五月下旬公開發行，請直接向各市縣鄉鎮之 CD 販售店購買，本公司及各講堂都不販售。每盒各附贈二張購書優惠券。〈禪意無限〉出版後將不再錄製 CD，特此公告。

23.**我的菩提路**第一輯　釋悟圓、釋善藏等人合著　售價 200 元

24.**我的菩提路**第二輯　郭正益、張志成等人合著　售價 250 元

25.**鈍鳥與靈龜**—考證後代凡夫對大慧宗杲禪師的無根誹謗。
平實導師著 共 458 頁 售價 250 元

26.**維摩詰經講記** 平實導師述 共六輯 每輯三百餘頁 優惠價各 200 元

27.**真假外道**—破劉東亮、杜大威、釋證嚴常見外道見　正光老師著　200 元

28.**勝鬘經講記**—兼論印順《勝鬘經講記》對於《勝鬘經》之誤解。
平實導師述　共六輯　每輯三百餘頁　優惠價 200 元

29.**楞嚴經講記** 平實導師述 共 **15** 輯，每輯三百餘頁 優惠價 200 元

30.**明心與眼見佛性**—駁慧廣〈蕭氏「眼見佛性」與「明心」之非〉文中謬說
正光老師著　共 448 頁　成本價 250 元

31.**見性與看話頭** 黃正倖老師 著，本書是禪宗參禪的方法論。
內文 375 頁，全書 416 頁，定價 300 元。
32.**達賴真面目**—玩盡天下女人 白正偉老師 等著 中英對照彩色精裝大本 800 元
33.**喇嘛性世界**—揭開假藏傳佛教譚崔瑜伽的面紗 張善思 等人著 200 元
34.**假藏傳佛教的神話**—性、謊言、喇嘛教 正玄教授編著 200 元
35.**金剛經宗通** 平實導師述 共九輯 每輯成本價 200 元。
36.**空行母**—性別、身分定位，以及藏傳佛教。
珍妮·坎貝爾著 呂艾倫 中譯 售價 250 元
37.**末代達賴**—性交教主的悲歌 張善思、呂艾倫、辛燕編著 售價 250 元
38.**霧峰無霧**—給哥哥的信 辨正釋印順對佛法的無量誤解
游宗明 老師著 成本價 200 元
39.**第七意識與第八意識？**—穿越時空「超意識」
平實導師述 每冊 250 元
40.**黯淡的達賴**—失去光彩的諾貝爾和平獎
正覺教育基金會編著 每冊 250 元
41.**童女迦葉考**—論呂凱文〈佛教輪迴思想的論述分析〉之謬。
平實導師 著 定價 180 元
42.**人間佛教**—實證者必定不悖三乘菩提
平實導師 述，定價 300 元
43.**實相經宗通** 平實導師述 共八輯 每輯 250 元
2014 年 1 月 31 日出版第一輯，每二個月出版一輯
44.**中觀金鑑**—詳述應成派中觀的起源與其破法本質
孫正德老師著 分為上、中、下三冊，每冊 250 元
45.**佛法入門**—迅速進入三乘佛法大門，消除久學佛法漫無方向之窘境。
○○居士著 將於正覺電子報連載後出版。售價 250 元
46.**藏傳佛教要義**—《狂密與真密》之簡體字版 平實導師 著 上、下冊
僅在大陸流通 每冊 300 元
47.**法華經講義** 平實導師述 每輯 250 元
俟《實相經宗通》出版完畢後開始逐輯出版，大約 25 輯。
48.**廣論之平議**—宗喀巴《菩提道次第廣論》之平議 正雄居士著
約二或三輯 俟正覺電子報連載後結集出版 書價未定
49.**末法導護**—對印順法師中心思想之綜合判攝 正慶老師著 書價未定
50.**菩薩學處**—菩薩四攝六度之要義 陸正元老師著 出版日期未定。
51.**八識規矩頌**詳解 ○○居士 註解 出版日期另訂 書價未定。
52.**印度佛教史**—法義與考證。依法義史實評論印順《印度佛教思想史、佛教史地考論》之謬說 正偉老師著 出版日期未定 書價未定
53.**中國佛教史**—依中國佛教正法史實而論。 ○○老師 著 書價未定。
54.**中論正義**—釋龍樹菩薩《中論》頌正理。
孫正德老師著 出版日期未定 書價未定

55.**中觀正義**—註解平實導師《中論正義頌》。

○○法師（居士）著　出版日期未定　書價未定

56.**佛藏經講記**　平實導師述　出版日期未定　書價未定

57.**阿含經講記**—將選錄四阿含中數部重要經典全經講解之，講後整理出版。

平實導師述　約二輯　每輯 250 元　出版日期未定

58.**寶積經講記**　平實導師述　每輯三百餘頁 優惠價 250 元　出版日期未定

59.**解深密經講記**　平實導師述 約四輯　將於重講後整理出版

60.**成唯識論略解**　平實導師著　五～六輯　每輯250元　出版日期未定

61.**修習止觀坐禪法要講記**　平實導師述　每輯三百餘頁

將於正覺寺建成後重講、以講記逐輯出版　出版日期未定

62.**無門關**—《無門關》公案拈提　平實導師著　出版日期未定

63.**中觀再論**—兼述印順《中觀今論》謬誤之平議。正光老師著 出版日期未定

64.**輪迴與超度**—佛教超度法會之真義。

○○法師（居士）著　出版日期未定　書價未定

65.《**釋摩訶衍論**》**平議**—對偽稱龍樹所造《釋摩訶衍論》之平議

○○法師（居士）著　出版日期未定　書價未定

66.**正覺發願文**註解—以真實大願為因 得證菩提

正德老師著　出版日期未定　書價未定

67.**正覺總持咒**—佛法之總持　正圜老師著　出版日期未定　書價未定

68.**涅槃**—論四種涅槃　平實導師著　出版日期未定　書價未定

69.**三自性**—依四食、五蘊、十二因緣、十八界法，說三性三無性。

作者未定　出版日期未定

70.**道品**—從三自性說大小乘三十七道品　作者未定　出版日期未定

71.**大乘緣起觀**—依四聖諦七真如現觀十二緣起 作者未定　出版日期未定

72.**三德**—論解脫德、法身德、般若德。　作者未定　出版日期未定

73.**真假如來藏**—對印順《如來藏之研究》謬說之平議　作者未定 出版日期未定

74.**大乘道次第**　作者未定　出版日期未定　書價未定

75.**四緣**—依如來藏故有四緣。　作者未定　出版日期未定

76.**空之探究**—印順《空之探究》謬誤之平議　作者未定 出版日期未定

77.**十法義**—論阿含經中十法之正義　作者未定　出版日期未定

78.**外道見**—論述外道六十二見　作者未定　出版日期未定

★ 聲　明 ★

本社預定於 2015/01/01 開始調整本目錄中部分書籍之售價，《金剛經宗通》、《優婆塞戒經講記》、《勝鬘經講記》、《楞嚴經講記》、《維摩詰經講記》、《起信論講記》等套書都以成本價 200 元出售，屆時將改爲每冊 250 元。《狂密與眞密》將改爲每冊 300 元。《我的菩提路–第一輯》及《鈍鳥與靈龜》將改爲 300 元，以因應各項成本的持續增加。

＊ 喇嘛教修外道雙身法、墮識陰境界，非佛教 ＊

＊ 弘揚如來藏他空見的覺囊派才是真正藏傳佛教 ＊

正智出版社有限公司 書籍介紹

禪淨圓融：言淨土諸祖所未曾言，示諸宗祖師所未曾示；禪淨圓融，另闢成佛捷徑，兼顧自力他力，闡釋淨土門之速行易行道，亦同時揭櫫聖教門之速行易行道；令廣大淨土行者得免緩行難證之苦，亦令聖道門行者得以藉著淨土速行道而加快成佛之時劫。乃前無古人之超勝見地，非一般弘揚禪淨法門典籍也，先讀爲快。平實導師著 200元。

宗門正眼——公案拈提第一輯：繼承克勤圜悟大師碧巖錄宗旨之禪門鉅作。先則舉示當代大法師之邪說，消弭當代禪門大師鄉愿之心態，摧破當今禪門「世俗禪」之妄談；次則旁通教法，表顯宗門正理；繼以道之次第，消弭古今狂禪；後藉言語及文字機鋒，直示宗門入處。悲智雙運，禪味十足，數百年來難得一睹之禪門鉅著也。平實導師著 500元（原初版書《禪門摩尼寶聚》，改版後補充爲五百餘頁新書，總計多達二十四萬字，內容更精彩，並改名爲《宗門正眼》，讀者原購初版《禪門摩尼寶聚》皆可寄回本公司免費換新，免附回郵，亦無截止期限）（2007年起，凡購買公案拈提第一輯至第七輯，每購一輯皆贈送本公司精製公案拈提〈超意境〉CD一片，市售價格280元，多購多贈）。

禪—悟前與悟後：本書能建立學人悟道之信心與正確知見，圓滿具足而有次第地詳述禪悟之功夫與禪悟之內容，指陳參禪中細微淆訛之處，能使學人明自眞心、見自本性。若未能悟入，亦能以正確知見辨別古今中外一切大師究係眞悟？或屬錯悟？便有能力揀擇，捨名師而選明師，後時必有悟道之緣。一旦悟道，遲者七次人天往返，便出三界，速者一生取辦。學人欲求開悟者，不可不讀。　平實導師著。上、下冊共500元，單冊250元。

眞實如來藏：如來藏眞實存在，乃宇宙萬有之本體，並非印順法師、達賴喇嘛等人所說之「唯有名相、無此心體」。如來藏是涅槃之本際，是一切有智之人竭盡心智、不斷探索而不能得之生命實相；是古今中外許多大師自以爲悟而當面錯過之生命實相。如來藏即是阿賴耶識，乃是一切有情本自具足、不生不滅之眞實心。當代中外大師於此書出版之前所未能言者，作者於本書中盡情流露、詳細闡釋。眞悟者讀之，必能增益悟境、智慧增上；錯悟者讀之，必能檢討自己之錯誤，免犯大妄語業；未悟者讀之，能知參禪之理路，亦能以之檢查一切名師是否眞悟。此書是一切哲學家、宗教家、學佛者及欲昇華心智之人必讀之鉅著。　平實導師著　售價400元。

宗門法眼—**公案拈提**第二輯：列舉實例，闡釋土城廣欽老和尚之悟處；並直示這位不識字的老和尚妙智橫生之根由，繼而剖析禪宗歷代大德之開悟公案，解析當代密宗高僧卡盧仁波切之錯悟證據，並例舉當代顯宗高僧、大居士之錯悟證據（凡健在者，爲免影響其名聞利養，皆隱其名）。藉辨正當代名師之邪見，向廣大佛子指陳禪悟之正道，彰顯宗門法眼。悲勇兼出，強捋虎鬚；慈智雙運，巧探驪龍；摩尼寶珠在手，直示宗門入處，禪味十足；若非大悟徹底，不能爲之。禪門精奇人物，允宜人手一冊，供作參究及悟後印證之圭臬。本書於2008年4月改版，增寫為大約500頁篇幅，以利學人研讀參究時更易悟入宗門正法，以前所購初版首刷及初版二刷舊書，皆可免費換取新書。平實導師著 500元（2007年起，凡購買公案拈提第一輯至第七輯，每購一輯皆贈送本公司精製公案拈提〈超意境〉CD一片，市售價格280元，多購多贈）。

宗門道眼—**公案拈提**第三輯：繼宗門法眼之後，再以金剛之作略、慈悲之胸懷、犀利之筆觸，舉示寒山、拾得、布袋三大士之悟處，消弭當代錯悟者對於寒山大士……等之誤會及誹謗。亦舉出民初以來與虛雲和尚齊名之蜀郡鹽亭袁煥仙夫子——南懷瑾老師之師，其「悟處」何在？並蒐羅許多眞悟祖師之證悟公案，顯示禪宗歷代祖師之睿智，指陳部分祖師、奧修及當代顯密大師之謬悟，作爲殷鑑，幫助禪子建立及修正參禪之方向及知見。假使讀者閱此書已，一時尚未能悟，亦可一面加功用行，一面以此宗門道眼辨別眞假善知識，避開錯誤之印證及歧路，可免大妄語業之長劫慘痛果報。欲修禪宗之禪者，務請細讀。平實導師著 售價500元（2007年起，凡購買公案拈提第一輯至第七輯，每購一輯皆贈送本公司精製公案拈提〈超意境〉CD一片，市售價格280元，多購多贈）。

楞伽經詳解：本經是禪宗見道者印證所悟眞僞之根本經典，亦是禪宗見道者悟後起修之依據經典；故達摩祖師於印證二祖慧可大師之後，將此經典連同佛鉢祖衣一併交付二祖，令其依此經典佛示金言、進入修道位，修學一切種智。由此可知此經對於眞悟之人修學佛道，是非常重要之一部經典。此經能破外道邪說，亦破佛門中錯悟名師之謬說，亦破禪宗部分祖師之狂禪：不讀經典、一向主張「一悟即成究竟佛」之謬執。並開示愚夫所行禪、觀察義禪、攀緣如禪、如來禪等差別，令行者對於三乘禪法差異有所分辨；亦糾正禪宗祖師古來對於如來禪之誤解，嗣後可免以訛傳訛之弊。此經亦是法相唯識宗之根本經典，禪者悟後欲修一切種智而入初地者，必須詳讀。　平實導師著，全套共十輯，已全部出版完畢，每輯主文約320頁，每冊約352頁，定價250元。

宗門血脈—**公案拈提**第**四**輯：末法怪象—許多修行人自以爲悟，每將無念靈知認作眞實；崇尚二乘法諸師及其徒眾，則將**外於如來藏之緣起性空**—無因論之無常空、斷滅空、一切法空—錯認爲 佛所說之般若空性。這兩種現象已於當今海峽兩岸及美加地區顯密大師之中普遍存在；人人自以爲悟，心高氣壯，便敢寫書解釋祖師證悟之公案，大多出於意識思惟所得，言不及義，錯誤百出，因此誤導廣大佛子同陷大妄語之地獄業中而不能自知。彼等書中所說之悟處，其實處處違背第一義經典之聖言量。彼等諸人不論是否身披袈裟，都非佛法宗門血脈，或雖有禪宗法脈之傳承，亦只徒具形式；猶如螟蛉，非眞血脈，未悟得根本眞實故。禪子欲知佛、祖之眞血脈者，請讀此書，便知分曉。平實導師著，主文452頁，全書464頁，定價500元（2007年起，凡購買公案拈提第一輯至第七輯，每購一輯皆贈送本公司精製公案拈提〈超意境〉CD一片，市售價格280元，多購多贈）。

宗通與說通：古今中外，錯誤之人如麻似粟，每以常見外道所說之靈知心，認作眞心；或妄想虛空之勝性能量爲眞如，或錯認物質四大元素藉冥性（靈知心本體）能成就吾人色身及知覺，或認初禪至四禪中之了知心爲不生不滅之涅槃心。此等皆非通宗者之見地。復有錯悟之人一向主張「宗門與教門不相干」，此即尚未通達宗門之人也。其實宗門與教門互通不二，宗門所證者乃是眞如與佛性，教門所說者乃說宗門證悟之眞如佛性，故教門與宗門不二。本書作者以宗教二門互通之見地，細說「宗通與說通」，從初見道至悟後起修之道、細說分明；並將諸宗諸派在整體佛教中之地位與次第，加以明確之教判，學人讀之即可了知佛法之梗概也。欲擇明師學法之前，允宜先讀。平實導師著，主文共381頁，全書392頁，只售成本價200元。

宗門正道—公案拈提第五輯：修學大乘佛法有二果須證解脫果及大菩提果。二乘人不證大菩提果，唯證解脫果；此果之智慧，名爲聲聞菩提、緣覺菩提。大乘佛子所證二果之菩提果爲佛菩提，故名大菩提果，其慧名爲一切種智函蓋二乘解脫果。然此大乘二果修證，須經由禪宗之宗門證悟方能相應。而宗門證悟極難，自古已然；其所以難者，咎在古今佛教界普遍存在三種邪見：1.以修定認作佛法，2.以無因論之緣起性空—否定涅槃本際如來藏以後之一切法空作爲佛法，3.以常見外道邪見（離語言妄念之靈知性）作爲佛法。如是邪見，或因自身正見未立所致，或因邪師之邪教導所致，或因無始劫來虛妄熏習所致。若不破除此三種邪見，永劫不悟宗門眞義、不入大乘正道，唯能外門廣修菩薩行。平實導師於此書中，有極爲詳細之說明，有志佛子欲摧邪見、入於內門修菩薩行者，當閱此書。主文共496頁，全書512頁。售價500元（2007年起，凡購買公案拈提第一輯至第七輯，每購一輯皆贈送本公司精製公案拈提〈超意境〉CD一片，市售價格280元，多購多贈）。

狂密與眞密：密教之修學，皆由有相之觀行法門而入，其最終目標仍不離顯教經典所說第一義諦之修證；若離顯教第一義經典、或違背顯教第一義經典，即非佛教。西藏密教之觀行法，如灌頂、觀想、遷識法、寶瓶氣、大聖歡喜雙身修法、喜金剛、無上瑜伽、大樂光明、樂空雙運等，皆是印度教兩性生生不息思想之轉化，自始至終皆以如何能運用交合淫樂之法達到全身受樂爲其中心思想，純屬欲界五欲的貪愛，不能令人超出欲界輪迴，更不能令人斷除我見；何況大乘之明心與見性，更無論矣！故密宗之法絕非佛法也。而其明光大手印、大圓滿法教，又皆同以常見外道所說離語言妄念之無念靈知心錯認爲佛地之眞如，不能直指不生不滅之眞如。西藏密宗所有法王與徒眾，都尚未開頂門眼，不能辨別眞僞，以依人不依法、依密續不依經典故，不肯將其上師喇嘛所說對照第一義經典，純依密續之藏密祖師所說爲準，因此而誇大其證德與證量，動輒謂彼祖師上師爲究竟佛、爲地上菩薩；如今台海兩岸亦有自謂其師證量高於 釋迦文佛者，然觀其師所述，猶未見道，仍在觀行即佛階段，尚未到禪宗相似即佛、分證即佛階位，竟敢標榜爲究竟佛及地上法王，誑惑初機學人。凡此怪象皆是狂密，不同於眞密之修行者。近年狂密盛行，密宗行者被誤導者極眾，動輒自謂已證佛地眞如，自視爲究竟佛，陷於大妄語業中而不知自省，反謗顯宗眞修實證者之證量粗淺；或如義雲高與釋性圓…等人，於報紙上公然誹謗眞實證道者爲「騙子、無道人、人妖、癩蛤蟆…」等，造下誹謗大乘勝義僧之大惡業；或以外道法中有爲有作之甘露、魔術……等法，誑騙初機學人，狂言彼外道法爲眞佛法。如是怪象，在西藏密宗及附藏密之外道中，不一而足，舉之不盡，學人宜應愼思明辨，以免上當後又犯毀破菩薩戒之重罪。密宗學人若欲遠離邪知邪見者，請閱此書，即能了知密宗之邪謬，從此遠離邪見與邪修，轉入眞正之佛道。

平實導師著 共四輯 每輯約400頁（主文約340頁）賠本流通價每輯140元。

宗門正義—公案拈提第六輯：佛教有六大危機，乃是藏密化、世俗化、膚淺化、學術化、宗門密意失傳、悟後進修諸地之次第混淆；其中尤以宗門密意之失傳，爲當代佛教最大之危機。由宗門密意失傳故，易令世尊本懷普被錯解，易令世尊正法被轉易爲外道法，以及加以淺化、世俗化，是故宗門密意之廣泛弘傳與具緣佛弟子，極爲重要。然而欲令宗門密意之廣泛弘傳予具緣之佛弟子者，必須同時配合錯誤知見之解析、普令佛弟子知之，然後輔以公案解析之直示入處，方能令具緣之佛弟子悟入。而此二者，皆須以公案拈提之方式爲之，方易成其功、竟其業，是故平實導師續作宗門正義一書，以利學人。　全書500餘頁，售價500元（2007年起，凡購買公案拈提第一輯至第七輯，每購一輯皆贈送本公司精製公案拈提〈超意境〉CD一片，市售價格280元，多購多贈）。

心經密意—心經與解脫道、佛菩提道、祖師公案之關係與密意。二乘菩提所證之解脫道，實依第八識心之斷除煩惱障現行而立解脫之名；大乘菩提所證之佛菩提道，實依親證第八識如來藏之涅槃性、清淨自性、及其中道性而立般若之名；禪宗祖師公案所證之眞心，即是此第八識如來藏；是故三乘佛法所修所證之三乘菩提，皆依此如來藏心而立名也。此第八識心，即是《心經》所說之心也。證得此如來藏已，即能漸入大乘佛菩提道，亦可因證知此心而了知二乘無學所不能知之無餘涅槃本際，是故《心經》之密意，與三乘佛菩提之關係極爲密切、不可分割，三乘佛法皆依此心而立名故。今者平實導師以其所證解脫道之無生智及佛菩提之般若種智，將《心經》與解脫道、佛菩提道、祖師公案之關係與密意，以演講之方式，用淺顯之語句和盤托出，發前人所未言，呈三乘菩提之眞義，令人藉此《心經密意》一舉而窺三乘菩提之堂奧，迴異諸方言不及義之說；欲求眞實佛智者、不可不讀！主文317頁，連同跋文及序文…等共384頁，售價300元。

宗門密意—公案拈提第七輯：佛教之世俗化，將導致學人以信仰作爲學佛，則將以感應及世間法之庇祐，作爲學佛之主要目標，不能了知學佛之主要目標爲親證三乘菩提。大乘菩提則以般若實相智慧爲主要修習目標，以二乘菩提解脫道爲附帶修習之標的；是故學習大乘法者，應以禪宗之證悟爲要務，能親入大乘菩提之實相般若智慧中故，般若實相智慧非二乘聖人所能知故。此書則以台灣世俗化佛教之三大法師，說法似是而非之實例，配合眞悟祖師之公案解析，提示證悟般若之關節，令學人易得悟入。平實導師著，全書五百餘頁，售價500元（2007年起，凡購買公案拈提第一輯至第七輯，每購一輯皆贈送本公司精製公案拈提〈超意境〉CD一片，市售價格280元，多購多贈）。

淨土聖道—兼評日本本願念佛：佛法甚深極廣，般若玄微，非諸二乘聖僧所能知之，一切凡夫更無論矣！所謂一切證量皆歸淨土是也！是故大乘法中「聖道之淨土、淨土之聖道」，其義甚深，難可了知；乃至眞悟之人，初心亦難知也。今有正德老師眞實證悟後，復能深探淨土與聖道之緊密關係，憐憫眾生之誤會淨土實義，亦欲利益廣大淨土行人同入聖道，同獲淨土中之聖道門要義，乃振奮心神、書以成文，今得刊行天下。主文279頁，連同序文等共301頁，總有十一萬六千餘字，正德老師著，成本價200元。

起信論講記：詳解大乘起信論**心生滅門**與**心眞如門**之眞實意旨，消除以往大師與學人對起信論所說**心生滅門**之誤解，由是而得了知眞心如來藏之非常非斷中道正理；亦因此一講解，令此論以往隱晦而被誤解之眞實義，得以如實顯示，令大乘佛菩提道之正理得以顯揚光大；初機學者亦可藉此正論所顯示之法義，對大乘法理生起正信，從此得以眞發菩提心，眞入大乘法中修學，世世常修菩薩正行。平實導師演述，共六輯，都已出版，每輯三百餘頁，優惠價各200元。

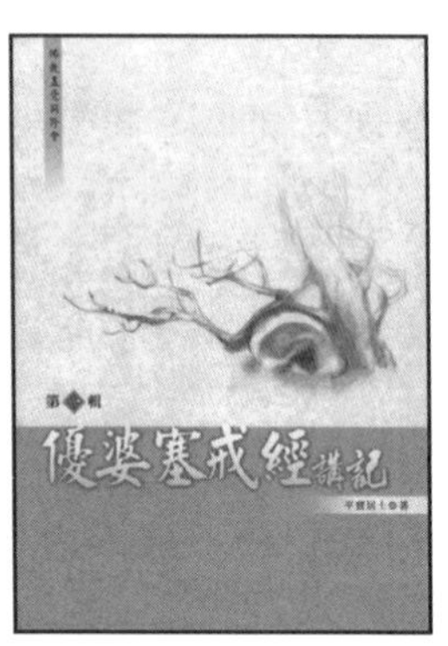

優婆塞戒經講記：本經詳述在家菩薩修學大乘佛法，應如何受持菩薩戒？對人間善行應如何看待？對三寶應如何護持？應如何正確地修集此世後世證法之福德？應如何修集後世「行菩薩道之資糧」？並詳述第一義諦之正義：五蘊非我非異我、自作自受、異作異受、不作不受……等深妙法義，乃是修學大乘佛法、行菩薩行之在家菩薩所應當了知者。出家菩薩今世或未來世登地已，捨報之後多數將如華嚴經中諸大菩薩，以在家菩薩身而修行菩薩行，故亦應以此經所述正理而修之，配合《楞伽經、解深密經、楞嚴經、華嚴經》等道次第正理，方得漸次成就佛道；故此經是一切大乘行者皆應證知之正法。平實導師講述，每輯三百餘頁，優惠價各200元；共八輯，已全部出版。

真假活佛——略論附佛外道盧勝彥之邪說：人人身中都有眞活佛，永生不滅而有大神用，但眾生都不了知，所以常被身外的西藏密宗假活佛籠罩欺瞞。本來就眞實存在的眞活佛，才是眞正的密宗無上密！諾那活佛因此而說禪宗是大密宗，但藏密的所有活佛都不知道、也不曾實證自身中的眞活佛。本書詳實宣示眞活佛的道理，舉證盧勝彥的「佛法」不是眞佛法，也顯示盧勝彥是假活佛，直接的闡釋第一義佛法見道的眞實正理。眞佛宗的所有上師與學人們，都應該詳細閱讀，包括盧勝彥個人在內。正犀居士著，優惠價140元。

阿含正義——唯識學探源：廣說四大部《阿含經》諸經中隱說之眞正義理，一一舉示佛陀本懷，令阿含時期初轉法輪根本經典之眞義，如實顯現於佛子眼前。並提示末法大師對於阿含眞義誤解之實例，一一比對之，證實唯識增上慧學確於原始佛法之阿含諸經中已隱覆密意而略說之，證實 世尊確於原始佛法中已曾密意而說第八識如來藏之總相；亦證實 世尊在四阿含中已說此藏識是名色十八界之因、之本—證明如來藏是能生萬法之根本心。佛子可據此修正以往受諸大師（譬如西藏密宗應成派中觀師：印順、昭慧、性廣、大願、達賴、宗喀巴、寂天、月稱、……等人）誤導之邪見，建立正見，轉入正道乃至親證初果而無困難；書中並詳說三果所證的**心解脫**，以及四果**慧解脫**的親證，都是如實可行的具體知見與行門。全書共七輯，已出版完畢。平實導師著，每輯三百餘頁，定價250元。

超意境CD：以平實導師公案拈提書中超越意境之頌詞，加上曲風優美的旋律，錄成令人嚮往的超意境歌曲，其中包括正覺發願文及平實導師親自譜成的黃梅調歌曲一首。詞曲雋永，殊堪翫味，可供學禪者吟詠，有助於見道。內附設計精美的彩色小冊，解說每一首詞的背景本事。每片280元。【每購買公案拈提書籍一冊，即贈送一片。】

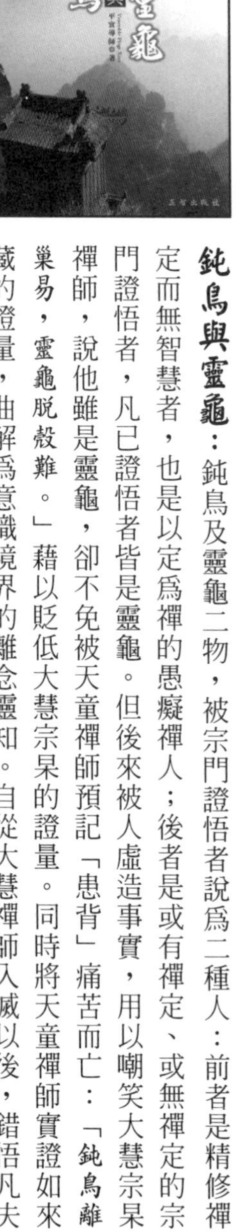

鈍鳥與靈龜：鈍鳥及靈龜二物，被宗門證悟者說爲二種人：前者是精修禪定而無智慧者，也是以定爲禪的愚癡禪人；後者是或有禪定、或無禪定的宗門證悟者，凡已證悟者皆是靈龜。但後來被人虛造事實，用以嘲笑大慧宗杲禪師，說他雖是靈龜，卻不免被天童禪師預記「患背」痛苦而亡：「**鈍鳥離巢易，靈龜脫殼難。**」藉以貶低大慧宗杲的證量。同時將天童禪師實證如來藏的證量，曲解爲意識境界的離念靈知。自從大慧禪師入滅以後，錯悟凡夫對他的不實毀謗就一直存在著，不曾止息，並且捏造的假事實也隨著年月的增加而越來越多，終至編成「鈍鳥與靈龜」的假公案、假故事。本書是考證大慧與天童之間的不朽情誼，顯現這件假公案的虛妄不實；更見大慧宗杲面對惡勢力時的正直不阿，亦顯示大慧對天童禪師的至情深義，將使後人對大慧宗杲的誣謗至此而止，不再有人誤犯毀謗賢聖的惡業。書中亦舉證宗門的所悟確以第八識如來藏爲標的，詳讀之後必可改正以前被錯悟大師誤導的參禪知見，日後必定有助於實證禪宗的開悟境界，得階大乘眞見道位中，即是實證般若之賢聖。全書459頁，僅售250元。

我的菩提路第一輯：凡夫及二乘聖人不能實證的佛菩提證悟，末法時代的今天仍然有人能得實證，由正覺同修會釋悟圓、釋善藏法師等二十餘位實證如來藏者所寫的見道報告，已爲當代學人見證宗門正法之絲縷不絕，證明大乘義學的法脈仍然存在，爲末法時代求悟般若之學人照耀出光明的坦途。由二十餘位大乘見道者所繕，敘述各種不同的學法、見道因緣與過程，參禪求悟者必讀。全書三百餘頁，售價200元。

我的菩提路第二輯：由郭正益老師等人合著，書中詳述彼等諸人歷經各處道場學法，一一修學而加以檢擇之不同過程以後，因閱讀正覺同修會、正智出版社書籍而發起抉擇分，轉入正覺同修會中修學；乃至學法及見道之過程，都一一詳述之。其中張志成等人係由前現代禪轉進正覺同修會，張志成原爲現代禪副宗長，以前未閱本會書籍時，曾被人藉其名義著文評論 平實導師（詳見《宗通與說通》辨正及《眼見佛性》書末附錄…等）；後因偶然接觸正覺同修會書籍，深覺以前聽人評論平實導師之語不實，於是投入極多時間閱讀本會書籍、深入思辨，詳細探索中觀與唯識之關聯與異同，認爲正覺之法義方是正法，深覺相應；亦解開多年來對佛法的迷雲，確定應依八識論正理修學方是正法。乃不顧面子，毅然前往正覺同修會面見平實導師懺悔，並正式學法求悟。今已與其同修王美伶（亦爲前現代禪傳法老師），同樣證悟如來藏而證得法界實相，生起實相般若眞智。此書中尚有七年來本會第一位眼見佛性者之見性報告一篇，一同供養大乘佛弟子。

維摩詰經講記：本經係 世尊在世時，由等覺菩薩維摩詰居士藉疾病而演說之大乘菩提無上妙義，所說函蓋甚廣，然極簡略，是故今時諸方大師與學人讀之悉皆錯解，何況能知其中隱含之深妙正義，是故普遍無法爲人解說；若強爲人說，則成依文解義而有諸多過失。今由平實導師公開宣講之後，詳實解釋其中密意，令維摩詰菩薩所說大乘不可思議解脫之深妙正法得以正確宣流於人間，利益當代學人及與諸方大師。書中詳實演述大乘佛法深妙不共二乘之智慧境界，顯示諸法之中絕待之實相境界，建立大乘菩薩妙道於永遠不敗不壞之地，以此成就護法偉功，欲冀永利娑婆人天。已經宣講圓滿整理成書流通，以利諸方大師及諸學人。全書共六輯，每輯三百餘頁，優惠價各200元。

真假外道：本書具體舉證佛門中的常見外道知見實例，並加以教證及理證上的辨正，幫助讀者輕鬆而快速的了知常見外道的錯誤知見，進而遠離佛門內外的常見外道知見，因此即能改正修學方向而快速實證佛法。游正光老師著 。成本價200元。

勝鬘經講記：如來藏爲三乘菩提之所依，若離如來藏心體及其含藏之一切種子，即無三界有情及一切世間法，亦無二乘菩提緣起性空之出世間法；本經詳說無始無明、一念無明皆依如來藏而有之正理，藉著詳解煩惱障與所知障間之關係，令學人深入了知二乘菩提與佛菩提相異之妙理；聞後即可了知佛菩提之特勝處及三乘修道之方向與原理，邁向攝受正法而速成佛道的境界中。平實導師講述，共六輯，每輯三百餘頁，優惠價各200元。

楞嚴經講記：楞嚴經係密教部之重要經典，亦是顯教中普受重視之經典；經中宣說明心與見性之內涵極爲詳細，將一切法都會歸如來藏及佛性—妙眞如性；亦闡釋佛菩提道修學過程中之種種魔境，以及外道誤會涅槃之狀況，旁及三界世間之起源。然因言句深澀難解，法義亦復深妙寬廣，學人讀之普難通達，是故讀者大多誤會，不能如實理解佛所說之明心與見性內涵，亦因是故多有悟錯之人引爲開悟之證言，成就大妄語罪。今由平實導師詳細講解之後，整理成文，以易讀易懂之語體文刊行天下，以利學人。全書十五輯，全部出版完畢。每輯三百餘頁，優惠價每輯200元。

明心與眼見佛性：本書細述明心與眼見佛性之異同，同時顯示了中國禪宗破初參明心與重關眼見佛性二關之間的關聯；書中又藉法義辨正而旁述其他許多勝妙法義，讀後必能遠離佛門長久以來積非成是的錯誤知見，令讀者在佛法的實證上有極大助益。也藉慧廣法師的謬論來教導佛門學人回歸正知正見，遠離古今禪門錯悟者所墮的意識境界，非唯有助於斷我見，也對未來的開悟明心實證第八識如來藏有所助益，是故學禪者都應細讀之。游正光老師著　共448頁　成本價250元。

菩薩底憂鬱CD將菩薩情懷及禪宗公案寫成新詞，並製作成超越意境的優美歌曲。1.主題曲〈菩薩底憂鬱〉，描述地後菩薩能離三界生死而迴向繼續生在人間，但因尚未斷盡習氣種子而有極深沈之憂鬱，非三賢位菩薩及二乘聖者所知，此憂鬱在七地滿心位方才斷盡；本曲之詞中所說義理極深，昔來所未曾見；此曲係以優美的情歌風格寫詞及作曲，聞者得以激發嚮往諸地菩薩境界之大心，詞、曲都非常優美，難得一見；其中勝妙義理之解說，已印在附贈之彩色小冊中。2.以各輯公案拈提中直示禪門入處之頌文，作成各種不同曲風之超意境歌曲，值得玩味、參究；聆聽公案拈提之優美歌曲時，請同時閱讀內附之印刷精美說明小冊，可以領會超越三界的證悟境界；未悟者可以因此引發求悟之意向及疑情，眞發菩提心而邁向求悟之途，乃至因此眞實悟入般若，成眞菩薩。3.正覺總持咒新曲，總持佛法大意；總持咒之義理，已加以解說並印在隨附之小冊中。本CD共有十首歌曲，長達63分鐘，附贈二張購書優惠券。請直接向各市縣鄉鎮之CD販售店購買，本公司及各講堂都不販售。

禪意無限CD平實導師以公案拈提書中偈頌寫成不同風格曲子，與他人所寫不同風格曲子共同錄製出版，幫助參禪人進入禪門超越意識之境界。盒中附贈彩色印製的精美解說小冊，以供聆聽時閱讀，令參禪人得以發起參禪之疑情，即有機會證悟本來面目，實證大乘菩提般若。本CD共有十首歌曲，長達69分鐘，於2012年五月下旬公開發行，請直接向各市縣鄉鎮之CD販售店購買，本公司及各講堂都不販售。每盒各附贈二張購書優惠券。〈禪意無限〉出版後將不再錄製CD，特此公告。

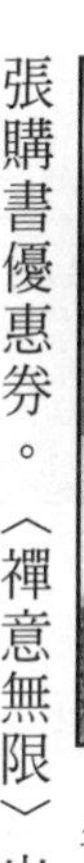

金剛經宗通：三界唯心，萬法唯識，是成佛之修證內容，是諸地菩薩之所修；般若則是成佛之道（實證三界唯心、萬法唯識）的入門，若未證悟實相般若，即無成佛之可能，必將永在外門廣行菩薩六度，永在凡夫位中。然而實相般若的發起，全賴實證萬法的實相；若欲證知萬法的眞相，則必須探究萬法之所從來，則須實證自心如來—金剛心如來藏，然後現觀這個金剛心的金剛性、眞實性、如如性、清淨性、涅槃性、能生萬法的自性性、本住性，名為證眞如；進而現觀三界六道唯是此金剛心所成，人間萬法須藉八識心王和合運作方能現起。如是實證《華嚴經》的「三界唯心、萬法唯識」以後，由此等現觀而發起實相般若智慧，繼續進修第十住位的如幻觀、第十行位的陽焰觀、第十迴向位的如夢觀，再生起增上意樂而勇發十無盡願，方能滿足三賢位的實證，轉入初地；自知成佛之道而無偏倚，從此按部就班、次第進修乃至成佛。第八識自心如來是般若智慧之所依，般若智慧的修證則要從實證金剛心自心如來開始；《金剛經》則是解說自心如來之經典，是一切三賢位菩薩所應進修之實相般若經典。這一套書，是將平實導師宣講的《金剛經宗通》內容，整理成文字而流通之；書中所說義理，迥異古今諸家依文解義之說，指出大乘見道方向與理路，有益於禪宗學人求開悟見道，及轉入內門廣修六度萬行。講述完畢後結集出版，總共9輯，每輯約三百餘頁，優惠價各200元。

空行母——性別、身分定位，以及藏傳佛教：本書作者爲蘇格蘭哲學家，因爲嚮往佛教深妙的哲學內涵，於是進入當年盛行於歐美的假藏傳佛教密宗，擔任卡盧仁波切的翻譯工作多年以後，被邀請成爲卡盧的空行母（又名佛母、明妃），開始了她在密宗裡的實修過程；後來發覺在密宗雙身法中的修行，其實無法使自己成佛，也發覺密宗對女性岐視而處處貶抑，並剝奪女性在雙身法中擔任一半角色時應有的身分定位。當她發覺自己只是雙身法中被喇嘛利用的工具，沒有獲得絲毫應有的尊重與基本定位時，發現了密宗的父權社會控制女性的本質；於是作者傷心地離開了卡盧仁波切與密宗，但是卻被恐嚇不許講出她在密宗裡的經歷，也不許她說出自己對密宗的教義與教制下對女性剝削的本質，否則將被咒殺死亡。後來她去加拿大定居，十餘年後方才擺脫這個恐嚇陰影，下定決心將親身經歷的實情及觀察到的事實寫下來並且出版，公諸於世。出版之後，她被流亡的達賴集團人士大力攻訐，誣指她爲精神狀態失常、說謊……等。但有智之士並未被達賴集團的政治操作及各國政府政治運作吹捧達賴的表相所欺，使她的書銷售無阻而又再版。正智出版社鑑於作者此書是親身經歷的事實，所說具有針對「藏傳佛教」而作學術研究的價值，也有使人認清假藏傳佛教剝削佛母、明妃的男性本位實質，因此洽請作者同意中譯而出版於華人地區。珍妮·坎貝爾女士著，呂艾倫 中譯，每冊250元。

霧峰無霧——給哥哥的信：本書作者藉兄弟之間信件往來論義，略述佛法大義；並以多篇短文辨義，舉出釋印順對佛法的無量誤解證據，並一一給予簡單而清晰的辨正，令人一讀即知。久讀、多讀之後即能認清楚釋印順的六識論見解，與眞實佛法之牴觸是多麼嚴重；於是在久讀、多讀之後，於不知不覺之間提升了對佛法的極深入理解，正知正見就在不知不覺間建立起來了。當三乘佛法的正知見建立起來之後，對於三乘菩提的見道條件便將隨之具足，於是聲聞解脫道的見道也就水到渠成；接著大乘見道的因緣也將次第成熟，未來自然也會有親見大乘菩提之道的因緣，悟入大乘實相般若也將自然成功，自能通達般若系列諸經而成實義菩薩。作者居住於南投縣霧峰鄉，自喻見道之後不復再見霧峰之霧，故鄉原野美景一一明見，於是立此書名爲《霧峰無霧》；讀者若欲撥霧見月，可以此書爲緣。游宗明 老師著　成本價200元

假藏傳佛教的神話—性、謊言、喇嘛教：本書編著者是由一首名叫「阿姊鼓」的歌曲爲緣起，展開了序幕，揭開假藏傳佛教—喇嘛教—的神祕面紗。其重點是蒐集、摘錄網路上質疑「喇嘛教」的帖子，以揭穿「假藏傳佛教的神話」爲主題，串聯成書，並附加彩色插圖以及說明，讓讀者們瞭解西藏密宗及相關人事如何被操作爲「神話」的過程，以及神話背後的眞相。作者：張正玄教授。售價200元。

達賴真面目—玩盡天下女人：假使您不想戴綠帽子，請記得詳細閱讀此書；假使您不想讓好朋友戴綠帽子，請您將此書介紹給您的好朋友。假使您想保護家中的女性，也想要保護好朋友的女眷，請記得將此書送給家中的女性和好友的女眷都來閱讀。本書爲印刷精美的大本彩色中英對照精裝本，爲您揭開達賴喇嘛的眞面目，內容精彩不容錯過，爲利益社會大眾，特別以優惠價格嘉惠所有讀者。編著者：白志偉等。大開版雪銅紙彩色精裝本。售價800元。

喇嘛性世界—揭開假藏傳佛教譚崔瑜伽的面紗：這個世界中的喇嘛，號稱來自世外桃源的香格里拉，穿著或紅或黃的喇嘛長袍，散布於我們的身邊傳教灌頂，吸引了無數的人嚮往學習；這些喇嘛虔誠地爲大眾祈福，手中拿著寶杵（金剛）與寶鈴（蓮花），口中唸著咒語：「唵·嘛呢·叭咪·吽……」，咒語的意思是說：「我至誠歸命金剛杵上的寶珠伸向蓮花寶穴之中」！「喇嘛性世界」是什麼樣的「世界」呢？本書將爲您呈現喇嘛世界的面貌。當您發現眞相以後，您將會唸：「噢！喇嘛·性·世界，譚崔性交嘛！」作者：張善思、呂艾倫。售價200元。

末代達賴——性交教主的悲歌：簡介從藏傳僞佛教（喇嘛教）的修行核心——性力派男女雙修，探討達賴喇嘛及藏傳僞佛教的修行內涵。書中引用外國知名學者著作、世界各地新聞報導，包含：歷代達賴喇嘛的祕史、達賴六世修雙身法的事蹟，以及《時輪續》中的性交灌頂儀式……等；達賴喇嘛書中開示的雙修法、達賴喇嘛的黑暗政治手段；達賴喇嘛所領導的寺院爆發喇嘛性侵兒童；新聞報導《西藏生死書》作者索甲仁波切性侵女信徒、澳洲喇嘛秋達公開道歉、美國最大假藏傳佛教組織領導人邱陽創巴仁波切的性氾濫；等等事件背後眞相的揭露。作者：張善思、呂艾倫、辛燕。售價250元。

第七意識與第八意識？——穿越時空「超意識」：「三界唯心，萬法唯識」是佛教中應該實證的聖教，也是《華嚴經》中明載而可以實證的法界實相。唯心者，三界一切境界、一切諸法唯是一心所成就，即是每一個有情的第八識如來藏，不是意識心。唯識者，即是人類各各都具足的八識心王——眼識、耳鼻舌身意識、意根、阿賴耶識，第八阿賴耶識又名如來藏，人類五陰相應的萬法，莫不由八識心王共同運作而成就，故說萬法唯識。依聖教量及現量、比量，都可以證明意識是二法因緣生，是由第八識藉意根與法塵二法爲因緣而出生，又是夜夜斷滅不存之生滅心，即無可能反過來出生第七識意根、第八識如來藏，當知不可能從生滅性的意識心中，細分出恆審思量的第七識意根，更無可能細分出恆而不審的第八識如來藏。本書是將演講內容整理成文字，細說如是內容，並已在〈正覺電子報〉連載完畢，今彙集成書以廣流通，欲幫助佛門有緣人斷除意識我見，跳脫於識陰之外而取證聲聞初果；嗣後修學禪宗時即得不墮外道神我之中，得以求證第八識金剛心而發起般若實智。平實導師 述，每冊250元。

黯淡的達賴—失去光彩的諾貝爾和平獎：本書舉出很多證據與論述，詳述達賴喇嘛不爲世人所知的一面，顯示達賴喇嘛並不是眞正的和平使者，而是假借諾貝爾和平獎的光環來欺騙世人；透過本書的說明與舉證，讀者可以更清楚的瞭解，達賴喇嘛是結合暴力、黑暗、淫欲於喇嘛教裡的集團首領，其政治行爲與宗教主張，早已讓諾貝爾和平獎的光環染污了。本書由財團法人正覺教育基金會寫作、編輯，由正覺出版社印行，每冊250元。

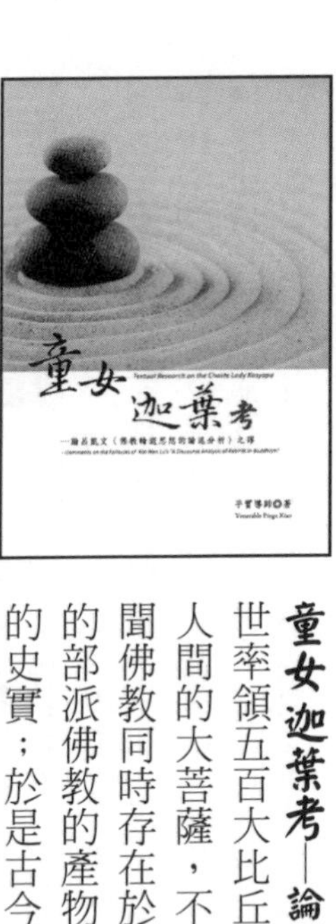

童女迦葉考—論呂凱文〈佛教輪迴思想的論述分析〉之謬：童女迦葉是佛世率領五百大比丘遊行於人間的歷史事實，是以童貞行而依止菩薩戒弘化於人間的大菩薩，不依別解脫戒（聲聞戒）來弘化於人間。這是大乘佛教與聲聞佛教同時存在於佛世的歷史明證，證明大乘佛教不是從聲聞法中分裂出來的部派佛教的產物，卻是聲聞佛教分裂出來的部派佛教聲聞凡夫僧所不樂見的史實；於是古今聲聞法中的凡夫都欲加以扭曲而作詭說，更是末法時代高聲大呼「大乘非佛說」的六識論聲聞凡夫極力想要扭曲的佛教史實之一，於是想方設法扭曲迦葉菩薩爲聲聞僧，以及扭曲迦葉童女爲比丘僧等荒謬不實之論著便陸續出現，古時聲聞僧寫作的《分別功德論》是最具體之事例，現代之代表作則是呂凱文先生的〈佛教輪迴思想的論述分析〉論文。鑑於如是假藉學術考證以籠罩大眾之不實謬論，未來仍將繼續造作及流竄於佛教界，繼續扼殺大乘佛教學人法身慧命，必須舉證辨正之，遂成此書。平實導師 著，每冊180元。

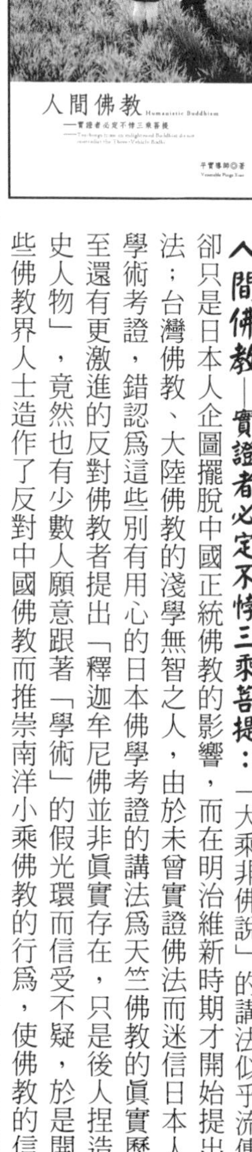

人間佛教—實證者必定不悖三乘菩提：「大乘非佛說」的講法似乎流傳已久，卻只是日本人企圖擺脫中國正統佛教的影響，而在明治維新時期才開始提出來的說法；台灣佛教、大陸佛教的淺學無智之人，由於未曾實證佛法而迷信日本人錯誤的學術考證，錯認爲這些別有用心的日本佛學考證的講法爲天竺佛教的眞實歷史；甚至還有更激進的反對佛教者提出「釋迦牟尼佛並非眞實存在，只是後人揑造的假歷史人物」，竟然也有少數人願意跟著「學術」的假光環而信受不疑，於是開始有一些佛教界人士造作了反對中國佛教而推崇南洋小乘佛教的行爲，使佛教的信仰者難以檢擇，導致一般大陸人士開始轉入基督教的盲目迷信中。在這些佛教及外教人士之中，也就有一分人根據此邪說而大聲主張「大乘非佛說」的謬論，這些人以「人間佛教」的名義來抵制中國正統佛教，公然宣稱中國的大乘佛教是由聲聞部派佛教的凡夫僧所創造出來的。這樣的說法流傳於台灣及大陸佛教界凡夫僧之中已久，卻非眞正的佛教歷史中曾經發生過的事，只是繼承六識論的聲聞法中凡夫僧依自己的意識境界立場，純憑臆想而編造出來的妄想說法，卻已經影響許多無智之凡夫僧俗信受不移。本書則是從佛教的經藏法義實質及實證的現量內涵本質立論，證明大乘佛法本是佛說，是從《阿含正義》尚未說過的不同面向來討論「人間佛教」的議題，證明「大乘眞佛說」。閱讀本書可以斷除六識論邪見，迴入三乘菩提正道發起實證的因緣；也能斷除禪宗學人學禪時普遍存在之錯誤知見，對於建立參禪時的正知見有很深的著墨。　平實導師 述，定價300元。

見性與看話頭：黃正倖老師的《見性與看話頭》於《正覺電子報》連載完畢，今集結出版。書中詳說禪宗看話頭的詳細方法，並細說看話頭與眼見佛性的關係，以及眼見佛性者求見佛性前必須具備的條件。本書是禪宗實修者追求明心開悟時參禪的方法書，也是求見佛性者作功夫時必讀的方法書，內容兼顧眼見佛性的理論與實修之方法，是依實修之體驗配合理論而詳述，條理分明而且極爲詳實、週全、深入。本書內文375頁，全書416頁，定價300元。

實相經宗通：學佛之目的在於實證一切法界背後之實相，禪宗稱之為本來面目或本地風光，佛菩提道中稱之為實相法界；此實相法界即是金剛藏，又名佛法之祕密藏，即是能生有情五陰、十八界及宇宙萬有（山河大地、諸天、三惡道世間）的第八識如來藏，又名阿賴耶識心，即是禪宗祖師所說的眞如心，此心即是三界萬有背後的實相。證得此第八識心時，自能瞭解般若諸經中隱說的種種密意，即得發起實相般若——實相智慧。每見學佛人修學佛法二十年後仍對實相般若茫然無知，亦不知如何入門，茫無所趣；更因不知三乘菩提的互異互同，是故越是久學者對佛法越覺茫然，都肇因於尚未瞭解佛法的全貌，亦未瞭解佛法的修證內容即是第八識心所致。本書對於修學佛法者所應實證的實相境界提出明確解析，並提示趣入佛菩提道的入手處，有心親證實相般若的佛法實修者，宜詳讀之，於佛菩提道之實證即有下手處。平實導師述著，共八輯，每輯成本價200元。預定2014/01/31起開始出版，每二個月出版一輯。

中觀金鑑——詳述應成派中觀的起源與其破法本質：學佛人往往迷於中觀學派之不同學說，被應成派與自續派所迷惑；修學般若中觀二十年後自以為實證般若中觀了，卻仍不曾入門，甫聞實證般若中觀者之所說，則茫無所知，迷惑不解；隨後信心盡失，不知如何實證佛法；凡此，皆因惑於這二派中觀學說所致。自續派中觀所說同於常見，以意識境界立為第八識如來藏之境界，應成派所說則同於斷見，但又同立意識為常住法，故亦具足斷常二見。今者孫正德老師有鑑於此，乃將起源於密宗的應成派中觀學說，追本溯源，詳考其來源之外，亦一一舉證其立論內容，詳加辨正，令密宗雙身法祖師以識陰境界而造之應成派中觀學說本質，詳細呈現於學人眼前，令其維護雙身法之目的無所遁形。若欲遠離密宗此二大派中觀謬說，欲於三乘菩提有所進道者，允宜具足閱讀並細加思惟，反覆讀之以後將可捨棄邪道返歸正道，則於般若之實證即有可能，證後自能現觀如來藏之中道境界而成就中觀。本書分上、中、下三冊，每冊250元，2014/9/30出版上冊，以後每二個月出版一冊。

修習止觀坐禪法要講記：修學四禪八定之人，往往錯會禪定之修學知見，欲以無止盡之坐禪而證禪定境界，卻不知修除性障之行門才是修證四禪八定不可或缺之要素，故智者大師云「性障初禪」；性障不除，初禪永不現前，云何修證二禪等？又：行者學定，若唯知數息，而不解六妙門之方便善巧者，欲求一心入定，極難可得，智者大師名之為「事障未來」：障礙未到地定之修證。又禪定之修證，不可違背二乘菩提及第一義法，否則縱使具足四禪八定，亦不能實證涅槃而出三界。此諸知見，智者大師於《修習止觀坐禪法要》中皆有闡釋。作者平實導師以其第一義之見地及禪定之實證證量，曾加以詳細解析。將俟正覺寺竣工啓用後重講，不限制聽講者資格；講後將以語體文整理出版。欲修習世間定及增上定之學者，宜細讀之。平實導師述著。

解深密經講記：本經係　世尊晚年第三轉法輪，宣說地上菩薩所應熏修之唯識正義經典，經中所說義理乃是大乘一切種智增上慧學，以阿陀那識—如來藏—阿賴耶識為主體。禪宗之證悟者，若欲修證初地無生法忍乃至八地無生法忍者，必須修學《楞伽經、解深密經》所說之八識心王一切種智；此二經所說正法，方是眞正成佛之道；印順法師否定如來藏之後所說萬法緣起性空之法，是以誤會後之二乘解脫道取代大乘眞正成佛之道，亦已墮於斷滅見中，不可謂為成佛之道也。平實導師曾於本會郭故理事長往生時，於喪宅中從初七至第十七，宣講圓滿，作為郭老之往生佛事功德，迴向郭老早證八地、速返娑婆住持正法；茲為今時後世學人故，將擇期重講《解深密經》，以淺顯之語句講畢後將會整理成文，用供證悟者進道；亦令諸方未悟者，據此經中佛語正義，修正邪見，依之速能入道。平實導師述著，全書輯數未定，每輯三百餘頁，將於未來重講完畢後逐輯出版。

佛法入門：學佛人往往修學二十年後仍不知如何入門，茫無所入漫無方向，不知如何實證佛法；更因不知三乘菩提的互異互同之處，導致越是久學者越覺茫然，都是肇因於尚未瞭解佛法的全貌所致。本書對於佛法的全貌提出明確的輪廓，並說明三乘菩提的異同處，讀後即可輕易瞭解佛法全貌，數日內即可明瞭三乘菩提入門方向與下手處。○○菩薩著　出版日期未定。

阿含講記——**小乘解脫道之修證**：數百年來，南傳佛法所說證果之不實，所說解脫道之虛妄，所弘解脫道法義之世俗化，皆已少人知之；從南洋傳入台灣與大陸之後，所說法義虛謬之事，亦復少人知之；今時台灣全島印順系統之法師居士，多不知南傳佛法數百年來所說解脫道之義理已然偏斜、已然世俗化、已非眞正之二乘解脫正道，猶極力推崇與弘揚。彼等南傳佛法近代所謂之證果者多非眞實證果者，譬如阿迦曼、葛印卡、帕奧禪師、一行禪師……等人，悉皆未斷我見故。近年更有台灣南部大願法師，高抬南傳佛法之二乘修證行門為「捷徑究竟解脫之道」者，然而南傳佛法縱使眞修實證，得成阿羅漢，至高唯是二乘菩提解脫之道，絕非究竟解脫，無餘涅槃中之實際尚未得證故，法界之實相尚未了知故，習氣種子待除故，一切種智未實證故，焉得謂為「究竟解脫」？即使南傳佛法近代眞有實證之阿羅漢，尚且不及三賢位中之七住明心菩薩本來自性清淨涅槃智慧境界，不知此賢位菩薩所證之無餘涅槃實際，仍非大乘佛法中之見道者，何況普未實證聲聞果乃至未斷我見之人？謬充證果已屬逾越，更何況是誤會二乘菩提之後，以未斷我見之凡夫知見所說之二乘菩提解脫偏斜法道，焉可高抬為「究竟解脫」？而且自稱「捷徑之道」？又妄言解脫之道即是成佛之道，完全否定般若實智、否定三乘菩提所依之如來藏心體，此理大大不通也！平實導師為令修學二乘菩提欲證解脫果者，普得迴入二乘菩提正見、正道中，是故選錄四阿含諸經中，對於二乘解脫道法義有具足圓滿說明之經典，預定未來十年內將會加以詳細講解，令學佛人得以了知二乘解脫道之修證理路與行門，庶免被人誤導之後，未證言證，干犯道禁，成大妄語，欲升反墮。本書首重斷除我見，以助行者斷除我見而實證初果為著眼之目標，若能根據此書內容，配合平實老師所著《識蘊眞義》《阿含正義》內涵而作實地觀行，實證初果非為難事，行者可以藉此三書自行確認聲聞初果為實際可得現觀成就之事。此書中除依二乘經典所說加以宣示外，亦依斷除我見等之證量，及大乘法中道種智之證量，對於意識心之體性加以細述，令諸二乘學人必定得斷我見、常見，免除三縛結之繫縛。次則宣示斷除我執之理，欲令升進而得薄貪瞋痴，乃至斷五下分結…等。平實導師述，共二冊，每冊三百餘頁。

總經銷： 飛鴻 國際行銷股份有限公司
231 新北市新店區中正路 501 之 9 號 2 樓
Tel.02－82186688（五線代表號） Fax.02-82186458、82186459

零售：1.**全台連鎖經銷書局：**
三民書局、誠品書局、何嘉仁書店
敦煌書店、紀伊國屋、金石堂書局、建宏書局

2.**台北市：**佛化人生 羅斯福路 3 段 325 號 6 樓之 4 台電大樓對面
士林圖書 士林區大東路 86 號 人人書局 大直北安路 524 號

3.**新北市：**春大地書店 蘆洲中正路 117 號 明達書局 三重五華街 129 號
一全書店 中和興南路一段 10 號

4.**桃園市縣：**誠品書局 桃園市中正路 20 號遠東百貨地下室一樓
金石堂 桃園市大同路 24 號 金石堂 桃園八德市介壽路 1 段 987 號
諾貝爾圖書城 桃園市中正路 56 號地下室 金義堂 中壢市中美路 2 段 82 號
墊腳石文化書店 中壢市中正路 89 號 巧巧屋書局 蘆竹南崁路 263 號
來電書局 大溪慈湖路 30 號 御書堂 龍潭中正路 123 號

5.**新竹市縣：**大學書局 新竹建功路 10 號 誠品書局 新竹東區信義街 68 號
誠品書局 新竹東區中央路 229 號 5 樓 誠品書局 新竹東區力行二路 3 號
墊腳石文化書店 新竹中正路 38 號 金典文化 竹北中正西路 47 號
展書堂 竹東長春路 3 段 36 號

6.**苗栗市縣：**萬花筒書局苗栗市府東路 73 號 展書堂 竹南民權街 49-2 號

7.**台中市：** 瑞成書局、各大連鎖書店。
詠春書局 台中市永春東路 884 號 文春書局 霧峰中正路 1087 號

8.**彰化市縣：**心泉佛教流通處 彰化市南瑤路 286 號
員林鎮：墊腳石圖書文化廣場 中山路 2 段 49 號（04-8338485）

9.**台南市：**宏昌書局 台南北門路一段 136 號
博大書局 新營三民路 128 號 藝美書局 善化中山路 436 號
宏欣書局 佳里光復路 214 號

10.**高雄市：**各大連鎖書店、瑞成書局
政大書城 三民區明仁路 161 號 政大書城 苓雅區光華路 148-83 號
明儀書局 三民區明福街 2 號 明儀書局 三多四路 63 號
青年書局 青年一路 141 號

11.**宜蘭縣市：**金隆書局 宜蘭市中山路 3 段 43 號
宋太太梅鋪 羅東鎮中正北路 101 號（039-534909）

12.**台東市：**東普佛教文物流通處 台東市博愛路 282 號

13.**其餘鄉鎮市經銷書局：**請電詢總經銷飛鴻公司。

14.**大陸地區請洽：**
香港：樂文書店（旺角 西洋菜街 62 號 3 樓、銅鑼灣 駱克道 506 號 3 樓）

廈門：廈門外圖臺灣書店有限公司
商品部：范清潔
廈門市湖裡區悅華路 8 號外圖物流大廈 4 樓（郵編：361006）
電話：0592-2230177　0592-5680816　傳眞：0592-5365089
（臺灣地區請撥打 86-592-2230177　86-592-5680816）
網址：JKB118@188.COM

15.**美國：世界日報圖書部：**紐約圖書部　電話 7187468889#6262
洛杉磯圖書部　電話 3232616972#202

16.**國內外地區網路購書：**

正智出版社 書香園地　http://books.enlighten.org.tw/
（書籍簡介、直接聯結下列網路書局購書）

三民 網路書局　http://www.Sanmin.com.tw

誠品 網路書局　http://www.eslitebooks.com

博客來 網路書局　http://www.books.com.tw

金石堂 網路書局　http://www.kingstone.com.tw

飛鴻 網路書局　http://fh6688.com.tw

附註：1.請儘量向各經銷書局購買：郵政劃撥需要十天才能寄到（本公司在您劃撥後第四天才能接到劃撥單，次日寄出後第四天您才能收到書籍，此八天中一定會遇到週休二日，是故共需十天才能收到書籍）若想要早日收到書籍者，請劃撥完畢後，將劃撥收據貼在紙上，旁邊寫上您的姓名、住址、郵區、電話、買書詳細內容，直接傳眞到本公司 02-28344822，並來電 02-28316727、28327495 確認是否已收到您的傳眞，即可提前收到書籍。 2.因台灣每月皆有五十餘種宗教類書籍上架，書局書架空間有限，故唯有新書方有機會上架，通常每次只能有一本新書上架；本公司出版新書，大多上架不久便已售出，若書局未再叫貨補充者，書架上即無新書陳列，則請直接向書局櫃台訂購。 3.若書局不便代購時，可於晚上共修時間向正覺同修會各共修處請購（共修時間及地點，詳閱**共修現況表**。每年例行年假期間請勿前往請書，年假期間請見共修現況表）。 4.郵購：郵政劃撥帳號 19068241。 5.正覺同修會會員購書都以八折計價（戶籍台北市者爲一般會員，外縣市爲護持會員）都可獲得優待，欲一次購買全部書籍者，可以考慮入會，節省書費。入會費一千元（第一年初加入時才需要繳），年費二千元。**6.尚未出版之書籍，請勿預先郵寄書款與本公司，謝謝您！** 7.若欲一次購齊本公司書籍，或同時取得正覺同修會贈閱之全部書籍者，請於正覺同修會共修時間，親到各共修處請購及索取；**台北市讀者**請洽：103 台北市承德路三段 267 號 10 樓（捷運淡水線 圓山站旁）請書時間：週一至週五爲 18.00~21.00，第一、三、五週週六爲 10.00~21.00，雙週之週六爲 10.00~18.00 請購處專線電話：25957295-分機 14（於請書時間方有人接聽）。

敬告大陸讀者：

大陸讀者購書、索書捷徑（尚未在大陸出版的書籍，以下二個途徑都可以購得，電子書另包括結緣書籍）：

1.廈門外國圖書公司：廈門市思明區湖濱南路 809 號 廈門外圖書城 3F
　　郵編：361004　　電話：0592-5061658　　網址：JKB118@188.COM

2.電子書：正智出版社有限公司及正覺同修會在台灣印行的各種局版書、結緣書，已有『**正覺電子書**』陸續上線中，提供讀者於手機、平板電腦上購書、下載、閱讀正智出版社、正覺同修會及正覺教育基金會所出版之電子書，詳細訊息敬請參閱『正覺電子書』專頁：http://books.enlighten.org.tw/ebook

關於平實導師的書訊，請上網查閱：

　　成佛之道　http://www.a202.idv.tw
　　正智出版社 書香園地　http://books.enlighten.org.tw/

中國網採訪佛教正覺同修會、正覺教育基金會訊息：

http://big5.china.com.cn/gate/big5/fangtan.china.com.cn/2014-06/19/content_32714638.htm

http://pinpai.china.com.cn/

★ 正智出版社有限公司售書之稅後盈餘，全部捐助財團法人正覺寺籌備處、佛教正覺同修會、正覺教育基金會，供作弘法及購建道場之用；懇請諸方大德支持，功德無量。

★ 聲　明 ★

本社預定於 2015/01/01 開始調整本目錄中部分書籍之售價，《金剛經宗通》、《優婆塞戒經講記》、《勝鬘經講記》、《楞嚴經講記》、《維摩詰經講記》、《起信論講記》等套書都以成本價 200 元出售，屆時將改為每冊 250 元。《狂密與真密》將改為每冊 300 元。《我的菩提路－第一輯》及《鈍鳥與靈龜》將改為 300 元，以因應各項成本的持續增加。

＊ 喇嘛教修外道雙身法、墮識陰境界，非佛教 ＊

＊ 弘揚如來藏他空見的覺囊派才是真正藏傳佛教 ＊

售後服務—換書啓事（免附回郵）　　2012/09/24

《楞嚴經講記》第 14 輯初版首刷本免費調換新書啓事：本講記第 14 輯出版前因 平實導師諸事繁忙，未將之重新閱讀而只改正校對時發現的錯別字，故未能發覺十年前所說法義有部分錯誤，於第 15 輯付印前重閱時才發覺第 14 輯中有部分錯誤尚未改正。今已重新審閱修改並已重印完成，煩請所有讀者將以前所購第 14 輯初版首刷本，寄回本社免費換新（初版二刷本無錯誤），本社將於寄回新書時同時附上您寄書回來換新時所付的郵資，並在此向所有讀者致上最誠懇的歉意。

《心經密意》初版書免費調換二版新書啓事：本書係演講錄音整理成書，講時因時間所限，省略部分段落未講。後於再版時補寫增加 13 頁，維持原價流通之。茲爲顧及初版讀者權益，自 2003/9/30 開始免費調換新書，原有初版一刷、二刷書籍，皆可寄來本來公司換書。

《宗門法眼》已經增寫改版爲 464 頁新書，2008 年 6 月中旬出版。讀者原有初版之第一刷、第二刷書本，都可以寄回本社免費調換改版新書。改版後之公案及錯悟事例維持不變，但將內容加以增說，較改版前更具有廣度與深度，將更能助益讀者參究實相。

換書者免附回郵，亦無截止期限；舊書請寄：111 台北郵政 73-151 號信箱 或 103 台北市承德路三段 267 號 10 樓 正智出版社有限公司。舊書若有塗鴨、殘缺、破損者，仍可換取新書；但缺頁之舊書至少應仍有五分之三頁數，方可換書。所有讀者不必顧念本公司是否有盈餘之問題，都請踴躍寄來換書；本公司成立之目的不是營利，只要能眞實利益學人，即已達到成立及運作之目的。若以郵寄方式換書者，免附回郵；並於寄回新書時，由本社附上您寄來書籍時耗用的郵資。造成您不便之處，再次致上萬分的歉意。

正智出版社有限公司 啓

國家圖書館出版品預行編目資料

勝鬘經講記／平實導師述. – 初版. – 臺北市：
正智，2009.09-
冊；　公分
ISBN 978-986-83908-8-1（第 1 輯：平裝）
ISBN 978-986-83908-9-8（第 2 輯：平裝）
ISBN 978-986-6431-00-5（第 3 輯：平裝）
ISBN 978-986-6431-01-2（第 4 輯：平裝）
ISBN 978-986-6431-02-9（第 5 輯：平裝）
ISBN 978-986-6431-03-6（第 6 輯：平裝）
1.方等部
221.32　　　　97021428

勝鬘經講記——第六輯

著　述　者：平實導師
音文轉換：劉惠莉
校　　對：章乃鈞 陳介源 蔡禮政 傅素嫻
出　版　者：正智出版社有限公司
電話：〇二 28327495　28316727（白天）
傳眞：〇二 28344822
111 台北郵政 73-151 號信箱
郵政劃撥帳號：一九〇六八二四一
正覺講堂：總機〇二 25957295（夜間）
聯合發行股份有限公司
231 新北市新店區寶橋路 235 巷 6 弄 6 號 4 樓
電話：〇二 29178022（代表號）
傳眞：〇二 29156275
初版首刷：二〇〇九年九月三十日　二千冊
初版三刷：二〇一四年九月　二千冊
定　價：二五〇元